TERRE HUMAINE/POCHE
CIVILISATIONS ET SOCIÉTÉS
COLLECTION D'ÉTUDES
ET DE TÉMOIGNAGES DIRIGÉE PAR JEAN MALAURIE

AFRIQUE AMBIGUË

par

GEORGES BALANDIER

PLON

La présente édition reproduit dans son intégralité le texte original, à l'exception des illustrations hors-texte et des index.

L'édition complète (photographies, annexes, index, débats et critiques) dans TERRE HUMAINE est toujours disponible. Le lecteur trouvera en fin de volume la liste des titres de la collection TERRE HUMAINE.

ISBN : 2 - 266 - 02582 - 1

Couverture : Détail de la tête du chef Mene sur un trône d'apparat de la chefferie de Bansua. Art Bamiléké, Cameroun. *(Photo Giraudou).*

I

JEU DE SOUVENIRS

Je repousse mes souvenirs d'enfance après les avoir trop aimés. Seul l'un d'eux aujourd'hui bénéficie de ma complaisance : il est à l'origine de mes premières rêveries africaines. Vincent, camarade de classe et de jeu, m'avait demandé par message clandestin de le rejoindre au moment de la récréation, en un endroit convenu de la cour d'école. Il m'y présenta en prenant de mystérieuses précautions une photographie, reçue le matin même avec la lettre adressée par un oncle, coupeur de bois au Gabon. L'image montrait un homme puissant, les cheveux en friche, la chemise ouverte sur la poitrine, le fusil sur l'épaule; à ses côtés se trouvait, désarticulé et grotesque, la tête tenue comme un jouet entre les mains d'un chasseur nègre, un gorille frappé d'une balle en plein front. Ce tableau de chasse nous fascina. Nous fîmes le serment de nous enfuir – plus tard – pour aller rejoindre cet oncle invincible, symbole de la puissance mâle et de l'aventure.

Est-ce le souvenir de cette scène d'enfance qui m'a conduit jusqu'à ce lieu précis du Gabon, proche du fleuve Ogooué, où la ligne idéale de l'équateur coupe une haute forêt envahie par l'odeur des fourmis-cadavres? Je me pose cette question, comme si la réponse qu'elle appelle pouvait simplement justifier ma carrière, mes voyages, ma passion d'expériences déroutantes. Je sais pourtant qu'elle m'agacera et je m'en libérerai par une tricherie ou un paradoxe. Il en était toujours ainsi lorsqu'un ami, ou un parent, m'interrogeait sur ma « vocation ». Il n'y avait pas d'autre issue. Tout change, cependant, dès l'instant où j'évoque les Africains qui furent autant mes compagnons de méditation que mes informateurs.

Expliquer des peuples étrangers chez qui l'on a vécu, et que l'on a aimés, c'est inévitablement s'expliquer soi-même. Il y a dans l'analyse de telles relations, même lorsqu'elles gardent un caractère scientifique, la révélation d'une aventure personnelle. Je crois possible, en ouvrant l'œuvre des ethnologues, de repérer les principales étapes de leur propre histoire. Dès qu'ils élargissent leur recherche, ils enrichissent en même temps cette autobiographie qui se développe en contrepoint de leurs travaux. Un tel résultat ne demeure pas toujours caché, mais il n'apparaît en pleine lumière qu'exceptionnellement : ainsi, dans cette *Afrique fantôme,* par laquelle Michel Leiris annonça sa carrière d'africaniste, ou encore dans *Tristes tropiques,* où Claude Lévi-Strauss, retrouvant la tradition du voyage philosophique, se situe par rapport à sa profession.

Ce dépaysement, auquel initie l'ethnologie moderne, n'est-il pas le successeur de procédés anciens? A maintes reprises, des esprits parmi les meilleurs ont soumis leur réflexion à ce qu'on pourrait appeler l'épreuve des « sauvages ». Déjà, la curiosité de Montaigne s'aiguisait sur les découvertes faites par Villegaignon accostant au Brésil. Dans son essai intitulé *Des cannibales,* il manifestait sa réserve vis-à-vis des rapports composés par les « fines gents », car, dit-il, ces derniers « remarquent bien plus curieusement et plus de choses, mais ils les glosent ». Or c'est justement cette « glose » qui nous instruit sur eux; ils ne peuvent s'en tenir au témoignage; ils se situent et se livrent en fonction de ce qu'ils ont vu.

Peu d'ethnologues ont clairement indiqué les raisons de leur choix, de leur installation dans une profession qui les amène à s'extraire de leur civilisation pour en affronter de très diverses. Toutefois, leur éclectisme et cette sorte d'exil culturel les mettent toujours dans une position de censeur vis-à-vis de leur propre société. Il y a, aux origines d'une telle vocation, une insatisfaction, le besoin de s'accrocher à des modes d'existence radicalement différents. Si l'exercice du métier révèle le caractère illusoire d'une semblable entreprise, il aiguise vite la faculté critique. On comprend alors les hésitations officielles devant les recommandations de spécialistes qui, d'abord, se mirent hors du système pour le mieux juger.

Montaigne, déjà, n'exaltait la « perfection » des mœurs « cannibales » que pour mieux dénoncer certaines faiblesses de sa société et rappeler les lois de la « grande et puissante mère nature ». Il employait un procédé que Diderot reprendra, sur le plan de la critique des usages et coutumes, en idéalisant l'homme naturel; un procédé que Rousseau enrichira en recherchant, au-delà des maux constatés, les fondements de toute société humaine. A travers les siècles, une étonnante continuité s'affirme : l'appel à l'exemple du « sauvage » ou du « primitif » s'inscrit le plus souvent dans l'argumentation des penseurs réformateurs, voire dans celle des révolutionnaires. L'auteur d'un livre sans importance, derrière les apparences du paradoxe, montrait en ces derniers des hommes obsédés par le « mythe des origines », quelle que soit leur passion d'édifier la société future.

Ce n'est donc pas impunément que l'on tire leçon des civilisations différentes et plus « nues » parce que moins encombrées de productions matérielles complexes. La comparaison, jamais innocente, a valeur d'épreuve. Mais, sans vouloir jouer sur les mots, rappelons-nous que cette épreuve est vécue de manière toute directe par l'ethnologue qui accomplit sa recherche. Il n'est pas question d'évoquer ici, selon des procédés particuliers aux explorateurs professionnels, les dangers et les inconforts d'une entreprise qui se poursuit hors des sentiers battus. Il convient plutôt de montrer que l'accès à une civilisation étrangère et cette confiance, qui se gagne par une patiente compréhension, sont plus le résultat d'une ascèse que d'un jeu supérieur ou d'une technique scientifique. Tout est problème. Ainsi, je n'oublie pas avoir trouvé en tel enfant noir des environs de Dakar, durant quelques heures, le plus contraignant des maîtres. Cet exemple ne convaincra guère : je le sais, bien qu'il me reste précieux. Il faudrait évoquer les dépouillements rendus nécessaires, les initiations subies, les craintes aussi – celles qui m'ont littéralement paralysé, un soir de janvier 1949, alors que je devais participer à une importante cérémonie de sectateurs d'un culte gabonais. Toujours quelque secret, produit de ces épreuves et de ces craintes, inconnu même des collègues les plus avertis, se cache dans l'existence d'un ethnologue.

Aucune expérience sociale ne peut être aussi complète, aucun engagement. Il est possible de répliquer que l'exotisme est en recul et avec lui toutes ces contraintes ou ces expériences. Des villes apparaissent là où n'existaient, cinquante ans avant, que la résidence de petits souverains indigènes; des routes, des voies ferrées et des aérodromes ont brisé les isolements protecteurs du particularisme; des usines ont enfermé dans leurs enceintes ces « primitifs » plus manieurs de rites que d'outils complexes; des églises ont rejeté dans la clandestinité les fragiles demeures des dieux sauvages et des assemblées modernes ont supplanté les anciennes palabres. Sommes-nous moins dépaysés parmi tant d'objets familiers, avons-nous banalisé le monde au point de nous retrouver chez nous sur toute sa surface? L'illusion est vite dissipée. Ces villes, ces trains, ces usines se sont transformés dès leur exportation; le paysage qu'ils composent n'est pas encore celui auquel nous sommes accoutumés. Aussi, la façade moderne des sociétés traditionnelles ne doit-elle pas nous tromper; elle ne dispense en aucun cas de cette approche compréhensive dont l'ethnologue a fait sa méthode la moins contestable.

Je parlais à l'instant d'ascèse; il faut entendre l'expression dans son sens propre. Je pense à tel collègue étranger, indianiste de valeur, qui apparaît dans son cadre habituel comme un homme sophistiqué et d'un raffinement byzantin. Découvert à l'occasion de ses enquêtes « sur le terrain », il se présente tout à l'inverse de lui-même – dépouillé à l'extrême, simple et fruste. Il y a, en ce cas, l'exaltation d'un retour provisoire à une forme plus rudimentaire de l'existence; mais il y a bien davantage. L'abandon des artifices est aussi une façon de renoncer aux attributs, matériels pour la plupart, qui signalent l'appartenance à notre civilisation. On ne conçoit guère qu'un ethnologue, soucieux d'établir les meilleurs contacts, puisse accomplir sa recherche accompagné d'un équipement qui le classe et l'isole. Il doit, bien au contraire, faire oublier sa provenance par un véritable procédé de mimétisme. Il peut seulement ainsi atténuer ses caractéristiques d'étranger et mieux s'introduire dans le système indigène. Au cours de l'enquête, comme de l'élaboration théorique, les difficultés se réduisent toutes à « un problème de communication ».

La liaison, une fois établie, se révèle contraignante. L'ethnologue ne s'installe pas impunément dans une société exotique; il souhaite pousser toujours plus avant sa découverte et poursuit une expérience qui le transforme de manière insidieuse; il accède à des catégories de la pensée qui l'affectent par quelque biais. Je ne peux m'empêcher de songer à ce maître regretté : Maurice Leenhardt. Il avait acquis une connaissance complète et fine de la pensée mélanésienne, avec une telle profondeur que ses détracteurs lui reprochaient de « raisonner en canaque » plus que selon nos normes. La critique a la prise facile. N'a-t-on pas blâmé, chez tel de nos collègues, une ouverture sur la pensée confucéenne qui donne à sa réflexion une forme difficile; chez tel autre, une longue fréquentation des peuples soudanais qui avait entraîné une adhésion de l'intelligence autant que du cœur?

Cette imprégnation continue est impliquée par l'entreprise ethnologique. Elle peut créer une véritable alliance entre le chercheur et la civilisation qu'il tente de se rendre familière, une alliance parfois matérialisée : un ami, attaché avec passion à certain culte nègre appris au Brésil puis au Dahomey, ne se sépare jamais du collier qui est le signe de son initiation. On comprend alors que l'ethnologue puisse s'imposer en tant que témoin éloquent. Il est un interprète; il s'attaque à l'ignorance commune et aux idées toutes faites; son œuvre, dans sa part la moins contestable, a un caractère militant. En marge par l'objet même de son étude – ces peuples qualifiés de « périphériques » – il demeure en marge par son refus du conformisme et ses interventions critiques.

***

J'ai cru nécessaire d'apporter ces explications préalables. Elles montrent la complexité des relations qui s'établissent entre l'ethnologue et sa recherche, et quelle place particulière il occupe dans sa propre société. Il a une action involontaire, difficile à évaluer, sur les faits qu'il prétend aborder et il se trouve, d'autre part, affecté par les découvertes auxquelles le conduit son étude. Il doit accomplir un effort de compréhension immédiate autant que d'analyse scientifique. Aussi ne faut-il pas s'étonner si certains considèrent sa pratique plus comme un art que comme une science, insistant ainsi sur l'élément subjectif, sur cette « équation personnelle » qui représente ici tout l'homme avec ses préférences, ses engagements et ses options.

Une sorte d'autocritique s'impose dans de telles conditions; elle relève d'une élémentaire honnêteté intellectuelle. C'est à cette entreprise que je souhaiterais m'exercer, tout en recensant les problèmes posés par le passage de l'Afrique traditionnelle à l'Afrique moderne.

Ce glissement de l'un à l'autre des visages africains orienta ma curiosité scientifique. Je quittai l'Europe en mai 1946 pour accomplir ma première enquête « sur le terrain ». Je laissais une société en décombres, des ruines paraissant justifier la condamnation d'une civilisation qui s'était pourtant voulue « missionnaire ». J'aspirais à l'Afrique comme à une expérience de rupture, à une existence plus fruste, plus authentique. Par un paradoxe apparent, j'avais hâte de retrouver les aspects les plus universels et les moins décevants de la nature humaine sous les vêtements les plus primitivement nègres. Je tendais vers la vieille Afrique avec une passion nourrie de réminiscences conradiennes – avec l'illusion que le célèbre *Voyage au cœur des ténèbres* restait un guide. Je dus d'abord séjourner en ville, à Dakar, et par conséquent perdre vite des croyances aussi naïves. Parti, armé d'une technique du dépaysement, je me sentais déçu parce que trop peu dépaysé. Très tôt habitué aux formes extérieures de l'exotisme – et en particulier au spectacle de la foule dakaroise habillée souvent avec somptuosité – je me trouvais en face d'une ville, d'un paysage banalisé où l'écran matériel me semblait estomper l'originalité humaine. Je me trompais, victime de mon impatience. Mais je ne découvris mon erreur que beaucoup plus tard.

Pourquoi ne pas l'avouer, ma déception m'incita à une véritable infidélité. Ayant tout juste accédé au monde noir, dont j'avais passionnément souhaité la découverte, je cherchai à le fuir. L'occasion s'en présenta : elle reste à l'origine d'une amitié que je ne peux jamais évoquer sans émotion. Un matin vint me trouver à mon bureau de l'Institut d'Afrique un érudit maure, Mokhtar ould Hamidoun, qui souhaitait se mettre à mon service. A peine rencontré, cet homme ne pouvait être oublié. Grand et grêle, le visage fin et fier bien que sans arrogance, il disparaissait dans un long drapé blanc, ayant jeté sur son épaule la longue pièce de tissu bleu dont les Maures s'enturbannent. Il portait, serrés dans un torchon de cuisine, les manuscrits où son savoir se trouvait consigné. Mokhtar avivait en moi cet attrait de la Mauritanie que j'avais un temps subi – pour des raisons n'excluant pas une sorte de puérilité, puisqu'elles devaient beaucoup à la confession d'Ernest Psichari : *Les voix qui crient dans le désert.* A ces incitations s'ajoutait le prestige saharien qui entourait Théodore Monod, le savant directeur de l'Institut d'Afrique. Et je dus, soumis à une impérieuse nécessité intérieure, passer le fleuve Sénégal. A Rosso, j'accédais à la région du Trarza où je résidai quelques semaines.

En Mauritanie, c'est le paysage qui est mobile, par le caprice du sable et du vent. Le nomadisme des hommes et des troupeaux ne saurait guère cacher l'extraordinaire stabilité de la société et de la civilisation. Il y a là une lenteur de vie pastorale, un système social où la hiérarchie figée dans son décorum s'appuie sur une religion de scoliastes. Ceux-ci ne manquent d'ailleurs pas de séduction. Mais il me semblait que ces Maures, devenus depuis quelques décennies des conquérants en disponibilité, s'employaient à des jeux pastoraux et rhétoriques par trop situés hors du temps. Je me laissai cependant attirer par ces divertissements savants et me consacrai à une étude des théories musicales qui débouchait sur une philosophie et une arithmétique complexe. Ma curiosité s'apaisa : j'avais le sentiment de me dérober, sous prétexte d'érudition, à des obligations plus urgentes. Je ne soupçonnais pas que la technique et ses exigences allaient prochainement bouleverser ce calme. Le fer de Fort-Gouraud, le cuivre d'Akjoujt se révélèrent d'une grande richesse en gisements offerts à des sociétés peu préparées à les mettre en valeur. Les zones d'organisation industrielle de l'ensemble saharien devaient bientôt superposer leur dessin aux cercles

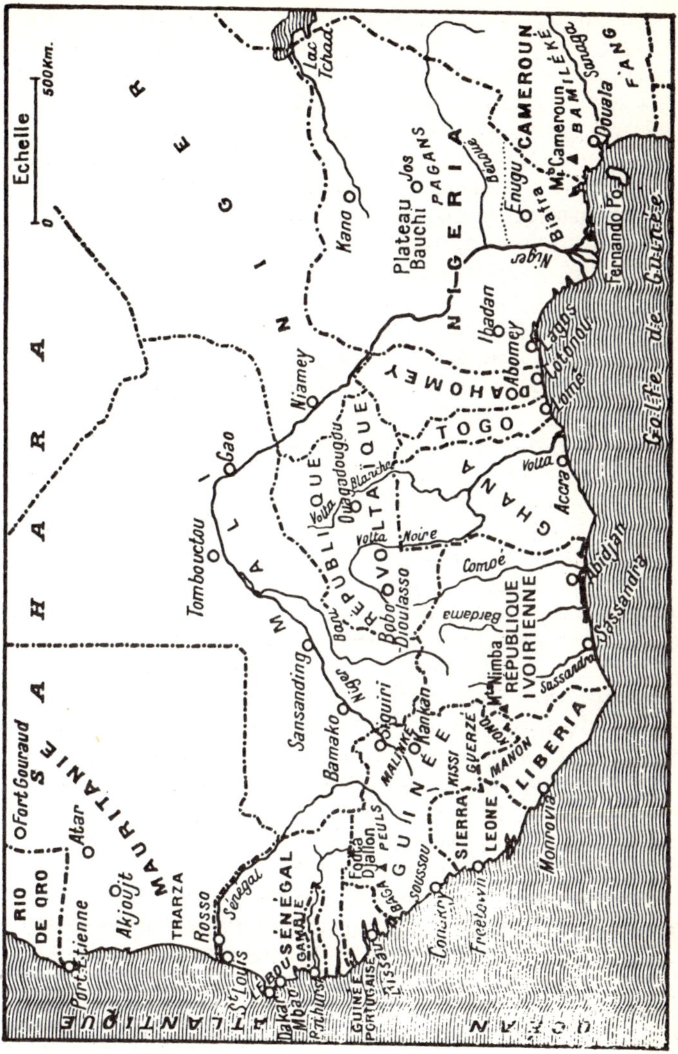

Fig. 1. – *Carte de l'Afrique de l'Ouest.*

culturels et aux cartes tribales tracées par les ethnologues du siècle passé.

De retour à Dakar, je goûtai l'exaltation que procure le lancement d'une nouvelle enquête. Celle-ci se déroula aux abords mêmes de la ville, auprès d'un groupement ethnique attachant, comme tous les peuples de pêcheurs, les Lébou de la presqu'île du Cap-Vert. Je ne pouvais guère avoir l'illusion de l'exploration, mais il me semblait franchir, dans le domaine de la culture, des frontières plus sérieuses que les barrières dressées par les Etats ou les accidents naturels. A l'occasion de cette recherche, je m'efforçai d'évaluer les chances respectives du particularisme, de la tradition et du modernisme; je donnai d'ailleurs ce sous-titre à l'ouvrage rédigé, avec mon ami P. Mercier, d'après les matériaux rassemblés. L'attention accordée au jeu des forces nouvelles me paraît aujourd'hui révélatrice d'une transformation intellectuelle qui s'amorçait seulement. J'entrevoyais le second visage de l'Afrique, mais je souhaitais que, dans le combat des forces, triomphât la civilisation ancienne. Je me rangeais, pour un temps, parmi ces ethnologues qui ne peuvent accepter que l'histoire escamote leurs « primitifs ».

On me demanda par la suite d'assurer à Conakry la direction du Centre local de l'Institut d'Afrique. Cette fois encore, je devançais les bouleversements matériels, et par conséquent sociaux ou politiques, sur le point de s'accomplir. Les îles de Los se détachaient avec leur carapace de bauxite encore intacte contre un ciel aux coloris lourds et singuliers. La presqu'île du Kaloum, qui porte la ville à son extrémité, étalait sa monotone couleur de rouille, cette croûte de fer bientôt promise aux outils des mineurs. Conakry sous ses cocotiers et ses manguiers gardait l'allure désuète, la vétusté qui donnaient leur prestige aux vieilles cités coloniales. J'y retrouvais quelques-unes de ces impressions frelatées déjà connues pendant mes courts séjours à Saint-Louis du Sénégal.

Faisant en octobre 1954 une courte escale à

Conakry, je me rappelai avec surprise mon enthousiasme exotique de 1947. Je voyais des mines et leurs travailleurs, un port élargi et plus actif, des immeubles « dépaysés », une vie syndicale et politique moins artificielle – de dures réalités et la difficile construction d'une société moderne. J'eus la certitude d'avoir assisté à la fin d'une époque, à une véritable tombée de rideau. Il est vrai que le lieu de mon travail favorisait alors une déformation du jugement. Il semblait tout entier reposer sur des artifices. Je le découvrais, sur le fond de mer où se dessinait le port de pêche indigène, dans l'encadrement des deux cimetières de la ville. A chaque fois, je ne pouvais m'empêcher d'évoquer le poème magnifique de Valéry. C'était là le « cimetière marin », une habile et irréelle composition. Dans ce lieu-dit du Boulbinet, parmi les rocailles que bat l'océan, et défendus contre l'assaut de ce dernier, se dressaient les bâtiments alors misérables de l'Institut d'Afrique ou, plus précisément, les locaux que le centre partageait avec le Service de santé qui y avait maintenu un lazaret. Mon voisinage était terrible, de lépreux, de sommeilleux et de varioleux; voisinage d'une Afrique que les maladies dévorent et qui se résigne jusqu'à la perte de conscience. On imagine mal une telle conjonction – la grandeur inhumaine du cadre naturel, la présence continuelle de la mort et des pires dégradations physiques; il faut l'avoir constatée. Tant d'excès provoquent l'inquiétude et peu de mes amis européens avaient le courage de se risquer jusqu'à la première porte, celle qui donnait accès au jardin botanique.

Je ne cherche pas, par ces souvenirs à impressionner facilement, mais plutôt à suggérer combien une telle situation peut influencer les réflexions. Tout travail de détail et d'érudition m'aurait alors paru futile; ma première réaction était de demander aux civilisations guinéennes leurs leçons les plus profondes. Durant une première mission, je dus m'attacher aux problèmes politiques que posaient les groupements peul du Fouta-Djalon. Le hasard me plaçait encore devant une société islamisée, de structure féodale, où le prestige se fonde sur le nombre des troupeaux et des hommes dominés, où l'érudition du *karamoko* impose une hiérarchie de lettrés.

Cette recherche me renvoyait à mon expérience mauritanienne et me permettait mal d'accéder à la spécificité du monde noir. Ma gêne était d'autant plus vive que l'évolution, durant la période coloniale, avait contribué aux progrès du droit musulman par affaiblissement des coutumes. Ce contact ambigu ne put me satisfaire entièrement, mais je fis une rencontre inoubliable : je découvris Gilbert Vieillard à travers son œuvre toute consacrée aux Peul. Je me rappelle encore le respect ému que m'inspira la découverte de ses manuscrits, rassemblés à l'Institut de Dakar sitôt après sa mort. Une légende se construisait autour du souvenir de cet administrateur érudit, si passionné par son sujet qu'il avait fini par se fondre dans la civilisation étudiée. On évoquait toujours, avec ferveur, dans les villages du Fouta-Djalon, sa fine utilisation de la langue; on le sentait adopté et regretté. Quelques-uns des Européens, qui le connurent, disaient avec une certaine réprobation qu'il était « un homme perdu pour l'Occident ».

Grâce à une étonnante coïncidence, je découvris à cette même époque, et non par le seul intermédiaire de leurs livres, deux grands africanistes disparus durant la dernière guerre. Bernard Maupoil s'était occupé des archives de la Guinée et je retrouvai en maints endroits la marque de sa main. Il reçut au Dahomey une authentique révélation. En étudiant la géomancie dans le royaume d'Abomey, à l'école des vieux devins ou *bokonon,* il entrevit une conception du monde et de l'existence qui lui sembla particulièrement convaincante. Une fois de plus l'Afrique conquérait un de nos meilleurs esprits. Ce qui ne signifie pas qu'elle l'annihilait afin de mieux maintenir son emprise : Bernard Maupoil devait mourir tragiquement pour avoir résisté à l'occupation allemande. Au combat aussi tombait Charles Le Cœur, auteur d'un livre trop ignoré, *Le Rite et l'outil,* et le meilleur connaisseur des Téda du Tibesti. En ce cas encore la Guinée m'apporta plusieurs occasions de rencontre, sans parler de cette critique du rationalisme, conduite avec force par Le Cœur, à laquelle j'adhérais alors. En évoquant ces savants, ces modèles prestigieux pour le jeune ethnologue que j'étais en 1947, je ne peux m'empêcher d'imaginer leur déception s'ils se trouvaient en face de l'Afrique d'aujourd'hui. Car le coût du progrès, n'est-ce pas le bris des civilisations traditionnelles, une certaine monotonie répandue à travers le monde ? Ils seraient certes dépaysés, mais par l'effacement de ce qu'ils ont le plus aimé.

La passion de l'Afrique s'est, en l'espace de quelques années, soldée par la mort brutale de chercheurs enthousiastes et tenaces. Ces hommes, disparus à l'époque de mes premières expériences sur le terrain, j'ai le devoir de les évoquer à l'entrée de ce livre. Ils m'ont guidé et montré ce qu'est la soumission à la recherche, quels risques physiques et intellectuels elle exige. D'abord le géographe Jacques Weulersse, maître encore jeune, courageux de pensée comme de corps, qui meurt épuisé au retour d'une longue tournée soudanaise. C'est Jean-Charles Leclerc, autre géographe, foudroyé dans son campement de Kissidougou, fui par ce peuple des Kissi qui reconnaissait dans une telle mort une manifestation de la volonté des dieux. Et puis, mon ami Jacques Richard-Molard, géographe lui aussi, se fracassant le crâne sur le mont Nimba de la Haute-Guinée : un homme de grand savoir, surtout un homme généreux, à qui la revue *Présence africaine* voulut rendre hommage par un volume particulier de ses collections. Les indigènes virent aussi dans cette mort terrible la main des divinités qui hantent le Nimba et se défendent farouchement contre toute approche humaine. La réflexion reste comme frappée de stupeur en considérant ces jeux tragiques du hasard.

Dans cette région du mont Nimba, je devais poursuivre, auprès d'un peuple peu soucieux des frontières puisqu'il s'étale sur la Guinée, la Côte-d'Ivoire et le Libéria, mes enquêtes ultérieures. J'abordais une civilisation où la vie religieuse traditionnelle dominait toujours le paysage et le rythme des travaux. Les jeunes hommes, émigrant vers les villes lointaines, conservaient néanmoins dans leur bagage un modèle réduit du masque qu'ils portaient dans l'association masculine. Profondément impressionné et attiré par cette chorégraphie des personnages sacrés, j'entrepris avec une minutie passionnée d'en découvrir le contexte intellectuel et émotionnel. Cependant, le déclin de l'institution apparaissait à des signes qui ne trompent guère : la moins bonne facture des masques récents et leur commercialisation; l'utilisation spectaculaire et mercantile du masque à échasses, le *nyomo kwouya,* jusque dans les foires et marchés; le désintérêt d'une minorité devenue critique à l'égard de rituels anciens. Je me retrouvais, même en cette zone forestière éloignée des grands centres, devant les problèmes de l'Afrique en changement. Lents ou rapides, inégaux dans leur démarche, des mouvements analogues agitaient les sociétés noires encore jugées, par habitude, immuables et savoureusement exotiques.

Il est vrai que mes relations à Conakry, peu orthodoxes aux yeux de l'administration, m'inspiraient des jugements plus actuels. Mon collaborateur, Madéra Kéïta, homme de qualité au sens plein de l'expression, et animateur local du *Rassemblement démocratique africain,* me fit rencontrer divers représentants des groupements politiques guinéens. Je m'attachai à comprendre leurs inquiétudes et leurs espoirs, à saisir leurs problèmes au-delà d'une éloquence parfois quarante-huitarde. Ils me contraignirent à une plus fine et plus dangereuse prise de conscience. Dans le même sens agit l'influence d'un autre ami nègre, le poète guadeloupéen Guy Tirolien, alors administrateur à Conakry, qui poursuivait une quête obsédante – la recherche de « l'âme du noir pays où dorment les ancêtres ». C'était l'époque où les jeunes intellectuels africains se lançaient, comme un message d'union et d'énergie, le mythe de la « négritude ».

Cependant, l'Afrique des contrastes, je devais un peu plus tard la découvrir en toute netteté, à l'occasion d'un voyage au Nigeria, et constater cet écart qui fait que les civilisations voisinent sans pouvoir communiquer. Je me trouvais dans la région minière, dominée par la ville de Jos, où se rencontrent les villas provinciales transplantées d'Angleterre et les riches habitations musulmanes. Ce centre, dont l'activité économique repose sur les exploitations d'étain et les usines de traitement des minerais rares, se situe au lieu de rencontre de peuples conquérants islamisés et de populations autochtones archaïques qui affirment leurs caractères païens et paysans. Ainsi, au voisinage d'un paysage bouleversé par l'industrie de l'Européen, parsemé de *caterpillars*, de grues géantes, de camps de travailleurs, restent solidement établis les représentants d'un Islam semi-féodal et ceux, ces *pagans* presque nus, d'une très vieille Afrique. Des éléments aussi éloignés l'un de l'autre peuvent-ils, de quelque manière, entretenir des relations autres que circonstancielles? En guise de réponse, je revois cette scène qui fait croire à un montage photographique. En bordure d'une longue route goudronnée, qu'anime à distance la spéculation sur l'étain, dans un encadrement de grues et d'amoncellements de terre remuée, marchent à pas effrayés quelques-uns de ces « païens », porteurs d'une maigre charge, simplement vêtus du disque de vannerie colorée qui leur bat les fesses. Je pense à une remarque de Paul Mus dans son dernier ouvrage : « La différence de niveau entre les civilisations, qui déchire actuellement l'humanité, s'accroîtra chaque année » si l'on ne sait réagir dès aujourd'hui.

Je m'attarde à l'évocation de ces démarches et hésitations initiales; elles manifestent le glissement vers des problèmes qui devaient finir par se situer au centre de mes travaux. J'avais appris qu'une vie nouvelle animait le corps des sociétés noires, que le heurt des civilisations ne pouvait continuer, sans risques, à faire le jeu des plus favorisées. C'était encore une impression confuse, mais mes missions prochaines allaient m'imposer une image plus nette de l'avenir africain.

Dans le sud du Cameroum, là où les larges allées cacaoyères ouvrent une perspective vers le mieux-être, je pus mesurer la puissance du modernisme et des forces opérant en réaction contre le vieil esprit colonial. Au Gabon, le long de ce fleuve Ogooué si lié à nos souvenirs historiques et à la légende de Brazza, je ne découvris qu'une protestation plus élémentaire face à la pauvreté, à la destruction des cultures traditionnelles. Je surpris un abandon sinistre à cette misère – je revois les maigres villages de la région de Ndjolé – sur des rives que l'espérance a désertées. Saccage de la forêt, des sociétés et des hommes : une charge trop lourde avait pesé sur un pays déjà épuisé par la traite.

Que l'on me permette d'évoquer ici l'un de mes informateurs gabonais, un villageois fang d'une quarantaine d'années, qui ne se distingue en aucune façon, sinon par une grande aisance à s'exprimer. L'homme trouve que « rien ne va plus ». A l'entendre, tout est perdu de ce qui peut donner à l'existence un sens plein et exaltant. Après avoir fait le bilan de toutes les « misères » actuelles de la société fang, il conclut la série de nos entretiens par une moralité ambiguë : « C'est la civilisation ! » Une civilisation en accuse une autre. Nous sommes jugés par un modeste paysan d'un très humble village. Quel retournement de situation que celui qui nous constitue en fauteurs de désordres sociaux ! J'ai voulu aider ces hommes et mettre mes études à leur service; un programme modeste, trop limité, d'équipement rural a pu se réaliser. Un geste qui ne saurait, tout seul, résoudre des problèmes de cette importance, des problèmes qui en outre ne sont pas simplement d'ordre matériel.

Le Congo, ce fleuve *Zaïre* des premiers découvreurs de l'Afrique Centrale, je l'abordai ensuite avec impatience, riche de souvenirs et de références. Voilà une des quelques régions sur lesquelles l'histoire africaine ne demeure pas muette. On entrevoit un passé brillant. Le royaume de Congo soulève l'enthousiasme de l'ethnologue allemand Frobenius et lui arrache ce cri admiratif : « Civilisés jusqu'à la moelle des os! » Il entraîne André Breton à imaginer « toute la grandeur de l'Afrique perdue ». Voilà un fleuve, symbole des renaissances africaines, que glorifie Léopold Sédar Senghor dans ses *Ethiopiques* somptueuses :

« Oho! Congo couchée dans ton lit de forêts, reine sur l'Afrique domptée... »

Les eaux roulent puissantes à la sortie du Stanley Pool, mais une centrale hydro-électrique domine maintenant la rive droite. L'exotisme fuit et nul n'a le droit de s'en plaindre. Il faut changer sans regrets de thème d'exaltation. Je n'avais guère le loisir de m'attarder au compte des illusions déçues. Les problèmes ont ici les dimensions du fleuve. Ils sont au cœur des cités, à Brazzaville comme à Léopoldville où s'ébauchent de nouvelles formes sociales. Ils sont au sein de chaque village congolais où l'ombre des palmiers a perdu son ancienne douceur. Ils sont particuliers à chaque peuple, malgré quelque apparence commune, parce que chacun réagit selon son génie propre. Les Ba-téké, repliés sur les plateaux qui portent leur nom, se servent de leurs traditions comme d'un bouclier. Les Ba-kongo, chercheurs de progrès, innovateurs audacieux vis-à-vis du christianisme qu'ils ont reçu, désirent imposer leurs initiatives et inquiètent en raison de ces initiatives. Entre les deux, se trouve une poussière de groupements ba-binga, mobiles et pourtant toujours soumis à de très anciennes servitudes. Des problèmes qu'impose le prolétariat urbain à ceux de ces négrilles exploités par leurs maîtres noirs, quelle distance! L'Afrique qui se fait les contient pourtant tous, noués et emmêlés comme les fils d'un écheveau tenu par une ouvrière apprentie.

Les souvenirs se sont appelés l'un l'autre avec une étonnante nécessité. Si le moi est haïssable, il faut accorder une exception à l'ethnologue. Il doit situer son témoignage qui, plus encore que d'une technique savante, procède de multiples et complexes interférences entre la civilisation observée et l'observateur. Sa démarche suppose une extrême sensibilité, un continuel effort d'ajustement. Aussi est-il nécessaire qu'il se « découvre » en même temps qu'il étudie les résultats de sa recherche. Il peut mener à bien une telle tentative, parallèlement au travail scientifique, s'il poursuit ce dernier dans tous ses prolongements, s'il révèle en quelque sorte le dessous des cartes.

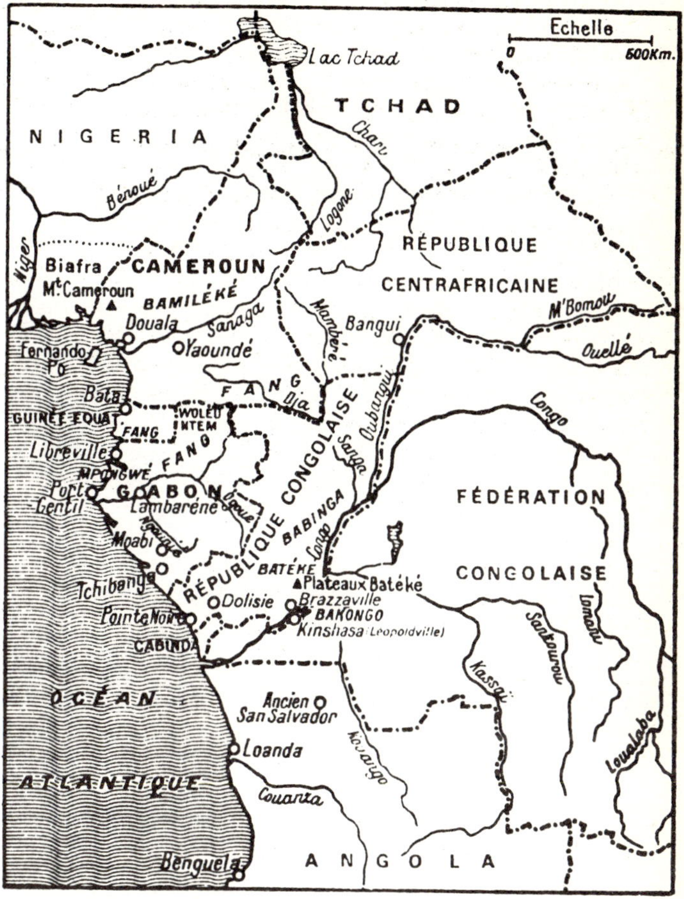

Fig. 2. – *Carte de l'Afrique centrale.*

II

JEUNE AFRIQUE

Une civilisation s'apprend dès les premiers jours. De véritables montages psychologiques se font tout au long de l'enfance et c'est par eux que se construisent les comportements communs, que s'affirme la relative permanence des sociétés. « Qui ne voit, souligne déjà Montaigne, qu'en un Etat tout dépend de cette éducation et nourriture? » Psychologues et pédagogues ont repris cette vieille vérité. C'est cependant avec les travaux de l'ethnologie américaine, en particulier ceux de Margaret Mead, que se précise la méthode permettant d'observer comment la personnalité s'organise dans le contexte d'une culture. Les audaces ont tôt semblé permises dans ce domaine nouveau et prometteur de résultats spectaculaires. Nous savons ce que parfois elles ont donné. L'Anglais G. Gorer va jusqu'à déduire le caractère national russe de la manière dont on lange les bébés dans ce pays; il affirme, apparemment sans un clin d'œil, que l'emmaillotage très serré des enfants conditionne l'attitude des adultes vis-à-vis de l'autorité. Je ne suivrai pas cet exemple : le port du jeune Noir, collé au dos de sa mère dans un pagne qui l'enserre, ne détermine pas les réactions à la dépendance ni, en particulier, le nationalisme africain!

Cependant, bien qu'avec prudence, je crois nécessaire de tirer une leçon de ces exemples. L'ethnologue se trouve, d'une certaine manière, dans la situation de l'enfant par rapport à la culture qu'il entreprend d'étudier. Il a tout à apprendre pour mieux saisir, de l'intérieur, comment cette dernière fonctionne; il doit passer par tous les degrés de l'initiation. Aussi découvre-t-il beaucoup en suivant les démarches par lesquelles son homologue, l'enfant, assimile les consignes ou les enseignements qu'on lui impose et s'inscrit progressivement dans la société. Il ne s'agit certes pas d'un « jeu » qui consisterait à retrouver toutes les émotions et réactions de l'enfant, depuis le moment où la mère le campe pour la première fois sur ses reins, jusqu'au moment où l'initiation en fait un adolescent agrégé à la communauté des hommes. Il suffit de parcourir toutes ces étapes, en un temps raccourci, par l'observation des différentes couches de la population enfantine. L'ethnologue peut alors reconstituer, à la faveur d'un véritable effet d'accélération, tout le film de l'enfance indigène. Il entre par la bonne porte dans cette société qui lui semblait, aux premiers jours de son enquête, difficile à forcer.

Fig. 3. – *Piroguiers lébou.*

Ma première recherche se conforma, d'une manière presque instinctive, à ces exigences. J'avais choisi d'étudier la civilisation des Lébou, petit peuple de pêcheurs établi aux environs et au sud de Dakar, dans une région où l'océan mord sur une bande de palmeraies sablonneuses. Ces deux éléments du paysage, qui conditionnent le dualisme des activités humaines, constituent le décor d'une histoire originale. Soucieuse de maintenir ses particularités bien que voisine de la capitale, foyer contagieux de modernisme, cette société sénégalaise demeure fière de son passé. A la fin du XVIIIe siècle, elle édifia une république opposée aux féodalités environnantes. Un tel champ d'étude séduit l'ethnologue par sa netteté, ses limites restreintes et la diversité des forces qui s'y expriment. Je devais vite déchanter. La résistance aux indiscrétions d'un enquêteur étranger, dont les buts se laissent mal comprendre, me paralysa quelque temps. Les villageois lébou avaient bien des motifs de suspicion spontanée : ma situation hors de l'Islam; ma participation présumée à l'appareil administratif; enfin, le caractère insolite de ma démarche aux yeux de gens habitués surtout aux visites officielles ou à celle de militaires venus des camps voisins pour chercher des filles. Je me serais heurté à une inertie complète, à cette fausse innocence souriante que l'Africain sait parfaitement jouer, s'il n'y avait eu les enfants et les jeunes gens.

Les uns et les autres se laissèrent attirer. J'attisais leur curiosité. Je leur donnais le spectacle de mon installation et de mes usages. Par un retournement ironique de la situation, je devenais objet « exotique » devant des dizaines d'ethnographes amateurs.

Mais il y avait bien davantage et tout d'abord l'attrait de la richesse qu'on me supposait, des dons que chacun de ces observateurs attendait de moi. Mon équipement pourtant modeste, mes repas, mes vêtements, je les voyais avec un œil nouveau à travers tant d'envie. Il faut avoir été ainsi un centre de convoitise, devant la foule des démunis, pour savoir à quel degré la plus banale de nos commodités peut devenir détestable. Je découvrais, cette scène devant se répéter en tous lieux de mes enquêtes, quel supplice de Tantale l'Europe avait imposé à des foules africaines devenues avides de ses biens. Toutes les explications savantes ou ingénieuses, y compris celles qui font du don un créateur de relations cordiales, ne changeront rien à cet état de choses. Cependant, parmi les préoccupations de mes observateurs, il y en avait une fort vive. J'étais, aux yeux de jeunes gens inquiets de l'avenir des villages, et surtout de leur propre avenir, une image de l'homme moderne. Chacun souhaitait m'interroger pour juger si cette marche au modernisme, qui provoquait l'opposition des aînés, valait vraiment la peine. D'emblée, ma présence établissait des relations complexes. Je devais plus obéir à ces dernières qu'à mes plans pour réussir dans ma recherche. L'objectivité chère au technicien de laboratoire se pulvérisait sous le poids de telles contraintes.

Un accident mineur, et voilà une voie nouvelle qui s'ouvre devant la curiosité avide de l'ethnologue. Deux jeunes informateurs rivalisent de zèle, engagent une controverse à propos d'un renseignement concernant la « classe d'âge » à laquelle ils appartiennent, en arrivent à la dispute et aux injures.

– Par le sexe de ta mère ! dit l'un.

– Je fornique ta mère ! réplique l'autre.

Et les coups commencent à tomber.

Cette explosion, cette gravité des injures me surprennent. Dans une série d'observations rassemblées au début du XIXe siècle, le baron Roger, parti d'un même étonnement, propose des remarques qui font écho à mes questions :

« Parmi les sentiments naturels que ces gens conservent fidèlement, il faut distinguer le respect, la soumission, la tendresse qu'ils montrent toujours pour leur mère... La plus grande injure qu'on puisse dire est le trop fameux : *sahr sa ndeï* (par les parties génitales de ta mère). Ce jurement a souvent été lavé dans le sang. » Ainsi, un événement en apparence sans importance me conduisait à examiner l'image que se construit de la mère le jeune enfant lébou, l'image que l'homme a de la femme.

Avec sa mère, et dans la compagnie intime des femmes, le garçon passe une grande partie de son enfance, bien plus longue que la durée requise par la simple dépendance biologique. Il prend ses repas avec celles-ci, acquiert d'elles les disciplines fondamentales et les attitudes communes. Il les aide par de menues besognes qui constituent déjà un dressage au travail. Il accède, en curieux, aux rituels que le conservatisme féminin a maintenus, mais qui restent interdits au regard des hommes. Il participe aux petits secrets et aux commérages qui circulent dans les « carrés » où se répartissent les habitations. Pendant six ou sept années, le pagne des femmes domine l'horizon du jeune lébou; celui-ci se trouve d'abord limité aux aspects féminins de la société – il y gagne en tendresse et se compose une image idéalisée de la femme. L'enfant, choyé, à l'indignation des peuples voisins qui ne voient là que faiblesse, sera un homme réservé vis-à-vis des jeunes filles, même dans ses invites les plus pressantes.

N'édifions pas d'utopies ni de monuments à l'éloge d'une étonnante pureté de mœurs; le voisinage des centres urbains, Dakar et Rufisque, a fini par altérer cette réserve autrefois commune. Dans les ruelles, la nuit tombée, quelques filles maladroitement fardées attirent les jeunes hommes pour en obtenir un peu d'argent. Elles jouent des attraits de l'amour exotique, des jeux appris de militaires européens venus jusqu'au village, à défaut d'autres proies. On les raille et les méprise, non pour leur liberté dans le geste amoureux mais pour le commerce qu'elles font de cette liberté. Des chansons se moquent d'elles et les enfants les répètent en guise d'amusement :

« Labu Ngar, Fall Ndyay, ils sont là.
Labu Ngar, Fall Ndyay, ils sont là.
Pendant la nuit, tu gagnes des centaines de
[francs.
Pendant le jour, tu gagnes mille francs encore.
C'est trop à dépenser ! C'est trop te dépenser ! »

On ne saurait douter de la dégradation des

mœurs, même lorsque les préoccupations rituelles y mettent un frein efficace. Les danses de provocation sexuelle, connues sous le nom de *grimbé*, se dépouillent en grande partie des intentions anciennes, qui les associaient aux techniques de fécondité, pour exalter les aspects érotiques. Cette chorégraphie insiste sur les mouvements qui simulent l'acte sexuel, sur le geste de découvrir le sexe, qu'accompagnent des chants au sens non équivoque. Si l'évolution se poursuit, l'entreprise n'aboutira plus qu'à un spectacle osé, propre à confondre les commerçants « civilisés » de l'érotisme au théâtre. Garçons et filles se mêlent à ces danses, s'amusent à des pantomimes et plaisanteries dont rient les adultes. Cet érotisme de la place publique a, sans aucun doute, porté atteinte au prestige de la femme et situé la sexualité dans un contexte inhabituel.

L'enfant ne découvre pas le geste de l'accouplement à l'occasion d'une sorte d'accident répondant à sa curiosité. Très tôt, il reste témoin des visites que le père rend à chacune des épouses; il ne s'en étonne guère, bien qu'une jalousie sous-jacente minimise encore la faible influence que la tradition concède au géniteur sur sa descendance. Il conservera, jusqu'au moment de l'initiation, une déconcertante liberté de propos et de gesticulation. La multitude des injures à caractère sexuel, que se lancent les garçons au cours des querelles, en donne la plus frappante illustration. Ainsi, jusqu'à la huitième ou neuvième année, la sexualité de l'enfant ne rencontre-t-elle guère de contraintes; elle ne fera que s'exaspérer lors de la puberté pour être aussitôt domestiquée par les épreuves de la circoncision. Naguère, cette liberté excluait cependant toute obsession érotique et toute obscénité ostentatoire; elle ne se pervertit que dans la mesure où les relations amoureuses se sont dégradées sous l'action des influences extérieures.

Une telle liberté, incontestée pendant toute la période où la sexualité ne se fixe pas, contraste avec la réserve des jeunes gens « initiés ». Pour ces derniers, le fait de la circoncision, s'il permet d'accéder à la femme, impose en même temps une discipline rigoureuse. Le vêtement, les gestes et les propos peuvent alors être jugés en fonction du critère de décence; ce qui ne manque pas de se faire à la vive honte du coupable. Les relations entre garçons et filles, hommes et femmes, obéissent en public à un formalisme contre lequel nul ne saurait s'insurger. Les allusions de caractère sexuel sont absolument interdites devant un groupe où se trouvent des femmes, à plus forte raison les invites qui ne s'expriment d'ailleurs que par des signes conventionnels. Les fiancés eux-mêmes sont publiquement contraints à des attitudes codifiées et se donnent rendez-vous en employant des formules à sens dérobé. La spontanéité reste à tout moment contenue. Un jeune homme ne peut, quelle que soit la violence de ses sentiments, révéler à une jeune fille son inclination. Ce serait là grossièreté; aussi un émissaire se charge-t-il d'aller réciter les quelques phrases stéréotypées de la déclaration :

« Tu es la femme que j'ai choisie. Je t'aime.
Et l'amour ne tue pas !
Nous aurions des enfants, nous serions père et [mère.
J'aurais de l'orgueil comme un maître.
Aujourd'hui, je te dis que je t'aime.
Si tu m'aimes, dis-le-moi à ton tour. »

La formule de saint Jérôme reprise par Montaigne – « l'amour ne connaît pas l'ordre » – n'a point de portée universelle. Il n'est guère de peuple noir, vivant selon la tradition, où ne se manifeste cette succession de la licence apparente et de la contrainte sévère. Même dans les sociétés jugées anarchiques par les premiers observateurs, comme celle des Fang gabonais selon la présentation faite par le Dr Cureau dans son étude consacrée aux « populations primitives » de l'Afrique Centrale. J'ai eu l'occasion de constater combien à la liberté des jeunes gens, incités à « fêter la jeunesse », succédait la rigueur des relations régissant le couple. Le proverbe fang affirme : « La femme est un épi de maïs sec, quiconque a des dents y mord »; il s'agit là d'un encouragement d'une facilité menteuse et qu'il convient de ne pas écouter sans prudence.

La femme adultère n'est plus guère, aujourd'hui, que raillée et « corrigée ». Les Lébou la désignent en public par l'expression de *ndyaro kat,* « femme qui va prendre les hommes ». Mais il n'en allait pas de même à l'époque où la tradition pesait de tout son poids. Les Lébou réagissaient alors collectivement. Les Fang y ajoutaient la violence. Toute une gradation de châtiments physiques entrait en vigueur : l'exposition de la femme coupable, nue, devant l'assemblée des villageois; le supplice consistant à l'attacher contre un arbre où résidait une fourmilière; ou, plus grave, l'ablation du clitoris ouvrant une plaie dont on avivait la douleur avec du piment broyé. L'affaire, fort sérieuse, provoquait des conflits entre clans. Et l'on imagine mal qu'un conteur doué ait pu alors, sur le thème de la femme volage, concevoir une œuvre digne d'un Feydeau de village. C'est maintenant moins invraisemblable, tant les mœurs ont changé et tant notre civilisation aphrodisienne a imposé sa marque.

Prenons garde de ne voir en ces châtiments que rigueur sauvage, de porter au crédit de notre influence un adoucissement de la peine. En ces sociétés africaines, les relations que crée le mariage obéissent à des impératifs qui restent moins d'ordre moral que d'ordre social; ils n'en sont que plus intolérants, car le désordre est plus grand ou plus apparent lorsqu'il affecte la vie du groupe entier que lorsqu'il concerne surtout le couple. Cela tient à la situation même de la femme dans des sociétés où les rapports entre individus sont plus directs que dans nos pays d'Europe. Les relations n'y sont pas aussi médiatisées par les choses, puisque les techniques de production restent plus simples. Ici, la circulation des êtres, autant que celle des biens, compose le tissu des rapports humains. En ce sens, le rôle de la femme, inscrite dans un système simple ou complexe d'échanges matrimoniaux, paraît fondamental ainsi que l'a montré Lévi-Strauss dans un ouvrage devenu classique. On comprend qu'entrée dans le système, la femme demeure étroitement soumise aux règles qui le régissent, quel que soit le degré de liberté amoureuse dont elle disposait jusqu'alors. L'adultère, inévitablement, provoque plus qu'un désordre des sentiments, une « affaire d'Etat ».

Revenons à nos deux exemples. Il n'y a pas seulement, chez les Lébou, cet intime et affectueux commerce entre la mère et l'enfant. La mère donne la parenté fondamentale – celle dont on dit que « c'est le lait qui la fait »; elle inscrit son enfant, d'une manière immédiate, dans un segment social primordial : le groupement des individus issus d'une même lignée maternelle. Elle impose à ses descendants l'homme avec lequel ils entretiendront les relations les plus intenses, sur le plan de l'affectivité comme sur celui de la vie quotidienne : l'oncle maternel. Celui-ci, en effet, contrôle l'enfant et le protège, au besoin contre les mauvais traitements du père. Auprès de cet oncle, le garçon d'une dizaine d'années va prendre ses repas en attendant de s'établir là définitivement, sitôt achevée la retraite de circoncision. C'est de l'un à l'autre de ces deux parents, si proches et étroitement liés, que circulent les biens et le pouvoir. Mais la femme lébou est encore davantage : un chaînon entre les deux groupes claniques alliés par son mariage. Elle apparaît comme l'un des éléments permettant de maintenir la structure sociale – aussi la tradition a-t-elle orienté son choix, au besoin contre son affection – et comme un instrument de la politique des clans. Dans un semblable contexte, la liberté du cœur et du corps doit nécessairement s'évanouir.

Les Fang du Gabon, déjà évoqués au service de cette argumentation, présentent un cas moins déroutant pour un esprit occidental, mais apportent un enseignement analogue. Leur société accorde la place prépondérante au père et à la lignée paternelle; ceci ne change pourtant rien à la situation de la femme. Cette dernière intervient évidemment en tant qu'agent de production et de reproduction, et par là même elle établit les assises de la puissance et du prestige, mais elle apparaît tout autant comme un instrument d'alliance et de pacification. C'est à partir d'elle que se tisse le réseau des relations cordiales et coopératives entre clans, tellement importantes dans le cas d'une société comme celle-ci, où le pouvoir reste diffus. Son mariage exige la réception d'une dot, apportée par son futur mari, aussitôt récupérée par son frère le plus âgé qui l'utilise afin de prendre femme à son tour; si bien qu'un double mouvement de femmes et de dots renforce ou étend le champ des alliances. Ainsi, une ambiguïté fondamentale fait-elle de la femme l'élément le plus contraint – ce qui l'incite à dire selon le proverbe : « Je ne suis rien devant un homme, je suis aussi stupide qu'une poule » – et l'élément auquel on demande le plus. Là encore, la liberté s'estompe sans possibilité d'appel autre que la ruse.

Dans des civilisations où la planification sociale intervient avec une telle netteté, une telle nécessité, un relâchement du contrôle et des mœurs a un retentissement dont nous soupçonnons mal l'ampleur. Nous pensons que l'adultère compromet, en nos sociétés, l'existence normale d'un groupement familial; il fait plus ici puisqu'il déchire le tissu social. Ce n'est plus une affaire de morale ou de puritanisme; un type même de civilisation est en cause. L'obéissance aux mouvements du cœur, le romantisme de l'infidélité, les complications du jeu amoureux sont autant de raffinements réservés aux sociétés qui ont des assises matérielles assez résistantes pour en supporter les conséquences. Ailleurs il ne peut guère s'agir que du fait du prince, d'un luxe exceptionnel.

L'émancipation de la femme africaine qui

entraîne la prise en considération de sa vie affective et fait affirmer aux vieux censeurs « qu'elle a gagné la mauvaise tête », la versatilité des rapports entre sexes, l'affirmation de la « sexualité libidineuse », selon l'expression du sociologue Roger Bastide, au détriment de la « sexualité socialisée », ce sont autant de révolutions dans les mœurs que la société ne peut encore absorber sans secousses graves. Et le mal reste d'autant plus accusé que les cadres moraux se sont dégradés, sans qu'un suffisant mouvement de reconstruction ait pu intervenir.

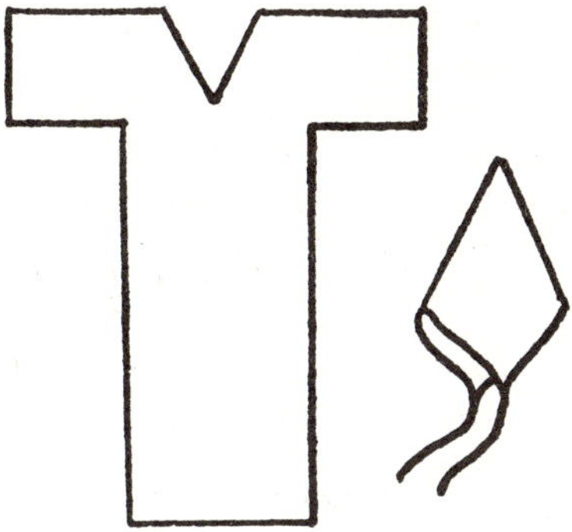

Fig. 4. – *Robe et bonnet de circoncis (Lébou).*

Il faut bien entendre que les causes de bouleversement, dans les relations entre hommes et femmes, sont complexes, souvent indirectes. On ne peut nier l'influence contagieuse de nos mœurs. Notre civilisation frappe un regard totalement étranger par l'importance qu'elle accorde à l'érotisme, par les activités et les commerces que ce dernier provoque. J'ai encore présentes à l'esprit les réflexions étonnées d'un de mes amis noirs, l'essayiste Alioune Diop, surpris à chacun de ses retours en Europe par l'érotisme ambigu qu'il y retrouvait. La publicité excite par la représentation de la femme, à Londres autant qu'à Paris, et je me rappelle avoir remarqué au cours des années passées une affiche, vantant quelque sous-vêtement féminin, qui ne craignait pas de recourir à l'image d'un mannequin, déconcertant sosie de la reine Elisabeth. Pensons encore à la manière dont s'exhibe la prostitution, aux femmes « en vitrine » des quartiers réservés d'Amsterdam, ou à ces défoulements collectifs que le puritanisme nord-américain tolère sous la forme des spectacles de *strip-tease*. L'impérialisme d'Eros a plus de succès en nos sociétés que chez les Coniagui nus de la Guinée. Cette ambiance, pour reprendre un mot du temps et aux résonances incertaines, nous l'avons exportée tout autant que nos machines, nos codes et notre monothéisme.

Mais on constate, en outre, toute une série d'effets indirects. D'abord intervient l'effacement, plus ou moins marqué, des vieux rituels d'initiation. Chez les Lébou, les pratiques liées à la circoncision s'estompent sous l'influence d'un Islam plus vigoureux et de nos modes d'éducation. L'opération s'effectue parfois dans un dispensaire, durant les premiers mois de l'existence du jeune garçon. Les incidences restent faciles à prévoir. La circoncision ritualisée donnait, à un moment précis, accès à la vie sexuelle normale; elle entraînait des contraintes qui domestiquaient la puissance du jeune mâle alors intégré au groupe des hommes. Les cérémonies exaltaient la plénitude nouvellement acquise comme le manifestent les chants de circonstance :

« C'est moi, je frappe le lion avec ma main ! »

Ou bien ce passage plus révélateur quant à la sexualité :

« Taureau, voici la génisse de l'abri des [circoncis,
« C'est toi qui terrasses la génisse de l'abri des [circoncis. »

Dans le même temps, les obligations imposées canalisaient cette force et la mettaient au service de la société entière. Ajoutons encore que la retraite d'initiation apportait des règles rigoureuses et un enseignement, véritable instruction civique, glorifiant l'histoire et les caractères spécifiques du peuple lébou. C'est l'ensemble de ces effets positifs qui tombe, à mesure que le rituel se dégrade. Il tend à se créer de manière continue un état de disponibilité pour l'individu et de vide au cœur des institutions, car nulle règle de remplacement n'est encore en vigueur. Une telle dégradation, renforcée par l'action du christianisme missionnaire, a déjà progressé en Afrique Centrale – comme j'ai pu l'observer au Gabon et dans le sud du Cameroun. Je n'ai nullement l'intention de défendre le conservatisme nègre, mais de montrer les dangers, pour des sociétés où intervenait un incontestable « dirigisme primitif », de cet affaissement des cadres anciens; il n'apporte pour l'instant qu'une illusoire libération des individus.

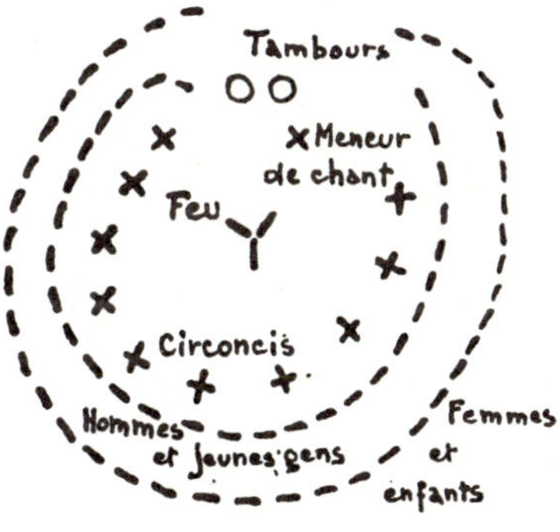

Fig. 5. – *Les chants de circoncision (Lébou).*

Ces remarques nous éloignent de notre propos. D'autres causes contribuent au bouleversement des rapports entre hommes et femmes. La plus grande facilité des communications permet une vie de relations plus intense et limite l'efficacité du contrôle : les marchés, les fêtes de groupements voisins, l'ouverture des villages aux étrangers de passage apparaissent comme autant de prétextes à l'infidélité. Les hommes se plaignent, non sans exagération, que les femmes n'offrent guère de résistance aux sollicitations dont elles sont l'objet; ils commencent à regretter les anciennes rigueurs. Toutes les forces qui ont séparé l'individu de son environnement traditionnel, qu'il s'agisse de la coupure physique qu'impose l'émigration vers les lieux du travail salarié ou de la coupure culturelle qu'impliquent les influences modernes, ont d'abord contribué à la rupture des équilibres fondamentaux.

Selon l'ancien ordre social, les relations entre un homme et une femme se réglaient toujours par l'intermédiaire des groupes au sein desquels chacun d'eux s'inscrivait. Il n'existait guère cette rencontre directe à laquelle poussent les inclinations et les affinités physiques – ces « appétits » qui, selon l'expression de Montaigne, « tiennent au corps et à l'âme ». Dans le village lébou, ce sont les « sociétés d'âge », associations rassemblant tous les garçons ou filles ayant approximativement le même âge, qui établissaient les premiers ajustements entre sexes. Chaque année, vers la fin de la saison sèche, une réunion mixte permettait de former des couples pour lesquels une sorte de jeu, qui ne restait pas toujours platonique, constituait un apprentissage des relations de coopération devant prévaloir entre hommes et femmes.

Par la suite, venu l'âge du mariage, les considérations tenant à la situation clanique, à la position dans les groupements familiaux et au statut de ceux-ci dominaient les possibilités de choix. A tel point qu'un romancier d'origine lébou, Abdoulaye Sadji, souligne combien le mariage traditionnel avait un caractère « d'héroïsme et de sacrifice », « très différent d'une vraie réjouissance ». On ne tolérait ni spontanéité dans le choix, ni improvisation dans les règles d'existence commune que se donne le couple. Aussi, lorsque l'efficacité des liens sociaux se relâche, lorsque la famille restreinte tend à trouver plus d'autonomie, lorsque les éléments du couple doivent établir leurs rapports de manière plus libre et plus improvisée, de multiples incertitudes ou impossibilités surgissent. Il reste difficile d'aménager des rapports qui n'obéissent plus aux contraintes rigoureuses de la tradition, mais laissent au contraire la possibilité de faire prévaloir les exigences personnelles sur celles de la communauté.

D'une certaine manière, le mariage associé à un système précis de répartition des femmes est, dans la société traditionnelle, un phénomène économique; il entraîne une circulation et une consommation de richesses, un échange de services suscitant une coopération étendue. Mais cette situation s'est transformée sous l'influence de l'économie monétaire, si bien qu'un déséquilibre s'est créé entre une conception du mariage qui obéit encore à des modèles anciens et une activité économique devenue totalement étrangère à ces derniers. On saisira aisément le décalage. La dot traditionnelle se composait d'objets symboliques et des signes monétaires régissant exclusivement les échanges matrimoniaux; la rareté des uns et des autres, comme le contrôle strict exercé sur le circuit des échanges, permettaient au système de fonctionner sans trop de heurts. Tout est faussé dès l'instant où la monnaie moderne intervient dans la composition des dots et où le souci de profit, de spéculation, fait son apparition.

Nous commençons seulement à évaluer combien l'esprit mercantile et les règles de notre économie ont pu dégrader les relations personnelles dans des sociétés nullement préparées à les recevoir. La dot apportée en compensation change de sens dans le contexte nouveau : elle varie de taux comme les prix et permet de véritables marchandages. Il en va de même des cadeaux exigés entre alliés, des festivités accompagnant les cérémonies du mariage et qui peuvent constituer un second « barrage économique » pour les hommes jeunes des familles les moins aisées. Là où existait une répartition, que l'on pourrait dire planifiée, des femmes et des alliances, apparaît maintenant une compétition où seule joue la richesse.

En 1946, chez les Lébou, cette dernière agissait avec une intensité suffisante pour que les hommes âgés de vingt-cinq à trente ans soient encore des célibataires, aigris par l'impossibilité où ils se trouvaient de réunir les sommes nécessaires au mariage. A quelle triste caricature de nos mercuriales s'était soumis ce peuple pourtant fier! De véritables cours – une compensation monétaire de quelques milliers de francs (1) pour une femme divorcée, plus élevée pour une veuve, atteignant et dépassant souvent la dizaine de milliers de francs dans le cas d'une jeune fille – s'étaient substitués aux anciennes estimations, respectueuses de la tradition, certes, mais aussi de la personne, moins ignorée qu'elle ne l'est par cette nouvelle comptabilité matrimoniale. A ces exigences s'ajoute la charge des festivités : certain mariage, dans la banlieue de Dakar, coûta plus de cent mille francs, à cette même époque; ce qui révèle la force avec laquelle intervient la capacité de capitaliser. Il ne suffit plus de railler les riches barbons accapareurs de femmes jeunes, belles et convoitées :

« Ne les mettez pas ensemble,
Cheveux gris et seins fermes,
Ce n'est pas joli,
Ne les mettez pas ensemble. »

Cette compensation par moquerie ne satisfait guère aujourd'hui. Les jeunes Lébou, ceux de Dakar notamment, ont tenté d'organiser leur protestation sous la forme d'un combat pour obtenir un « pacte matrimonial » – une réglementation moderne où ne s'affirmerait plus aussi brutalement la contrainte de

(1) Il s'agit de francs dits C.F.A.; un franc C.F.A. équivaut à deux centimes actuels.

la richesse. Encore les Lébou ont-ils les cadres que l'Islam a surimposés par-delà leurs traditions bouleversées. La situation semble plus grave dans les régions où le christianisme s'est diffusé, suffisamment pour porter atteinte aux anciennes réglementations mais trop en surface pour imposer son propre système de valeurs. Le phénomène paraît d'autant plus accusé que les aires de christianisation coïncident souvent avec celles du plus grand développement économique. Tel est le cas de l'Afrique Centrale. Sœur Marie-André du Sacré-Cœur, dévouée à la cause de la femme africaine, se scandalise des trafics au mariage qu'elle observe, en 1951, dans plusieurs régions du Cameroun. Elle évoque avec une horreur fascinée l'énumération du compte des dots principales : « L'une atteignait 500 000 francs, 10 bœufs, une caisse d'apéritifs; une autre, 100 000 francs, un camion neuf, 2 bœufs, 20 cabris; une troisième, dans un village, 200 000 francs, 2 bœufs, 10 moutons, 5 porcs, des costumes, des ustensiles de cuisine, des caisses de boisson. » Il ne s'agit pas là d'un fait commun dans le peuple, mais ces exemples précisent quelles marges d'intérêt se réservent certains « donneurs de femmes ».

J'ai noté, à peu près aux mêmes dates, dans cette région camerounaise où les cacaoyères dominent toute activité, le caractère fréquent des dots avoisinant 100 000 francs. Le Gabon, d'une manière moins criante en raison d'une pauvreté relative qui existait alors, présente des mouvements comparables. Partout, le circuit monétaire tend à régler la circulation des femmes; tous deux s'accélèrent à un même rythme; tous deux donnent prise à la spéculation. Il est aisé de pousser au divorce pour jouer sur la hausse des dots, d'inciter à l'adultère pour recueillir ensuite la compensation prévue; ainsi, la femme se trouve-t-elle « placée » selon les hasards de l'inflation ou abaissée au rôle de prostituée à domicile. Il est tentant d'anticiper sur l'avenir en mariant des fillettes qui permettront pendant plusieurs années, jusqu'au moment où elles auront l'âge de rejoindre leur mari, le chantage aux cadeaux. Nous ne pouvons douter de la puissance des motifs économiques sous-jacents. A défaut de démonstration plus poussée, j'apporterai cet exemple : un planteur aisé, nanti de femmes encore jeunes, a attiré quelques célibataires autour de son habitation; il ne manque pas d'être compréhensif, ses femmes connaissent des amours plus à leur convenance et il dispose d'une main-d'œuvre qui, comme le dit notre vieux refrain, « ne lui coûte guère ».

Tout ceci ne va pas sans heurts graves. Les femmes s'insurgent – ou s'adaptent trop bien, à tel point que certaines d'entre elles, dans les régions où existent des camps de travailleurs, achètent leur liberté pour rester seules maîtresses de leurs profits. Ceci ajoute à l'indignation d'un administrateur qui précisait, dans l'un de ses rapports annuels au gouverneur, que « les hommes vivent des femmes et les femmes de leur corps ». Chez les jeunes gens, le souci de briser les solides obstacles au mariage peut prendre un caractère obsessionnel. Cette réaction ne paraît pas déterminée par l'épreuve d'une frustration sexuelle, le relâchement des mœurs et le mercantilisme amoureux suscitant maintes occasions, mais plutôt par une menace en fait de prestige. Ce qui importe, en effet, dans les sociétés noires, et bien au-delà de cet ensemble camerounais-gabonais évoqué à l'instant, c'est la capacité de fécondité que donne la femme légalement acquise. Elle seule permet à l'homme de se manifester en tant que géniteur – en qualité d'*ésa*, créateur de lignée, selon la terminologie des Fang – et par conséquent d'accéder à un statut social plus complet, condition d'une plus grande influence.

L'homme africain peut redouter, dans la situation actuelle, non pas de voir toujours s'éloigner le moment où il accédera sexuellement à la femme, mais toujours reculer le moment où il créera sa descendance. Un jeune Fang gabonais, que je rencontrai dans les environs d'Oyem, tenait avec minutie le journal de ses inquiétudes : on pouvait y lire sa volonté sans repos de s'assurer une postérité avant de disparaître. Une réelle angoisse traversait ce cahier aux réflexions toutes fixées sur le même thème : « Je chercherai les moyens de ne plus vivre sans que je laisse un enfant... je ferai ce qu'il faut pour épouser une femme qui donne des enfants... » Cette litanie obsédante se répétait au long des pages.

Ainsi, Daniel Ngéma Ondo, éduqué et christianisé, en arrive à souhaiter qu'une magie efficace résolve d'un coup son problème. Il interroge ses rêves. Il y trouve des recettes : « Le diable me conseille trois herbes pour une femme stérile, afin qu'elle enfante... » Il a centré toute son existence sur une seule question. Comment obtenir légalement une femme capable d'apporter une descendance? En fait, comment accéder à l'existence sociale dans toute sa plénitude?

De tels cas montrent combien l'enfant se trouve, plus que nous n'aurions tendance à le croire, au cœur des sociétés africaines. L'ouvrage de Camara Laye, justement intitulé *l'Enfant noir*, nous apporte plus que des images de douceur exotique; il livre un reflet de cette réalité. Nous restons volontiers dupes de notre savoir pédagogique, de nos techniques et de nos comportements envers l'enfant; nous les exportons, comme nos croyances, avec cette droite certitude qui nous a conduits à imposer un temps « nos ancêtres les Gaulois » aux jeunes élèves des écoles africaines. Il y aurait eu plus d'intelligence à accorder quelque attention aux institutions qui font que l'enfant noir n'est nullement un « enfant sauvage ». Ce n'est que dans les situations de profonde dégradation sociale qu'il paraît victime d'une liberté sans emploi.

J'en reviens volontiers au garçon lébou, ce guide zélé de ma première enquête sur le terrain. Sa liberté apparente, et les servitudes que lui impose l'économie familiale, sont assez comparables à celles de nos jeunes campagnards. Il connaît vite la brousse où il s'adonne à la cueillette, au piégeage, à la chasse des petits animaux pour laquelle il s'arme de la fronde *mbaha*, fabriquée avec l'écorce du baobab. Chaque lieu lui offre un paysage familier, où il sait déceler les marques sociales invisibles pour l'étranger – qu'il s'agisse des arbres sacrés ou des traces ténues de l'histoire locale. Partout, il peut évaluer d'un coup les ressources et les dangers. Il connaît les frontières qu'il ne doit pas dépasser, et

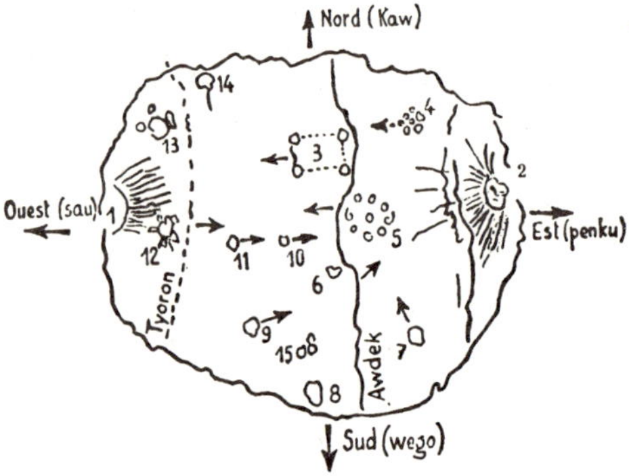

Fig. 6 – *Carte du ciel dressée par Asisse (16 ans)*

1. Lune *(wu)*.
2. Soleil *(Dyanta)*.
3. *Bunte Karu Mak*.
4. *Deloh*.
5. *Dyangu*.
6. *Awa*.
7. *Arot*.
8. *Bidoyu gedi*.
9. *Adama*.
10. *Useinu*.
11. *Asan*.
12. *Dapran*.
13. *Marot*.
14. *Marakot*.
15. *Amrot*.

Les flèches indiquent, selon notre informateur, les déplacements dans le Ciel.

le pays que ces dernières enserrent lui est comme un premier livre où le passé demeure inscrit, où il se risque à déchiffrer cet ordre de l'univers qu'on lui enseigna tôt. J'ai demandé à quelques-uns de mes informateurs de dresser une carte figurant les pays et les lieux dont ils avaient la connaissance. Le résultat parut révélateur. Si certains pouvaient élargir le monde jusqu'aux grandes nations d'Europe, la plupart s'enfermaient dans les limites familières que tracent ici l'océan, les rivières, les terroirs villageois; ils faisaient surtout apparaître les lieux-dits les mieux mis en valeur ou les plus sacrés. Ainsi les cartes dessinaient-elles cet espace concret, si tôt exploré par l'enfant, construit à l'échelle même de la société lébou et tout imprégné de la civilisation élaborée par les ancêtres.

Une semblable éducation, que l'on pourrait dire naturelle, a évidemment ses contraintes. On recourt à l'enfant pour assurer la surveillance des champs, la protection des récoltes contre les vols de « mange-mils » affamés et contre les divers animaux nuisibles, ou pour porter aux paysans leur nourriture

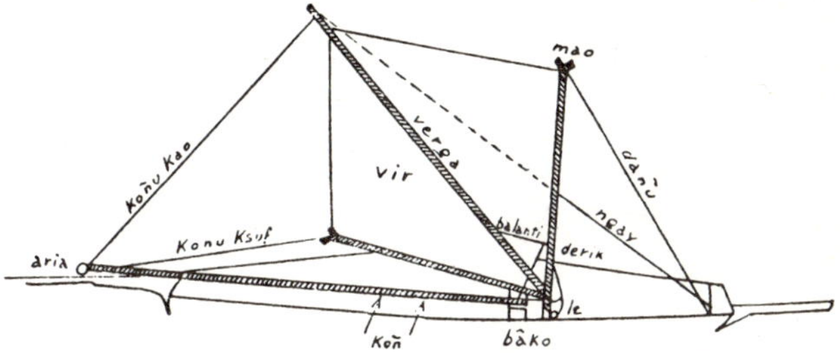

Fig. 7. – *Gréement de pirogue lébou.*

de la journée. Il participe activement, dès qu'il atteint une dizaine d'années, aux travaux de sarclage et aux moissons. Mais c'est surtout vers l'océan qu'il aime orienter ses activités : il sait maîtriser la brutalité de la barre qui frappe le rivage, il se complaît dans l'agitation que suscitent les grandes pêches. Aussi faut-il voir, lorsqu'on signale le passage des *yaboy*, ce poisson commun, véritable manne des Lébou, avec quel élan, il abandonne l'école, les cours des « carrés » ou les places des villages pour courir vers les lieux de pêche. Il mêle ses cris à ceux des femmes, à ceux des

des pagayeurs qui rythment la manœuvre. Il aide à tirer les filets. Il s'agite dans le grouillement scintillant des poissons, participant au ramassage dans de larges paniers, ou chargeant les filets de portage. Une fois le calme rétabli, viendra le moment de la comptabilité; certains des poissons lui seront alors attribués. Les maîtres des pirogues ne manquent pas de le traiter comme un véritable, et utile, compagnon-pêcheur.

Toute l'éducation du jeune Lébou n'est pas rythmée par les contraintes au travail et le libre apprentissage du milieu naturel. Il connaît d'autres obligations qui nous le rendent à la fois plus familier et plus étranger. Dans cette société islamisée seulement vers la fin du XIXe d'une manière définitive, les exigences religieuses n'en ont pas moins acquis une rapide efficacité. L'école coranique, présente

Fig. 8. – *Portage des poissons.*

dans chacun des quartiers du village, constitue un centre de regroupement, d'éducation et de discipline. Les « maîtres du Coran », détenteurs d'un savoir souvent élémentaire, imposent les fastidieuses séances d'enseignement de lecture et d'écriture arabes, de récitation de sourates. Passés au second plan, dans un combat avec l'instituteur qui rappelle un peu nos luttes entre le maître d'école et le curé, ils réunissent leurs classes avant la levée du jour ou à la nuit tombée, autour d'un foyer édifié par leurs élèves.

Il monte, de la cour où se tient le groupe, un murmure triste et monotone, comme un prélude à ce rituel sévère, et ici sans faste, que pratiquent les fidèles de l'Islam. Je ne pouvais plus retrouver, devant ce cercle de garçons, assis sur leurs jambes ramassées et recouvertes par la planchette plate qui consigne leur savoir, mes jeunes amis avides de liberté et de manifestations spontanées. Ils n'étaient plus que des *talibé*, peinant pour apprendre chacun des grands chapitres du Coran, mais ne parvenant

Fig. 9. – *Un carré magique.*

guère à dépasser le premier quart du livre sacré. Des *talibé* pour qui chaque conquête de la mémoire apportait un peu de prestige et quelques menus cadeaux. Les plus doués d'entre eux entouraient le maître quand, dressé devant la mosquée, il s'adressait aux hommes du village pour les inciter à plus de ferveur religieuse et à moins de relâchement dans leurs mœurs. Ils portaient pour quelque temps les armes de la rigueur; ils s'abandonnaient avec un sérieux sacré à une tâche qui les rendait plus hommes, en leur faisant « apprendre les manières de Dieu », alors que les femmes ne leur avaient laissé entrevoir que les « manières des diables ». Mais une puissante envie d'échapper aux contraintes compensait cette gravité passagère : l'explosion se faisait parmi les cris, comme pour toute sortie d'école.

Je retrouvai dans ce spectacle une caricature des faiblesses de l'Islam, tant la médiocrité des maîtres – un seul de ceux que j'ai rencontrés ajoutait aux connaissances coraniques des éléments d'astronomie et de philosophie arabes – provoquait un effet de grossissement. Je ressentis de nouveau, avec force, cette gêne éprouvée lors des brefs séjours à Oran et à Casablanca, et surtout durant mon expérience mauritanienne. Je me suis longtemps demandé quel choc pourrait ébranler ce monde des formes figées où l'homme musulman s'était englué. Et je dois confesser ma joie à la lecture du beau livre de Malek Bennabi, *Vocation de l'Islam,* où s'affirme une subversive prise de conscience. Il s'y exprime une condamnation lucide de la paralysie morale, du « despotisme » des mots et des formes, une protestation contre une civilisation où l'exégèse tue la pensée, où l'irréalisme a maintenu une « tradition » qui ne recouvre souvent qu'un mythe. Il a fallu, en pays lébou, toute la vitalité et la spontanéité du fonds négro-africain pour que l'homme ne devienne, ici aussi, victime de sa conversion.

C'est sous une telle impulsion que le pêcheur Gèy en vint à concevoir la création d'une secte nouvelle qui nie la nécessité du pèlerinage à La Mecque. Cette initiative se justifie par la rencontre d'un poisson-génie dont restent riches les légendes; elle incite au courage sacrilège en même temps qu'elle rappelle d'anciennes fidélités :

« Si tu réalises quatre pêches consécutives et en donnes tout le produit, à la cinquième, je te révélerai alors le secret de la puissance. Tu pourras, si tu le veux, devenir prophète... »

Revenons à l'enfant lébou. Sorti de l'enclos où règne le « maître du Livre », dès que monte le soleil, il doit après un court répit se précipiter vers l'école officielle où on lui imposera un savoir d'importation, gratuit, étonnamment laïc après les balbutiements coraniques mais péniblement obligatoire. A moins qu'à ses risques et périls, il ne résiste pas à l'attrait des rives des « marigots » ou du mystère des palmeraies. A moins que les travaux des champs ne lui fournissent le plus commode des prétextes. Quelle étrange aberration que celle qui imposa à la mémoire de ce jeune écolier le casque ailé de Vercingétorix, le képi cassé de Faidherbe et en effaça l'image de Dyal Diop, le libérateur et le premier unificateur des communautés lébou! Il ne s'agit pas de faire l'apologie du « tribalisme », mais de montrer les abus d'un système qui fut exclusivement soucieux de nos points de vue et de nos intérêts.

Les résultats déconcertent, mais notre étonnement ne se justifie guère. On pourra m'objecter que les choses finissent par changer – n'a-t-on pas noirci en Mamadou et Binéta les personnages des livres de lecture? On pourra sans doute me rappeler que mes collègues, armés de tests et d'échelles d'évaluation, ont la charge d'apporter des suggestions scientifiquement fondées. Mais ne cédons-nous pas aux illusions de notre maîtrise technique? Quelle certitude avons-nous que nos instruments à mesurer l'esprit donnent encore, dépaysés, des résultats satisfaisants? A l'époque où je me trouvais en pays lébou, une psychologue, R. Barbé, affrontait ces difficultés; elle put apprécier à quel point le décalage culturel faussait ses moyens d'analyse; elle eut le courage exceptionnel de s'effacer, laissant souvent l'avantage à des faits trop rebelles.

Je pense aux multiples précautions et hésitations du regretté A. Ombredane qui, à l'occasion de ses enquêtes au Congo, commença par bannir une large part du matériel de *testing* dont il s'était muni. Il montrait en l'occurrence qu'une critique sévère des méthodes permet un premier progrès dans la reconnaissance de cet autrui, devenu objet d'observation, et constitue une condition nécessaire à la vraie compréhension. Il faut craindre, par-dessus toutes choses, de se laisser entraîner comme cela faillit m'arriver lorsque j'accédai à Brazzaville avec l'impatience d'employer le psycho-diagnostic de Rorschach. Les protocoles de mes examens dorment dans un dossier, pour toujours sans doute.

Quel sens exact véhiculent ces images que nous présentons comme des révélateurs, ces mots même échangés avec nos informateurs, une fois que, dans notre dialogue avec l'Africain, ils ont sauté d'une culture à une autre? Poser la question ce n'est pas, par une sorte de racisme inconscient, mettre en doute l'incontestable capacité d'assimilation que manifeste le Noir, mais envisager simplement la possibilité d'un décalage. Observant l'expression française de mes amis lébou, je remarquai l'existence d'une frange entre nos deux manières d'utiliser les mêmes mots – mais je n'eus guère le loisir de dépasser cette impression. En enquêtant à Brazzaville, dans les écoles de Poto-Poto, je voulus entreprendre une étude à partir de cette ancienne remarque. J'ai présenté les résultats de l'analyse dans ma *Sociologie des Brazzavilles noires;* il n'y a donc pas lieu de les répéter ici. Mais je voudrais souligner combien, même chez les étudiants plus avancés, se manifeste un usage schématique, et d'une certaine manière artificiel, de notre langue. Les professeurs littéraires du second degré raccrochaient cette déviation à ce qu'ils appelaient la « maladie du dictionnaire ». Les mots n'ont pas la même épaisseur, ne s'inscrivent pas toujours dans le même champ sémantique lorsqu'ils sont nos instruments de communication et lorsqu'ils deviennent ceux d'un Africain de langue française. Ainsi, dès le départ, risquons-nous de nous méprendre sur les nuances.

Marqué par la pensée et l'éducation musulmanes, par la pensée et l'éducation françaises, l'enfant lébou continue à subir en même temps l'impression du fonds traditionnel. Dans ce jeu de forces inégales, et à maints égards concurrentes, les dernières demeurent les plus puissantes. Elles sont transmises par les femmes qui contrôlent de manière efficace les premières années de l'enfance, par les enseignements qu'impose la retraite de circoncision, par l'apprentissage des affaires publiques qui s'accomplit à l'intérieur des « sociétés d'âge ». Mais cette lutte d'influences, où se retrouvent les différentes vicissitudes de la société lébou, ne manque pas d'infléchir la personnalité dans le sens de l'ambiguïté, signe sous lequel j'ai placé ce livre. Comment intégrer autant de sollicitations exprimées par des institutions déclinantes, en ce qui concerne la tradition, ou imparfaites, en ce qui concerne l'Islam et l'occidentalisation ? Il n'y a guère d'issue que dans le choix d'une des trois voies, mais les déchirures s'élargissent alors dans une société qui eut longtemps l'orgueil de son originale unité.

Encore la situation est-elle ici moins grave qu'en d'autres parties de l'Afrique Noire. Il faut en revenir aux exemples, où intervient l'effet de grossissement, des sociétés et des civilisations bouleversées. Lors de mon enquête à Poto-Poto, le hasard me mit en présence d'un homme, n'ayant pas encore vingt ans, dont l'instabilité et l'inquiétude continuelles me surprirent. Il appartenait à une ethnie gabonaise maintenant réduite à quelques milliers de personnes; il avait fui, très jeune, non la misère et l'isolement du village, mais les dangers d'une société où l'enfant a perdu ses points de repère et de sécurité. A peine s'était-il abandonné à quelque modeste révélation qu'il se rétractait :

« J'avais surtout peur de l'oncle, mais ce n'était pas lui le plus mauvais. Les autres parents voulaient me *croquer*.... »

Voilà le conflit situé, avec une mimique qui révèle un effroi non encore aboli. Né dans une société où dominait l'oncle maternel, où existaient des groupements encadrant tôt les enfants, mais aujourd'hui dégradés, il était devenu un enjeu dans le conflit d'intérêts qui opposait au père ce personnage fondamental. Il avait hésité de l'un à l'autre. Désemparé et sans appui extérieur, il avait fini par céder aux pressions du père qui lui permettait au moins de fréquenter l'école régionale, en reconnaissant la puissance de son besoin d'instruction.

« La famille (c'est-à-dire les parents maternels) ne voulait pas que je m'instruise. Mais c'est peut-être vrai que nous sommes malheureux d'avoir abandonné nos coutumes... »

La rivalité s'aggrava, devint donc indirecte et mit en mouvement les techniques de la sorcellerie, d'autant plus dangereuses qu'elles opèrent sous l'influence de la parenté.

« Je ne pouvais plus ni manger ni dormir. J'étais malade, mais ce n'était pas du corps; les parents me dévoraient du dedans... »

Sur les débris des sociétés défaites, là où les individus ont perdu les règles du jeu social pour ne plus retenir que les astuces suggérées par leurs intérêts, où l'opposition n'a pu retrouver les voies de la violence droite et directe, la sorcellerie foisonne. C'est incontestablement en voulant détruire cette dernière, et avec elle les « sauvageries », que les colonisateurs lui ont redonné la vigueur qu'elle retrouve toujours sur les ruines des civilisations. Tant de forces, contenues par de vieux mais fragiles équilibres, se libèrent alors! Et chacun ne résiste guère à la tentation de pousser son avantage, celui-ci au nom de la tradition et celui-là au nom du progrès – de la « civilisation » comme disaient, à notre exemple, mes déconcertants informateurs.

Mais de tout cela, mon interlocuteur gabonais n'avait guère le temps de se soucier. Il se sentait mourir doucement. Il choisit la fuite, vers la ville où la loi des nombres assure un anonymat défensif.

« Ici, à Poto-Poto, je mange et je dors bien. J'ai échappé aux coups d'une famille qui ne m'aime pas... »

La peur n'est qu'apaisée, comme le manifeste son

souci d'éviter tout contact non imposé, de ne quitter le lieu du travail que pour se précipiter vers les limites protectrices de la « clôture » où il demeure.

« Je n'ai pas de camarades, ils sont tous mauvais. Je n'aime pas aller me divertir parce que je ne suis tranquille que dans ma case... »

Pourquoi ai-je choisi de mettre en vedette ce cas, nullement isolé, où s'affirme un incontestable désarroi pathologique? Ce n'est pas parce que le visage douloureux du jeune Gabonais s'impose encore à moi, malgré l'éloignement et le temps, avec une persistante netteté. Il s'agit d'un symbole. Celui d'une jeunesse africaine de plus en plus sollicitée – enjeu que les groupes en conflit se disputent – et souvent dépourvue des repères nécessaires à son équilibre. Cette jeunesse se trouve bien plus menacée qu'autrefois; elle avance au milieu de pièges devenus plus perfides car plus raffinés.

A une époque où le colonialisme n'avait pas encore faussé les relations entre les peuples, Montaigne tirait la philosophie d'une petite enquête où l'ethnologue moderne peut retrouver son bien. Il eut l'occasion de questionner trois Indiens présentés à Charles IX alors que ce dernier séjournait à Rouen; prétexte du célèbre chapitre qui figure dans le livre premier des *Essais :*

« Trois d'entre eux, ignorant combien coûtera un jour à leur repos et à leur bonheur la connaissance des corruptions de deçà, et que de ce commerce naîtra leur ruine... furent à Rouen du temps que le feu roi Charles neuvième y était. »

Nous pouvons, pour de larges régions, reconnaître et mesurer cette « ruine » qui n'est pas simplement due à l'exportation des « corruptions ». On n'en tirait pas un argument légitime pour encourager un prétendu retour au passé. Les âges d'or ne sont d'un tel métal que parce qu'ils sont toujours illusoires. Tout devient possible dès l'instant que les nouvelles générations nègres refusent de se laisser duper, et ne se veulent plus dupes de leurs faiblesses. J'eus, à l'occasion de relations très directes avec les étudiants de l'ancienne Ecole des cadres de Brazzaville, la possibilité d'évaluer l'inquiétude qui conduit à une salutaire prise de conscience. On me questionna et je ne me dérobai pas à l'obligation de répondre sans détours. A cette épreuve, je pus observer le balancement entre les préoccupations résolument modernes et celles que la tradition – idéale position de repli et de sécurité supposée – continue à imposer. Deux questions dominaient les autres : quelle image les étrangers ont-ils de nous, hommes nouveaux que l'usage dénomme maladroitement *évolués*? à quels modèles devons-nous être attachés pour ne pas gaspiller notre avenir? Cela n'exprime point un aveu de soumission. Je retrouve à cet instant le commentaire que faisait mon jeune ami Kassa, si habile dans nos épreuves universitaires, mais peu grisé par ses succès : « Nous ne sommes pas éblouis par vos grands hommes, car nous savons qu'il existe chez nous des aînés dignes de notre confiance. »

III

TRADITIONS

Aux portes de Dakar

La nuit vient de s'abattre sur le village de Grand Mbao, mon point fixe en pays lébou. Sous les tropiques plus qu'ailleurs, c'est le moment où toute vie paraît s'étouffer. Les bruits cessent. Les chauves-souris n'ont pas encore pris leur vol piaillant et les lucioles hésitent à voltiger comme des étincelles. Les hommes, un court instant, aiment se laisser envahir par l'obscurité et le calme; ils retrouvent la quiétude des choses. Seul l'océan, qui bat sur le sable, impose sa puissance monotone.

J'entends monter d'un enclos proche la plainte d'une chèvre.

Aussitôt lui répond le cri insupportable d'une femme. Un hurlement qui monte, qui dure. Dans la ruelle voisine retentissent des pas précipités qu'accompagnent des chuchotements. Une plainte d'animal vient de rompre l'un des plus fragiles équilibres de l'être humain. Konya a été vaincue par son « génie » personnel; son corps ne lui obéit plus, se convulse.

La crise paraît grave. Les voisines, celles qui ont été initiées à la maîtrise banale de la « possession », s'avouent rapidement incompétentes; elles décident d'en appeler à Tyabandao grâce à qui toutes les forces peuvent être domestiquées. Cette vieille femme à la peau fripée, à la démarche précautionneuse et aux vêtements négligés, dispose d'un pouvoir considérable. Elle a le prestige de la naissance, parce qu'elle est la nièce de Wasour Sèk, héros dont les légendes lébou rappellent les actions fantastiques. Elle a le savoir qui donne la maîtrise des forces agissant sur les femmes de la communauté : elle seule peut traiter la « possession », qui frappe pour la première fois, et transformer l'esprit agressif en une puissance asservie, utile à tous. Elle a l'autorité – pour quoi on la consulte, comme les chefs et les imâms des mosquées, en temps de difficulté – car elle contrôle la population féminine et maintient les anciens rituels intervenant en marge, mais surtout en complément de l'Islam.

Ce soir Konya, entendant la plainte de la chèvre, a reconnu le cri qui caractérise son « génie » possesseur; elle s'est abandonnée. Les initiés s'inquiètent car elle fut récemment intégrée à leur association, consacrée en tant que *léfohar* ou femme liée par la possession.

Il n'y a guère plus d'un mois que l'on a dansé le *ndœp*, en reprenant les chants-devises spécifiques de chacune de ses compagnes. Tous les détails de la cérémonie sont encore présents au souvenir. On en retrouve facilement le film.

Konya se place au centre de sa « clôture ». Les initiées, auprès desquelles se tiennent les joueurs de *gorone* – tambour long et étroit – et les curieux, l'entourent. Tyabandao, présente à ses côtés en tant que maîtresse du culte, commence par la purifier en l'aspergeant d'eau consacrée. Elle la traite ensuite comme le support d'une divinité, la recouvre de bouillie de mil sucré, le *nak*, et de lait offerts en sacrifice. Konya paraît assimilée à l'autel où sera plus tard fixé son génie; entre elle et ce dernier des liens indestructibles sont tissés – ceux que crée une véritable identification.

Alors commence le *ndœp*, la danse sacrée des femmes « possédées », une chorégraphie d'abord lente et monotone, rythmée sur trois temps, soulignée par un balancement des bras à demi fléchis. D'une manière inlassable l'assemblée reprend les chants; ils établissent la communication entre chaque adepte et son « génie » particulier; ils contiennent un enseignement souvent ésotérique :

Crainte des « possédées » nouvelles qui redoutent un déchaînement dont elles n'ont encore qu'un médiocre contrôle.

« Je ne veux pas entrer dans la danse.
Je veux en sortir tout de suite.
Quand je serai plus vieille,
Je saurai mieux danser. »

Coquetterie et jeu de dérobade qui préludent à l'abandon prochain.

« Mère de Wali, je ne veux pas.
Mère de Wali, mère de Wali,
J'ai connu la ville des génies.
Je ne veux pas boire de *singué* (1).
Mère de Wali,
Cette année-ci l'eau de la mer remonte la
[rivière. »

Puis vient l'appel des puissances.

« Yorayé, Gambisal, Polbagé,
Mère de Yorayé, laissez-la tranquille!
Grand-mère de Yorayé, laissez-la tranquille!
Laissez-la tranquille! Laissez-la tranquille! »

Enfin, les formules à sens caché annoncent les moments intenses du rituel.

« Le fils de l'oiseau doit creuser la terre.
S'il ne la creuse,
Il est perdu! »

La danse s'accélère, les épaules sont secouées d'un mouvement de plus en plus saccadé; la droite,

(1) *Singué*, eau rituelle conservée dans les poteries constituant l'autel personnel des initiées. Le culte est essentiellement lié aux génies de l'eau.

que laisse découverte la robe à la mode dite « Bloc africain », se montre belle et pleine, toute luisante de sueur. Les curieux, abandonnant leur rôle de spectateurs, se mêlent à l'agitation. La frappe monotone des tambours se poursuit, depuis des heures déjà. Les odeurs elles-mêmes deviennent plus lourdes, celle des épices mêlée à celle des sueurs. Pour tous les sens, les excitations s'exaspèrent; il me faut lutter pour maintenir en moi la froide objectivité : celle d'un magnétophone qui tourne de toute son obstination mécanique.

Tyabandao est souveraine. Elle a réglé l'ordre des chants. Elle ordonne l'accélération des pas, commande les figures nouvelles. Maintenant, les bras sont tenus au-dessus de la tête, mains jointes; ils entraînent le corps entier dans une danse violente et, en apparence seulement, désordonnée. Il faut tourner encore, plus vite, jusqu'au seuil de la perte de conscience. Il faut être prête à l'abandon au moment même où le chant-devise personnel déchaînera chez le « génie » possesseur une sorte de rut sauvage, à un abandon qui terrasse. Des femmes s'écroulent, à chaque fois quelqu'un s'empresse de les transporter au centre de la danse, au côté de Konya. Elles mènent un combat impressionnant, rampent au sol; le corps tout entier tendu ne se relâche que pour céder aussitôt à de multiples contorsions. Elles semblent s'épuiser, demandent à boire. Marèm, cette jeune femme que j'avais remarquée pour son astuce et son allure moderne dès le début de mon séjour, vient d'un mouvement d'une avidité bestiale d'ingurgiter une pleine bassine d'eau de mer. Un temps bref, puis elle reprend son interminable corps-à-corps. Une comparaison s'impose : celle d'une lutte, peut-être à mort, et justifiée, puisque les lutteurs du pays lébou ont repris pour emblèmes certains chants des « possédées ».

Pour protéger une initiée en danger, suffira-t-il de répéter avec insistance la formule congédiant l'esprit qui l'a maîtrisée?

« Tu t'en retournes là où tu as habité! »

C'est trop peu, cette formule qui se veut à la fois de commandement et d'imploration. Les vieilles se précipitent afin d'apporter leurs soins : Marèm est menacée. Elles lui font, sur la nuque et sous le nez, des applications de terre humide. Elles l'aspergent d'eau fraîche. Elles agissent vite avec des gestes précis. Tyabandao intervient à son tour et le corps se détend d'un coup. Marèm se redresse, hébétée, mécanique; une amie la soutient par le bras pour la reconduire jusqu'à sa case.

Le *ndœp* continue. Et ce sera ainsi pendant deux jours encore. La contagion frappe quelques jeunes femmes présentes en spectatrices, comme si la ferveur se dilatait jusqu'aux marges de l'assistance et, au-delà, jusqu'au village entier qui participe implicitement à ce rituel ancien. L'une d'elles vient de tomber et cette chute constitue le moment de son entrée dans l'assemblée des *léfohar* : le choc qu'elle avait sans doute souhaité. Quelques proches voisines s'emparent d'elle pour la conduire au centre du cercle de danse. Tyabandao l'observe un court instant, lui donne à boire le lait de la communion, lui répand sur la tête le lait qui la consacre en tant que nouveau support d'un esprit. Mais ce n'est là qu'un rituel préliminaire et d'attente, simplifié à l'extrême; ce que l'acte d'ondoyer est au baptême chrétien. De nouvelles cérémonies auront lieu dans quelques mois; la femme, toute à cette espérance, rejoint sa demeure en compagnie de ses amies...

La danse de possession appartient aux plus profondes des couches que nous révèlent aujourd'hui les civilisations africaines. Elle est un phénomène d'une extraordinaire vigueur, permanent alors que tant de traits culturels ont disparu. Les Noirs transplantés, dépossédés, l'ont introduite dans le Nouveau Monde où elle devint le conservatoire de leurs civilisations perdues : *Vodou* de Haïti, *Macumba* et *Candomblé* du Brésil, *Santeria* de Cuba, dont les échos nous parviennent désacralisés mais encore puissants. Certains Noirs modernes, que l'on a dit évolués, continuent à retrouver par elle d'anciennes ferveurs. Au Gabon, j'ai vu plusieurs d'entre eux, employés des bureaux administratifs, abandonner le vêtement européen pour revêtir le pagne traditionnel et aller danser le *Bwiti.* Nous n'éluderons pas le problème que nous pose cette fidélité en répondant que l'héritage « sauvage » ne s'abolit pas facilement; ce ne serait que paresse intellectuelle et puéril ethnocentrisme.

Maintes fois, l'ethnologue a dû se demander quelle restait la part réservée – celle de la tricherie – dans ces manifestations qu'il serait commode de rattacher à l'hystérie, l'*hysteria minor* des cliniciens de la fin du siècle dernier. A propos du culte *vodou,* A. Métraux a examiné une telle hypothèse dans une belle étude intitulée *La Comédie rituelle dans la possession.* Il montre que l'abandon authentique et la soumission à cette véritable aventure spirituelle ne sauraient être mis en doute, mais en même temps il souligne combien la crise obéit à un modèle « rigoureusement dicté par la tradition » – « ce qui lui donne un aspect à la fois sacré et théâtral ». La possession rituelle nous apparaît comme un dérèglement largement réglé, une technique de communication avec le divin; ce qui la différencie d'une manière radicale des désordres nerveux de nature hystérique. Chez les Lébou, la femme *léfohar* est « saisie » à un moment précis, entendant le chant ou le cri spécifique de son génie-maître; elle se prépare à l'abandon, dans le cas des manifestations collectives, par de longues heures de danse qui la contraignent à intérioriser des rythmes bien déterminés; elle sort de la crise grâce à un traitement dont l'efficacité est moins d'ordre physique que d'ordre social, un signal d'arrêt. On ne saurait certes douter qu'il existe des personnalités plus ouvertes que d'autres aux violences de la possession, mais on interprète ceci comme un don, une manière d'exceller, et non comme une maladie de l'esprit. Il n'y a que le puritanisme musulman qui voit là « manières de diables », tout en restant plus tolérant que nos missionnaires.

Ce problème de la sincérité des « possédés » se retrouve dans notre propre histoire, au cours des débats provoqués par les examens de démoniaques et ensorcelés. Je me suis plu à en rechercher les traces dans la controverse qui opposa l'érudit Jean Bodin, procureur du roi Henri III, à Jean Wier, médecin du duc de Clèves, auteur d'un lourd traité au titre surprenant : *Histoires, Disputes et Discours. Des illusions et impostures des diables, des magiciens, infâmes sorcières et empoisonneurs. Des ensorcelés et démoniaques et de la guérison d'iceux. Item de la punition que méritent les magiciens, les empoisonneurs et les sorcières.* En l'occurrence, le médecin seul prend des risques. Pour obtenir l'adoucissement de la répression, il s'attache à démontrer les falsifications et les dérèglements, « mélancolie et extrabile », qui déterminent les manifestations « démoniaques ». Il mène un combat dangereux en faveur du respect de la personne humaine, mais son argumentation est sociologiquement moins juste que celle du timoré Bodin. Celui-ci récuse, comme je viens de le faire à propos de l'exemple lébou, l'interprétation par la seule pathologie. Et avec quelle verve : « Vos compatriotes, les Allemandes, ont-elles le tempérament mélancolique? Vous savez bien que non; et cependant les sorcières sont en nombre parmi elles. Enfin, celles que nous menons tous les jours au bûcher sont « saines et gaillardes », et n'ont, je vous en réponds, nulle opilation de la rate ». Il pressent l'acte de volonté et non la soumission à un désordre physique qui affecterait l'individu; il devine la recherche de voies de la connaissance fondamentalement rivales du christianisme. D'ailleurs, Jean Wier est gêné dans son interprétation lorsqu'il évoque les crises collectives de possession – telles qu'elles se manifestèrent dans diverses communautés de religieuses. Il y voit un phénomène de contagion, mais ses descriptions montrent comment, à partir d'un incident qui fait penser à une intervention « satanique », les nonnes devenues « possédées » se conformèrent toutes à une même représentation de la domination par Satan.

Le procureur et le médecin, cependant, tombent d'accord sur un point : les femmes, en raison de leur « facile croyance et fragilité », selon l'expression de Jean Wier, sont les plus vulnérables aux « attaques démoniaques ». Tous deux remarquent la place qu'elles détiennent en matière de sorcellerie et de tractations avec les esprits. Jusqu'à la fin du XVIe siècle, ce sera là une constatation banale qui mérite pourtant notre attention. Les Lébou révèlent, presque aux origines du phénomène, comment une grande religion conquérante, bien que conciliante sur le plan de la doctrine, a rejeté vers la population féminine les anciennes pratiques religieuses. Le culte des *léfohar* reste d'une manière certaine le refuge de ces dernières. On y retrouve les éléments disparates d'un culte des génies des eaux, de rituels de fécondité pour la mer et la terre, de thérapeutiques de guérison, etc.; il s'y maintient un comportement religieux, authentiquement nègre, que l'Islam a expulsé des lieux de prière officiels. Seulement, dans le cas de cette société lébou, il n'y a pas eu de lutte à mort; la religion des hommes et celles des femmes se complètent par une sorte de division du travail religieux entre les sexes. Un Islam intraitable aurait tôt porté avec lui la chasse aux sorcières et démoniaques. On ne peut s'empêcher de penser que le Moyen Age, marqué par la mise à mort des manipulateurs de « forces obscures », s'efforça d'étouffer tous les échos du passé préchrétien. Dans un combat sans merci, où se jouait plus qu'un conflit religieux, ont été abolies des expériences humaines qu'aucune fouille ou prospection d'archives ne saura plus nous restituer.

Revenons à Konya dressée, épuisée, au centre de la danse. Le *ndœp* va cesser. Déjà les parents assurent les préparatifs du sacrifice. Ils ont introduit un jeune taureau et lui lient les pattes après l'avoir couché. Konya s'étend auprès de l'animal et on les recouvre tous deux de cette même couverture blanche sous laquelle, lors des mariages aristocratiques, disparaît la jeune mariée au cours de la cérémonie précédant le départ pour la maison de l'époux. Qu'il y ait une allusion directe aux noces, nous n'en pouvons douter, surtout si nous retenons que le garçon circoncis se trouve assimilé au taureau terrassant la génisse et que l'initiée quittera le lieu de sa consécration pour aller fonder son autel personnel, demeure de son époux spirituel.

Après un temps assez bref, celui de l'étreinte fictive entre la femme et son génie-maître, Konya et le jeune taureau sont découverts, rendus à la vue d'un public soumis à une véritable attente communielle. C'est que l'union, à laquelle ce dernier vient d'assister, constitue d'une certaine manière un sacrilège : la mise en relation intime du profane et du sacré. Il faut rétablir l'équilibre et que, selon l'expression de J. Chelhod analysant le sacrifice arabe, « un pont soit jeté » entre ces deux mondes. Je viens à dessein d'évoquer cet auteur car le rituel, à ce moment précis, se modèle sur les enseignements musulmans. L'ordre ne se refait que par l'accomplissement d'un sacrifice sanglant : Abdulaï, « marabout » du quartier, se dirige avec solennité vers le jeune taureau, l'égorge avec un couteau de fer et recueille dans une calebasse les flots de sang bouillonnant. L'animal se débat à rompre ses entraves. Plus le sang coulera, plus le geste rituel sera efficace. Son odeur douceâtre domine toutes les autres. Le lent ruissellement devient alors le point de convergence de tous les regards, et me fascine plus que quiconque. Je cherche à me soustraire par un jeu de l'intelligence, à retrouver le rôle du sacrifice dans les cultes arabes préislamiques; mais je ne peux complètement échapper à une peur ancienne, à ces rappels d'une bataille d'écoliers où je frappai trop fort, à cette image du sang versé alors que, dans un maquis de l'est de la France, mes camarades et moi étions contraints de sacrifier nos premières prises de guerre.

L'impassible Tyabandao semble se laisser aller à une jouissance discrète, le meilleur moment de son pouvoir.

Elle s'empare de la calebasse qui contient le sang, en verse une partie sur la tête de Konya et sur les vêtements où il dégouline déjà épais et brun. Durant toute la nuit, et une journée entière, il faudra conserver cette marque qui situe provisoirement hors de la vie commune en manifestant le nouvel état de femme liée aux génies. Avec cette fête du sang s'achève la partie publique du rituel. Guidée par Tyabandao, suivie de quelques parentes, Konya se retire vers sa demeure en adoptant une démarche processionnelle. Elle va s'enfermer dans sa chambre, accompagnée de la seule patronne du culte, pour une retraite de courte durée. Tyabandao répand sur le sol de la pièce ce qui reste du sang sacrificiel, puis elle installe et consacre l'autel où Konya, puisant des forces nouvelles, se soumettra régulièrement aux obligations exigées par son nouveau maître. Le lieu vient de perdre son caractère profane et banal. Cette transformation se manifeste aussitôt par le repas de communion, destiné aux femmes, et préparé avec la viande de l'animal mis à mort. Mais, et c'est là où nous voyons une fois encore que cette aventure spirituelle intéresse la collectivité entière, si le maximum de l'intensité communielle passe aujourd'hui par la demeure de Konya, il n'en existe pas moins une large participation. Des morceaux du taureau égorgé sont remis aux groupements familiaux, selon l'ordre des préséances, aux étrangers, hôtes du village, ainsi qu'aux enfants qui, tout en jouant, attendent cette distribution aux abords de la mosquée.

Par ce simple détail se manifeste la coexistence de la religion du Livre, cet Islam importé auquel on n'accorde pas toujours un crédit sans réserve, et de la religion traditionnelle demeurée vivante malgré sa décadence. Toutes deux se renforcent pour atteindre les même buts : ouvrir l'accès aux connaissances surnaturelles, obtenir les accords nécessaires à la santé et à la puissance de la communauté, tirer l'homme hors de son sentiment de faiblesse désarmée. La société lébou nous révèle, alors que les deux voies n'ont pas encore divergé, combien leurs cheminements diffèrent. Pour les hommes islamisés, la communication avec le divin se fait par un truchement littéraire, par des « techniques » que le Coran et ses commentateurs ont définies, par la soumission à un formalisme, qui impose souvent la conformité au détriment de l'aventure spirituelle. L'Islam est ici lié à l'école coranique et au prestige du lettré – même médiocre; il reste le produit d'une civilisation où la démarche « littéraire » est estimée très au-dessus de toutes les autres. A l'inverse, le culte des *léfohar*, porteur d'un très vieil héritage, ressemble en beaucoup de points à nombre de manifestations religieuses des peuples dits sans écriture. La relation avec le divin paraît en ces cas beaucoup plus spontanée, beaucoup plus diverse aussi, parce que la mémoire, qui conserve la règle des pratiques, est moins contraignante que les livres sacrés qui codifient ces dernières. Le savoir surnaturel, qui ne peut se trouver dans ces livres ni dans leurs gloses, on le recherche d'une manière directe, par des expériences exaltantes capables d'entraîner une coïncidence partielle entre l'esprit et le champ du divin ou du rationnellement inconnu. Marx a démontré comment le niveau des techniques de production conditionne la structure des sociétés. Il faudrait analyser avec minutie, puisque nous disposons maintenant d'instruments plus adéquats, comment le niveau des techniques de communication entre les hommes a déterminé l'allure des civilisations. La possession sacrée, cet outil des sociétés que l'on qualifie d'archaïques, caractérise sans nul doute un âge et un mode des communications intellectuelles.

Les femmes *léfohar* du pays lébou sont-elles appelées à perdre leur prestige, à devenir les gardiennes d'un passé reculé toujours plus loin, en raison de l'accélération des changements culturels qu'imposent le modernisme et l'Islam? Nous ne pouvons jouer les prophètes, mais seulement rappeler que les sociétés, dans leur évolution, charrient plus d'éléments provenant de lointains héritages qu'il n'apparaît au premier regard. L'histoire de l'Occident elle-même n'apporte pas de démonstration contraire. En Afrique, malgré la fragilité des civilisations matérielles, les traces restent toutes fraîches.

L'ancien village lébou figure toujours « en pointillé » sous les *buildings* que le Dakar moderne a dressés. Les mosquées éparpillées dans les divers quartiers, pas plus que l'horrible cathédrale flanquée de ses anges nègres, n'ont évincé les « génies » protecteurs du lieu. Pour les Lébou de vieux style, Ndak Daour et ses descendants veillent encore à la sauvegarde des hommes. Il réside, indifférent au tintamarre de la ville, dans ce secteur que délimitent l'avenue Courbet, l'avenue Pasteur et la caserne (conjonction que l'ironie semble avoir souhaitée), cependant que ses fils se sont dispersés parmi les villas cachées derrière les bougainvillées.

Encore un retour à Mbao, où le village entier souhaitait en 1945 que la fin de la guerre ramenât la prospérité et la disparition des contraintes. Tous sollicitent de Tyabandao qu'elle ouvre rituellement la saison des grandes pêches. Elle a fait, sur l'autel de Koumba Sène, divinité protectrice du village, le sacrifice d'une chèvre et l'offrande de la bouillie de mil sucré *(nak)*. Puis, elle s'est avancée seule vers l'Océan. Elle y est entrée, jusqu'à ce que l'eau lui batte les cuisses, portant à deux mains sur sa tête une calebasse chargée de *nak*. Elle a, d'un coup brusque, versé l'offrande. Elle s'en est retournée vers la plage en chantant et mimant les cris des pleureuses.

Personne ne doute alors que Mbao, pour un

temps, puisse encore échapper à toutes les catastrophes.

CONAKRY - NIGER

La scène change. Dès le début de l'année 1947, je m'établis à Conakry; mais très vite j'éprouve le besoin de fuir cette ville alors enlisée dans sa torpeur et sa vétusté. Je viens de quitter la Guinée des palétuviers et des rizières pour une tournée dans le Nord, jusqu'à cette frange où le monde soudanais commence à imposer ses paysages, où les termitières, comme des bourgeonnements monstrueux, dominent une végétation clairsemée et rabougrie. En ces régions la démesure reste ouverte, et d'autant plus inquiétante, alors que cette même démesure se referme en quelque sorte sur elle-même dans les pays de l'Afrique forestière.

Durant les premières semaines de mon séjour à l'Institut d'Afrique, au centre fédéral de Dakar, Richard-Molard qui remplaçait le directeur absent m'avait posé cette question : « Etes-vous un homme de la forêt ou de la savane? » Cette distinction détermine les vocations, comme elle a déterminé dans leurs traits originaux les mouvements de l'histoire, les religions et les esthétiques. L'ethnologue allemand Leo Frobenius a fait de cette répartition par « moitiés » une véritable règle d'or. Elle ne représente que la plus commode des tentatives visant à ordonner la décourageante diversité africaine.

En fait, j'aspirais à cette échappée, y voyant en premier avantage la possibilité de déjouer une classification simpliste qui me constituait spécialiste d'une zone trop délimitée. Comme j'ai saisi, avec ce même sentiment de brouiller les cartes, l'occasion d'un bref séjour aux îles Hawaï, qui, pensais-je, me permettrait de faire mentir mon étiquette de sociologue seulement africaniste. Je supporte mal ce partage des domaines, avec ses petites guerres de frontières, dans une discipline qui se doit d'élargir sa compréhension par la diversité des expériences et des confrontations. Mais ce plaisir malin ne m'exaltait pas seul dans ma montée vers le Nord.

Je me voyais « toucher » le Soudan, ce creuset où se façonna une histoire qui ne nous est pas entièrement dérobée. Dans le passé lointain existèrent des empires, auxquels le nationalisme africain s'efforça d'emprunter les références qui lui assureraient quelque étalement dans le temps. Dans un passé plus récent, on se rappelle une rude résistance aux expéditions coloniales, symbolisée par le nom de Samory. Je devais ensuite, sur la route allant de Kankan vers les frontières du Libéria et de la Côte-d'Ivoire, observer les ruines d'une ancienne *tata* (agglomération fortifiée) où séjourna longuement le conquérant soudanais. Je ne trouvai là qu'une occasion de déception, un lieu sans grandeur et quelques traces qui seules avaient pu résister à la rapide dissolution dans le temps. Que nous reste-t-il en mémoire des actions de cet étonnant chef de guerre que nos livres scolaires escamotent et que nos rapports officiels des années 1890 présentaient, suivant une méthode encore en honneur, comme « un fantoche sans importance »? Quelques indications figurent dans l'*Histoire de la Guinée française,* due à Arcin, et les témoignages de nos difficultés dorment dans des archives qui commencent seulement à être consultées. Pourtant, ce que nous savons des manœuvres de Samory, et de l'étendue de son contrôle, force à lui reconnaître le génie militaire. A la fin de 1893, malgré les coups que viennent de lui porter les spahis du colonel Bonnier, il part à la recherche des chevaux du pays mossi et des armes venues de Gold-Coast, recrute des pillards toma aux confins de la Guinée, dresse un piège à Waïma où Français et Anglais s'entretuent en croyant tirer sur une de ses bandes, maintient ouvertes ses communications avec la Sierra Leone et la Basse-Guinée. Les légendes locales ont évidemment plus de mémoire, si elles trichent en idéalisant le personnage. Pour nous, l'aventure se clôt par la petite phrase sèche d'un procès-verbal : « En 1898, Samory fut capturé par les Français et déporté au Gabon où il mourut, en 1900, à Ngolo. » Coïncidence, deux années après ma mission soudanaise, je devais faire au Gabon une première « tournée » qui me conduisit devant le tombeau du conquérant déchu (1).

En remontant vers le Soudan, je n'avais pas le seul souci d'accéder aux lieux révélateurs d'une histoire tourmentée. Je savais trouver là un pays tôt ouvert aux commerces caractéristiques de la vieille Afrique : ceux de l'or, des noix de cola, du sel, du bétail; un nœud de communications par où passait aussi le trafic des esclaves. Dans les rapports administratifs, rédigés durant les premières décennies de ce siècle, j'avais pris soin de relever le mouvement de ces transactions qui s'étalent en un large éventail jusqu'aux confins de la Gambie, jusqu'aux régions méridionales de la Côte-d'Ivoire. Le mécanisme de la traite nous restitue les souvenirs laissés par nos lectures enfantines. Il évoque de rudes compétitions et des produits qui figurent insolitement dans les documents officiels, à la manière des énumérations par lesquelles Jacques Prévert déconcerte : étoffes venues des manufactures anglaises, sel, noix de cola, caoutchouc, or, ivoire, pacotille de quincaillerie, bœufs, moutons, tabac, calebasses, *guinzé* enfin – ces pièces de fer employées aux échanges traditionnels. L'on entrevoit, à l'étude de ces bilans occasionnels, toute la rigueur et l'amplitude des mouvements commerciaux qui s'entrecroisaient en cette région où le Soudan débouche sur la forêt et trouve ses issues vers l'Océan.

Produits manufacturés, venus des ports, à la recherche du caoutchouc de cueillette, de l'or et de l'ivoire que proposaient les marchés de Kouroussa, de Kankan et de Siguiri. Noix de cola, emballées

(1) Depuis cette rédaction, Y. Person a consacré un monumental ouvrage à Samory.

dans un feuillage (connu sous le nom de *popo*) qui empêche le brunissement et la fermentation du fruit, transportées par « service rapide » à la rencontre des troupeaux et du sel qu'expédiait Tombouctou. Il n'y manquait même pas ces luttes pour le marché entre les traitants du sel en morceaux, exploité dans les mines des confins mauritaniens, et les colporteurs du sel en vrac provenant des régions côtières. Il s'agit d'un pays largement ouvert aux hommes, aux produits, aux rivalités, où l'ethnologie ne saurait impunément envisager les peuples qu'elle aborde comme des unités préservées et étrangères aux vicissitudes de l'histoire.

Bien qu'installé à Conakry depuis peu de temps, je quittai la ville avec soulagement. Je ne m'étais pas encore adapté à cette misère, sous tôle ondulée et murs de *banco* délabrés, que ni les cocotiers, qui couronnent la cité lorsqu'on la découvre du large, ni les manguiers monumentaux ne parvenaient à estomper. Le pont de Tumbo, étroite liaison entre Conakry, qui n'avait pas alors débordé pour envahir la plage de Camayenne, et la racine de la presqu'île, me paraissait un rétrécissement symbolique; le seul fil par lequel deux mondes étrangers tentent de communiquer. La route goudronnée ne dépassait guère une quinzaine de kilomètres, et l'on pouvait se donner l'illusion de la découverte dès que l'on se sentait secoué par les premiers cahots. Maintenant, l'automobile franchit d'un trait la distance qui conduit à Kindia – ville en essor sur laquelle vint buter la féodalité des groupements peul qui ont établi là leur pointe avancée. Je dis « maintenant », me reportant à des souvenirs vieux seulement de dix ans, avec plus d'étonnement qu'un ancien colonial retrouvant en 1939 les lieux qu'il avait délaissés vingt-cinq ans plus tôt. Routes, mines, quartiers nouveaux des villes, premiers aménagements des stations hydro-électriques, tous ces bouleversements matériels transforment les perspectives connues avec une étonnante rapidité. Les Africains renoncent à leur ancienne patience; ils souhaitent toujours davantage, et plus vite, ces équipements qui les rendent plus puissants vis-à-vis de nous, mais les laissent d'abord désarmés vis-à-vis d'eux-mêmes.

Je recherche, dans mes carnets de route, quelques notations qui rappellent les étapes de mon cheminement vers la région soudanaise. Elles ont, au moins certaines d'entre elles, un caractère désuet et futile. A Coyah, où les oppositions politiques ont au cours des années passées entraîné des luttes et des morts, j'observais surtout l'agitation ordonnée du marché, les couleurs et les odeurs, l'aspect hétéroclite des étalages.

Fig. 10. – *Case peul du Fouta-Djalon.*

Des boules de teinture voisinent ici avec les étoffes à ramages, avec le « rayon » de la quincaillerie où se trouvent les lampes à pétrole confectionnées dans de vieilles boîtes de conserve, avec quelques paires de chaussures aux semelles découpées dans des pneus hors d'usage. Ainsi, jusqu'en cette année 1947, nos « restes » demeuraient la matière première dont s'emparait l'industrieuse activité de l'artisan nègre. Les petits étalages que les femmes surveillent avec nonchalance prodiguent les couleurs : bananes tachetées en vrac, ananas dorés, offerts comme des fruits de luxe, tomates grosses et roses comme nos cerises de Montmorency à côté de piments séchés qui dégagent une odeur poivrée et insidieuse, boules blanches de ce manioc fermenté qui constitue encore le pain du villageois traditionnel et du pauvre. Le tas suggère l'échelle des échanges. Une marchande d'arachides cuites a pour seule mesure une de ces petites boîtes où se conserve le concentré de tomates. La scène est banale dans tout le monde noir; elle permet d'apprécier la pauvreté d'économies restées démunies dans un système mercantiliste.

Après cette flânerie à travers Coyah, je reprends ma route. Monotone, elle égrène des habitations en torchis qui portent toutes, dominant le toit de chaume, une bouteille vide – autre récupération insolite – emmanchée sur le faîte dans un but de protection. Ce n'est vraiment qu'aux abords de Kindia, avec la complexité du peuplement, que l'habitation manifeste quelque caractère attachant le regard. La case ronde, montée en banco, ouverte sur le dehors par une porte étroite et une série d'évidements carrés ou en losange, apparaît plus fréquemment au contact du monde peul. Elle se couvre d'un toit de chaume, disposé en bandes dégradées, qui lui donne une allure de danseuse immobile, effaçant dans une figure le haut de son corps. Elle s'enferme dans le cercle de sa véranda bâtie de branchages et de boue séchée. Bien plus que dans la région côtière, elle affirme le statut social ou l'option religieuse du propriétaire; de hautes hampes, portant flamme distinctive et protectrice, se dressent ici devant les seuils.

Kindia est un carrefour où groupes conquérants et conquis se retrouvent en contact, stabilisés pour un temps sur leurs positions respectives, quelquefois juxtaposés dans un de ces villages hybrides que l'administration a expérimentés. On y observe une association à trois termes – Soussou, Peul et Malinké – qui a ses homologues jusqu'en Guinée lusophone. A ses côtés, le peuplement européen s'est élargi à mesure que se précisèrent les chances du développement économique. En effet, nous nous trouvons ici dans une zone particulièrement propice aux entreprises humaines. Cette « grande vallée de Kindia qui, selon l'expression d'E. F. Gautier, articule et rend intelligible tout le relief du Fouta-Djalon », attira les hommes dès les temps les plus reculés. J'évoque de nouveau, grâce à mes carnets, la richesse des investigations préhistoriques qui se proposaient à ma curiosité. Je bénéficiais alors de la collaboration d'un planteur, venu « à la banane » après quelques essais manqués pour duper le Trésor de Monrovia, et qui « cueillait » les pierres taillées dans chacune de ses plantations. Je notai onze points dignes d'une enquête méthodique, des noms de lieux dont je me plais encore à éprouver la résonance : Tasakouré, Kolakouré, Sagali Fommé, Dounbéyakori, etc. En fait, je ne pus visiter que l'abri sous roche, connu des Européens sous le nom de « Grotte des singes », qui domine la rivière Santa, pris dans une falaise de tables gréseuses à couches horizontales. Il s'y trouvait de beaux bifaces globuleux de grosse taille.

L'Afrique nous laisse entre les mains plus de témoins matériels de son lointain passé que de son histoire civilisée. Nous arrivons à saisir les deux extrêmes, dans la mesure même où nos activités actuelles – construction de voies ferrées ou de routes, aménagements portuaires comme ceux de Brazzaville entraînant la révélation des gisements des rives du Congo – lèvent les témoins de la préhistoire. La presque totalité des étapes intermédiaires cependant nous échappe. L'ethnologue africaniste se trouve en face de civilisations qui semblent s'être abolies dans un perpétuel présent et n'eurent à aucun moment, si l'on exclut quelques rares ruines imposantes comme celles de Rhodésie et le temple elliptique de Zimbabwé, le goût du monument. Rien ne se retrouve de ce qui fait à nos yeux la grandeur des Amériques et de l'Asie anciennes, ces architectures impérissables par lesquelles les civilisations se révèlent moins vulnérables que les peuples qui en furent les créateurs.

J'arrivai dans la région de Kindia peu de temps après les cérémonies de circoncision. Au long des pistes, les théories de circoncis semblables à des moinillons thibétains – du moins prenais-je la liberté d'interpréter ainsi cette métamorphose du paysage humain due à leurs silhouettes inhabituelles – entretiennent une agitation à bruit de crécelle. Ces jeunes garçons secouent sans fin un sistre banal, fait d'éclats de calebasses taillés en rondelles aux bords crénelés. Ils plaquent sur une campagne aux teintes ternes les couleurs vives de leurs costumes d'initiés. Les Soussou coiffés d'un bonnet à pompon, tricoté par bandes blanches et rouges, portent un long *boubou* bleu marine à broderies de fil blanc qui s'orne, sur la poitrine, d'un motif en étoile et associe ainsi un symbole islamique à une variation tricolore. Par contre, les Malinké paraissent d'une heureuse discrétion; ils ont le même vêtement, mais orné d'une seule cordelette de coton tombant sur l'épaule gauche, et leur bonnet blanc se prolonge en un simple tressage à pompons. La fantaisie des premiers s'associe d'ailleurs à une plus grande liberté vis-à-vis du rituel traditionnel qui accompagne la circoncision; ils tolèrent, comme les Baga de la région côtière, la présence des femmes alors que les Malinké ont maintenu la plus sévère ségrégation.

Je me retrouvais sur l'un des grands axes au long desquels l'Islam a assuré son expansion. Même dans la vaste zone peu peuplée qui précède l'arrivée sur le Soudan et le fleuve Niger, aux environs de Kankan et de Kouroussa, je découvrais sa mainmise sous la forme d'une géométrie sacrée : les carrés ou rectangles, composés de pierres grossières alignées à même le sol, qui dessinent les enclos à prière à l'usage du voyageur. Avant de quitter la région du Fouta-Djalon que contrôlent les Peul, j'avais vivement souhaité voir leur chef suprême, l'almamy de Mamou, représentant ancien d'un Islam rigoureux. Le quartier où se dressent ses habitations est déjeté par rapport à la ville, caché par un écran de boutiques libanaises, de bâtiments officiels et de villas toutes semblables. Je m'attendais à un strict cérémonial, à un décorum exaltant encore un pouvoir politique et religieux autrefois étendu. Mais quelques serviteurs, somnolant dans une cour, s'animent avec lenteur et m'introduisent sans formalisme, comme si leur maître était le plus ordinaire des chefs de canton. L'almamy reste assis sur le bord d'un lit de fer à boules et ornements de cuivre, tel qu'il s'en trouvait dans les foyers français modestes aux environs de 1925. Cinq jeunes hommes sont accroupis à ses pieds. Il perd de sa noblesse d'attitude dans ce mauvais décor d'importation. Et je m'aperçois vite que le personnage lui-même a été banalisé, ramené à l'échelle d'un tel cadre par les sécessions de suzerains que l'administration a encouragées, par le contrôle insidieux et « énervant » que cette dernière a imposé. Je me reporte plus de cinquante ans en arrière. Le pays peul est certes affecté par les rivalités existant entre les deux familles qui règnent alternativement et entre les féodaux, mais le dynamisme reste entier, presque disponible. Un étonnant aventurier, connu sous le nom de comte de Sanderval, rallie ceux-ci à d'importants projets de modernisation économique qui comportent notamment la construction d'un chemin de fer. Avec leur accord, il envisage de vastes plantations, se fait donner un monopole commercial, puis la souveraineté du « royaume » de Kahel. L'occupation administrative du Fouta-Djalon entraîne vite la mort de ces rêves. Sanderval s'en va définitivement en 1899, abandonnant la Guinée. Le chemin de fer a, il est vrai, été établi durant la première décennie de ce siècle. Mais les almamy se sont fonctionnarisés lentement, jusqu'à ce qu'on ait donné à leur dernier successeur, au cours des récentes années, un siège au conseil d'administration d'une société minière...

Mamou est, à huit cents mètres d'altitude, un point de départ vers les sites touristiques du Fouta-Djalon et en particulier vers la station climatique de Dalaba, où les massifs montagneux déploient des modelés et des teintes fondues qui rappellent l'Auvergne. On reprend volontiers ce jeu des comparaisons lorsque le paysage africain devient plus accidenté. Je m'y suis complu dans les monts du Moyen-Cameroun ainsi que dans les plateaux qui dominent Brazzaville. L'altitude, dirait-on, fait accomplir un déplacement en longitude, échapper aux menaces du climat tropical en même temps qu'elle restitue une nature plus familière. Il s'ajoute d'ailleurs à ce besoin de tricherie l'attrait des eaux vives, renforcé en ces pays par les dangers cachés, les pourritures végétales que recèlent les rivières calmes et insidieusement tentatrices. En délaissant Mamou pour se diriger vers la Haute-Guinée, le voyageur découvre vite que le paysage a perdu tout intérêt : rien qu'une monotone plaine rouillée, où se remarque de temps à autre une antilope en fuite, une lointaine bande de cynocéphales, et où se dressent des collines de schistes isolées.

C'est à Kankan que j'accède à la grande voie du trafic reliant le Soudan aux pays forestiers du Sud. Etonnant symbole de cette très ancienne activité commerciale, de la confiance en son avenir, un large pont enjambe le fleuve Milo, mais reste inutile, ne débouchant alors sur aucune route. Des lavandières composent à son abri une scène colorée et gracieuse. Kankan marque un point de transit, parce que s'y arrêtent la navigation fluviale vers l'amont et la voie ferrée qui joint Conakry au Niger. A Kankan, ville hybride et ville-marché, se côtoient les représentants, hier ennemis, de la diversité africaine.

Sur les places, les recettes magiques que l'Islam a véhiculées se proposent à côté des recettes de la magie nègre venues de la forêt. Les marchands de réussite ont d'autant plus de crédit qu'ils sont plus étrangers. Les chances de succès sont censées se multiplier lorsque s'ajoutent les effets d'une manipulation inconnue. Ici, j'observe la confiance accordée aux productions magiques, importées des régions forestières; très loin d'ici, à Montserrat, aux abords du monastère qui se dresse dans un puissant paysage de rocs ruiniformes à soixante kilomètres de Barcelone, je devais constater la prospérité d'une marchande de tisane « aux quarante plantes » qui retenait un public de visiteurs étrangers rendu plus crédule par son dépaysement. Voici donc, dans la principale rue de Kankan, l'un de ces colporteurs de remèdes à tout faire. Il s'habille dans un style qui rappelle le costume des circoncis; il porte une longue tunique bleu marine toute recouverte des amulettes à vendre – sachets, dents sauvages gainées de cuir, cornes remplies de substances animales ou végétales, etc. Sa coiffure, de même facture que la tunique, consiste en un bonnet de couleur bleu marine orné de deux cordelettes à pompons qui encadrent le visage. Il attend les yeux mi-clos les acheteurs qui ne peuvent manquer de venir à lui.

Fig. 11. – *Groupe de cases du type soudanais (Kankan).*

Sur la route, à la sortie de la ville et en direction de Bamako, le trafic intense charrie hommes et produits en un mélange multicolore, juxtapose les moyens modernes de transport et les archaïques caravanes de bourricots qui avancent à la queue leu leu. Des Maures, toujours dignes malgré la crasse de leur drapé, arrivent au terme du voyage; ils poussent devant eux des troupeaux de moutons entourés d'une poussière ocrée. Ils croisent de gros camions si haut chargés de noix de cola qu'on les croirait prêts à basculer : toute la place disponible est consacrée à cette denrée de bonne spéculation qui réussit à chasser les voyageurs de « resquille ». De temps à autre, des files de porteurs se rangent sur le bord de la route; un notable encore armé de l'ancien sabre de parade les commande parfois.

A mesure que j'avance vers Bamako, le décor de ces scènes de mercantilisme pittoresque devient plus typiquement soudanais et par conséquent moins divers. La case ronde, construite en banco crépi, s'amenuise, réduit l'importance accordée à la toiture de chaume, se ferme davantage et ne présente plus qu'une seule porte basse. Les habitations d'une même « famille » obéissent aussi à ce mouvement; elles se disposent en cercle et, de l'une à l'autre, une « tapade » en vannerie fait courir son tressage. Aux abords des rares points d'eau, les jardins minuscules où s'entremêlent les plantes grimpantes sont eux-mêmes minutieusement enclos. Ainsi s'impose au regard ce thème de fermeture, en retrait de la route agitée. Défense vis-à-vis d'un soleil rude qui contraint, durant certaines heures, à une vie « d'intérieur ». Défense vis-à-vis des étrangers qui restent encore suspects d'influences dangereuses. Dernière survivance, sans doute, des replis qu'imposait autrefois la cavalcade des conquérants. Et pourtant, tout a tellement changé! Deux images me reviennent en mémoire. Sur la place des villages, à l'ombre épaisse des manguiers, les caravanes de bourricots porteurs de noix de cola se reposent en attendant la fin des heures chaudes. Au-delà, dans les plaines qui bordent le fleuve, se dessine l'attelage de deux bœufs, liés par un joug de bois, qui tirent une charrue ouvrant la terre à riz. Ces souvenirs, je les rassemble en les associant aux allégories édifiantes, commerce et agriculture, dont s'ornaient, comme pour prêcher la morale, nos billets de banque.

Si je voulais donner à ce pays intermédiaire entre la forêt et le sahel aride deux symboles végétaux, je

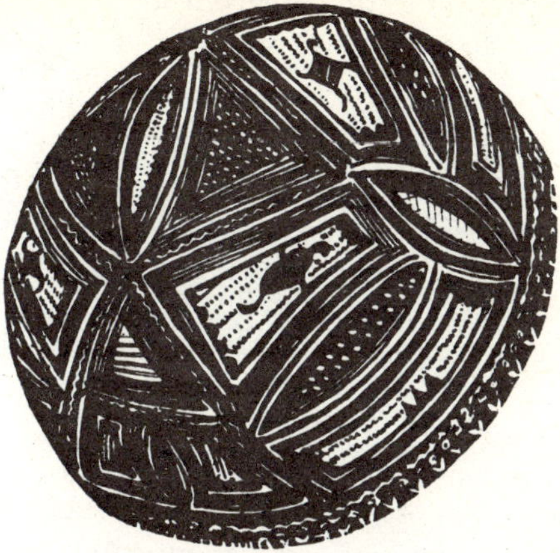

Fig. 12. – *Calebasse peul, Cameroun.*

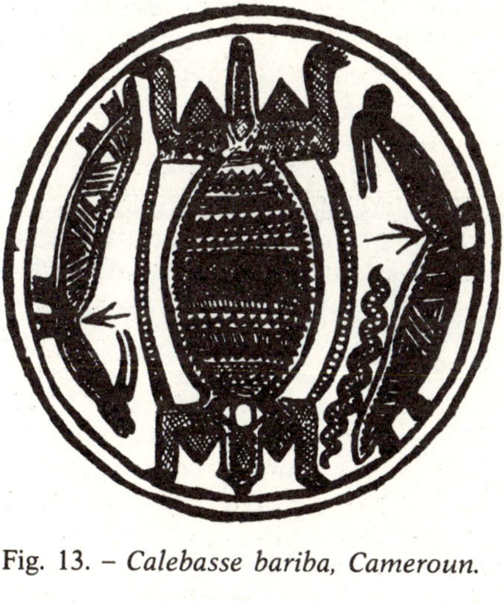

Fig. 13. – *Calebasse bariba, Cameroun.*

crois que je préférerais à tous autres la noix de cola et la courge-calebasse. Cette dernière, évidée, façonnée et souvent ornée, envahit encore les marchés, malgré la concurrence de la quincaillerie et des cuvettes émaillées qui trouvent dans les mains de la ménagère africaine des emplois insolites. On voit fréquemment se diriger vers les lieux de vente des porteurs chargés d'un amoncellement de calebasses enserrées dans un filet qui fait penser à quelque ballon captif. Elles sont d'une teinte qui flatte l'œil, d'un jaune chaud à l'état naturel, ou d'une riche couleur vieux rouge si leur écorce a été frottée avec la décoction des feuilles de mil. Elles témoignent d'une habileté à faire d'un produit de la nature, commode par sa forme, sa rigidité et sa faible résistance au façonnage, un outil multifonctionnel. Elles fournissent de nombreux instruments ménagers, jusqu'aux passoires, filtres et mortiers. Elles composent l'épuisette des femmes, durant les expéditions de « cueillette » des menus poissons et petits crustacés, ou le récipient le plus propice, par sa facile rotation, à la décantation des grains de métal que recherchent les orpailleuses. Elles servent au portage, prenant sur la tête des femmes une surprenante assise. Elles deviennent, avec d'étonnantes réussites, instruments de musique : sifflets, trompes, cors ou tape-cuisses. Elles se transforment, par de multiples escamotages qui les font passer de la fantaisie du jeu aux manipulations sacrées, en jouets d'enfants, en amulettes ou en objets sacrificiels. Elles servent de registre à l'artisan qui y consigne des allégories et des enseignements populaires. Elles constituent le fond de scène de la vie quotidienne.

Tirée de cette dernière, voici une image banale : deux hommes se rencontrent; ils se saluent, s'étonnent avec joie, se donnent de menues nouvelles; l'un d'eux tire d'une poche une noix de cola rouge et la partage en gage d'amitié. Il met en évidence, par un geste de tous les jours, ce fruit, source de force et de gourmandise, qui anime les relations avec les hommes et avec les dieux, ce fruit qui a, depuis plusieurs siècles, fondé de lointains échanges et de fructueuses spéculations. Très tôt, les routes de la cola s'étendent sur tout l'Ouest africain et très haut vers le nord puisqu'elles paraissent atteindre le Maroc dès le XIVe siècle; elles se ramifient en une multitude de chemins qui aboutissent tous à ces marchés et petits étalages où les tas blancs ou rouges des noix se dressent parmi les friandises et les cigarettes au détail. Il n'est pas indifférent que le fruit, bien que toujours chargé d'alcaloïdes stimulants, caféine et théobromine, appartienne à la variété rouge ou à la variété blanche. Son prix change, comme son goût – cette dernière variation consiste en une nuance dans la qualité de l'amertume éprouvée à mâcher la noix qui toujours laisse la langue râpeuse. Variable aussi, la signification sociale qui lui reste attachée – car la cola blanche peu constituer un don inconvenant, une marque de ladrerie, ou au contraire la prescription spécifique de certaines thérapeutiques rituelles. De novembre à février, les *marka* soudanais se déplacent en caravanes depuis les zones forestières jusqu'aux principaux points de vente du Soudan. Ils tentent d'acquérir des moyens modernes de transport, mais ils sont en compétition avec des Européens ne craignant pas de forcer leurs camions à l'occasion d'une traite qui exige un jeu habile sur les cours. Bamako est ainsi devenue une véritable bourse de la noix de cola.

Si j'avais à désigner l'état le plus agréable au Soudanais, je choisirais sans risque d'erreur cette stimulation que crée la cola dans les sentiments et les idées. Elle aide aux longues marches; elle accompagne, avec cette lente rumination qui marque le repli de l'individu sur lui-même, les méditations difficiles ou importantes; elle fait courir la chaleur dans les relations humaines. J'ai essayé d'utiliser cette technique de mise en euphorie. J'y trouvai une âpre amertume, j'y gagnai une réelle précipitation du cœur, mais je ne crois pas avoir été conquis. C'est qu'il y a impossibilité à considérer la consommation de la cola comme une sorte de plaisir solitaire; elle n'accorde ses pleins effets que dans un certain champ de relations sociales. Toutes les

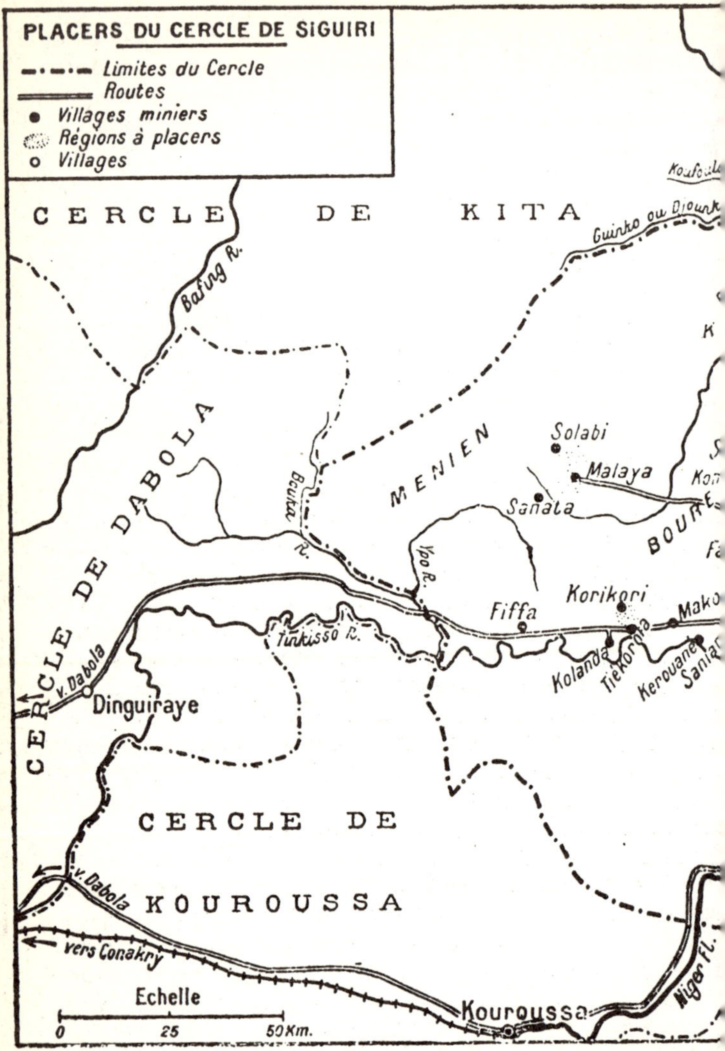

Fig. 14. – *Carte des pla*

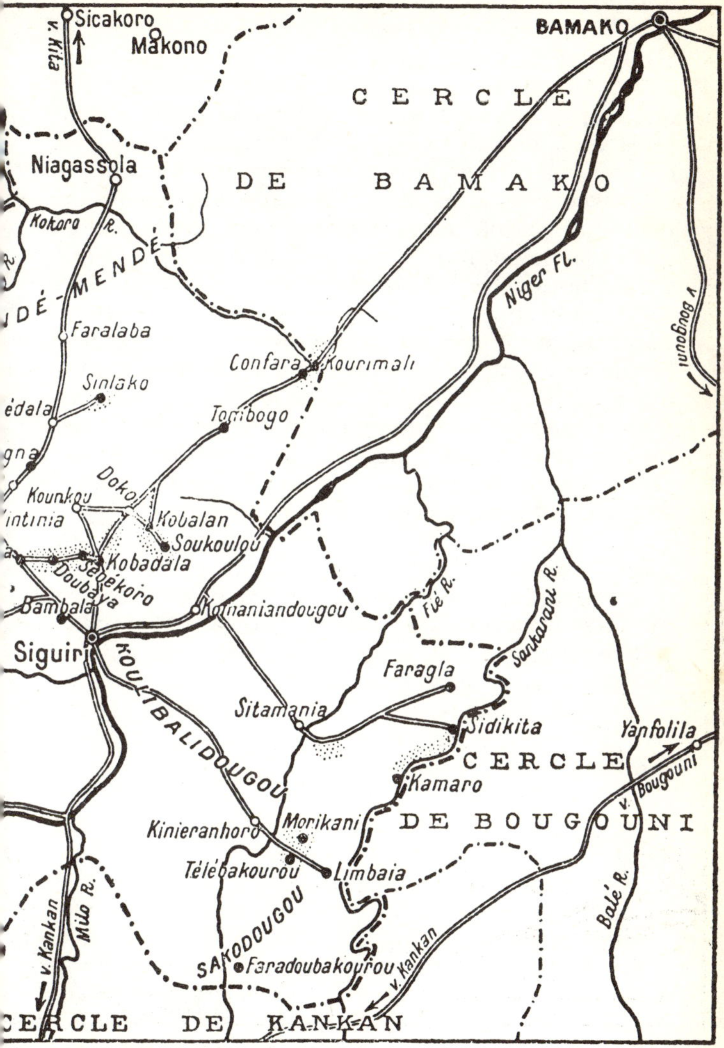

'or de la région de Siguiri (1947).

épreuves d'exaltation auxquelles se soumet l'Africain, qu'il s'agisse de rythmiques ou de cérémonies recourant au « drogage », sont collectives. Ainsi en va-t-il même de la saoulerie si bien favorisée par nos exportations d'alcools affirmés « bon goût ». Mais il y a, dans le cas de la consommation des noix de cola, bien plus que cette exigence d'harmonisation avec les autres; il y a le recours à un truchement qui paraît, d'une certaine manière, sacré. La noix, mâchée et imprégnée de salive, établit un lien entre l'homme et les divinités : aussi l'initié l'utilise-t-il dans ce but avant de « s'adresser » au masque dont il est le gardien et le porteur. Manipulée, lorsque ses cotylédons sont séparés, la noix délivre un message. Le consultant jette les deux fragments qui, retombant sur les plats, ou sur les courbures, ou « se partageant », figurent un système élémentaire de significations. Ainsi, ce fruit d'un arbre forestier modeste, qui rappelle par son port certains de nos pêchers, est-il plus que le prétexte à de larges échanges commerciaux; il intervient en tant que moyen de communication entre les êtres au plan des relations fastes ou efficaces. Il « accroche » une diversité de sens et de fonctions, comme il advient de chaque produit de la nature et de l'industrie humaine, dans des sociétés où la technique n'a pas encore dévalorisé les objets en les multipliant massivement.

L'OR DU NIGER

Mon avancée en pays soudanais s'arrête à Siguiri, poste établi sur le Niger sitôt que le fleuve s'est grossi des eaux porteuses d'or que charrie le Tinkisso. Le bourg, recuit sous les flamboyants aux fleurs rouge éclatant, a perdu de son importance ancienne. Centre fortifié établi sur la route des conquérants soudanais, il n'est plus, avec la paix, qu'une étape des caravanes. Cœur de l'un des plus vastes ensembles de *placers* d'or, il n'a pas connu d'essor car toutes les exploitations industrielles du « fabuleux métal » ont successivement subi l'échec. Siguiri demeure atteint d'une somnolence que la pesante chaleur de ce début de l'année renforce. Et mes deux premières rencontres européennes symbolisent cette contrainte du soleil. Au caravansérail, le seul hôte est un lieutenant d'infanterie coloniale qui, accablé par une longue tournée, n'abandonne son hamac sous la véranda que pour se diriger vers la jarre de terre cuite où l'eau fraîchit et vers la bouteille de cognac « qui tue les amibes ». Dans la large salle de réception où m'introduit l'administrateur, homme qui m'affirme d'entrée être progressiste mais ne pas renoncer pour autant à la stimulation par le pied au derrière, deux jeunes Noirs luisants de sueur agitent un lourd *panka* suspendu au plafond; leur travail est aussi vain que sans fin.

Un court tronçon de route conduit aux rives du fleuve. *Dyèliba.* La calme grisaille du Niger m'a, je crois, plus impressionné que les eaux tumultueuses, brunâtres, chargées de végétaux arrachés, que roule le Congo à sa sortie du Stanley Pool. Le Niger, en effet, associe plus de souvenirs. Il est le fleuve à secrets des manuels scolaires, qui longtemps déroba ses origines à la curiosité des expéditions coloniales. Il est encore, pour moi, l'image saisie d'avion de sa gigantesque embouchure, juste en avant de Port Harcourt : un foisonnement de bras et d'îles en miettes où les rapports entre la terre et l'eau s'intervertissent au point que toute consistance semble le fait de cette dernière. Le Niger, c'est aussi l'accent polémique des anciens débats : ceux qu'évoque l'Office agricole établi sur la partie de la boucle où le fleuve disperse ses eaux hors de toutes limites; l'entreprise devait métamorphoser en « îlot de prospérité » cet endroit qu'un reportage de Pierre Herbart a dénoncé comme « le chancre du Niger ». Et puis, je me demandais s'il existait une liaison autre que verbale entre le nom du poète Paul Niger, Guadeloupéen révolté, et le fleuve qu'alors je découvrais, et ma propre recherche de l'Afrique, tandis que me revenaient ces vers obsédants :

« L'Afrique de « l'homme du Niger », l'Afrique des plaines désolées labourées d'un soleil homicide... »

Face à Siguiri se dresse un village de Somono, pêcheurs liés au fleuve et habiles à le maîtriser. Les hommes paraissent dans l'ensemble forts et beaux, plus musclés et plus adroits de continuellement lutter avec l'eau. Ils utilisent l'épervier et la senne, la nasse oblongue en vannerie; c'est pourtant au lancer du harpon qu'ils révèlent le mieux leur puissante précision – un harpon à pointe mobile armée de deux ou quatre barbelures. Ils sont aussi transporteurs sur la plus économique des voies de communication. Contre la rive, pirogues plates et chalands se balancent lentement, animés par le grouillement de familles entières qui y vivent sous des abris de nattes. La pirogue, à double éperon, constituée de planches disparates et portant des ligatures, s'anime sous l'action d'une voile triangulaire; elle sert de résidence sur sa moitié arrière; elle supporte à l'avant, également abritée par un édifice de nattes, une cargaison d'une à deux tonnes où les colas, le riz, les arachides et le manioc mêlent leurs odeurs comme il advient dans nos épiceries de produits exotiques. Les chalands, pontés à leurs deux extrémités, plus lourdement chargés – entre dix et quinze tonnes – donnent une impression de sécurité, peut-être à cause de leur allure banale. Ils servent en partie au transport des personnes car ils rayonnent plus loin et atteignent Bamako. A bord, se trouvent quelques-uns de ces commerçants *dioula*, maîtres en tous trafics discrets, dont les amples vêtements – si bien accordés, pensais-je, à leur silhouette d'oiseaux voleurs – voltigent sous un vent léger.

Dans la région de Siguiri, l'or reste alors au centre de toutes les activités. Les *dioula* s'entendent à le collecter, sur un marché dit parallèle, en échange de tissus et de bimbeloterie, de produits alimentaires qui, comme le riz, s'obtiennent à des cours scandaleux. Ils sont habiles à séduire par des avances en marchandises qui mènent à l'endettement usuraire et finalement à la confiscation de la « récolte » du riche métal. Ils concurrencent l'administration qui s'efforce pourtant d'attirer l'orpailleur par une prime en sucre et en tissus. Ils maintiennent leur contrôle sur un commerce clandestin éclatant en direction de Conakry, Bamako et Dakar, de la Guinée-Bissau, de la Sierra Leone et des pays du Sud. Un exemple : en mars 1947, alors que les administrateurs n'avaient pu négocier que 187 kilos de poudre d'or, on estimait que 800 kilos de métal environ avaient atteint la seule Guinée-Bissau.

Je me trouve sur un *placer* voisin du village de Doko. La vente s'effectue aux abords même de l'exploitation, en un lieu qui tient à la fois du marché et de la boutique des banquiers archaïques; un lieu sacré où se mêlent l'Islam, les rituels africains et la religion précautionneuse et comptable du veau d'or. Une activité réglée, presque silencieuse, s'accomplit sous la protection de fragiles abris de feuillages. L'autel est ici un caisson protégeant la balance de précision. Les desservants, les *dioula* tout proches, revêtus de leurs riches boubous, protégés par le casque colonial et les lunettes noires, sont négligemment campés dans des chaises longues en « bambou »; avec des gestes solennels, ils s'emploient à séparer la limaille de fer mêlée à la poudre d'or en utilisant de petits aimants. Ils dominent. Autour d'eux, mais à distance, le menu peuple s'agite avec une réserve inhabituelle. Des femmes vendent, par petits tas, des mangues odorantes, ou bien le riz et le couscous de mil cuisinés sur place. Des bouchers attendent, indifférents, derrière des étals où les morceaux de viande noircissent, enveloppés de mouches avides.

En contrebas, au voisinage de la rivière à l'eau troublée, hommes, femmes et enfants travaillent parmi les amoncellements de terre remuée; ils imposent l'image banale de la fourmilière. La technique reste simple, et en appelle autant au rite qu'à l'outil, bien qu'elle demande un travail pénible et long qui laisse peu de répit entre huit heures du matin et six heures du soir. Pendant plus de six mois, ce grouillement d'hommes affairés à la poursuite de l'or – jusqu'à dix et quinze mille peinent sur un même *placer* – ne cessera pas; sauf le lundi qui, néfaste, exige l'abandon du lieu aux divinités, aux *ginné* maîtres du métal. Seules les croyances, locales ou colportées par un Islam dégradé, parviennent à freiner les passions, apportent quelques contraintes à la course pour l'or. Devant cette dernière, toutes les distinctions sociales s'abolissent : les étrangers comme les villageois, les nobles comme les hommes du commun et les gens de caste peuvent devenir ces ouvriers fouisseurs qui s'affrontent armés de leur seule rapidité à remuer le sol.

En cette activité fondamentale pour le pays, la liberté créatrice retrouve tous ses droits. La mine appartient à celui qui découvre le gisement et non au détenteur du sol. Il en devient le chef (*damantiki*), qu'assistent les responsables de l'ordre, les *kountiki*, armés de vieux fusils de traite ou de sabres de parade, et le conseil des anciens, dans un système où s'associent la démocratie villageoise et le pouvoir des notables à « clientèles ». L'inventeur perçoit une contribution : en ce début de 1947, cinquante francs par puits creusé. Il dispose d'un droit de quête. Il bénéficie surtout d'un prestige dû à sa réussite, qui lui assure une plus nombreuse main-d'œuvre avide de participer à sa chance.

Mais a-t-il le « don »? La recherche de l'or conduit à une véritable mobilisation des connaissances : tout est bon qui peut réussir. La part d'un savoir expérimental, peut-on dire, reste réduite. L'examen du sol, des roches et de la végétation ne semble pas aller très loin. On me cite néanmoins l'exemple du gisement de Manitoro découvert grâce à la présence d'un arbuste à feuilles duveteuses, le *soh wanié*, qui sert d'indicateur. Il convient plutôt d'entrer en communication avec les divinités souveraines du métal. Les rêves sont interrogés et s'ils

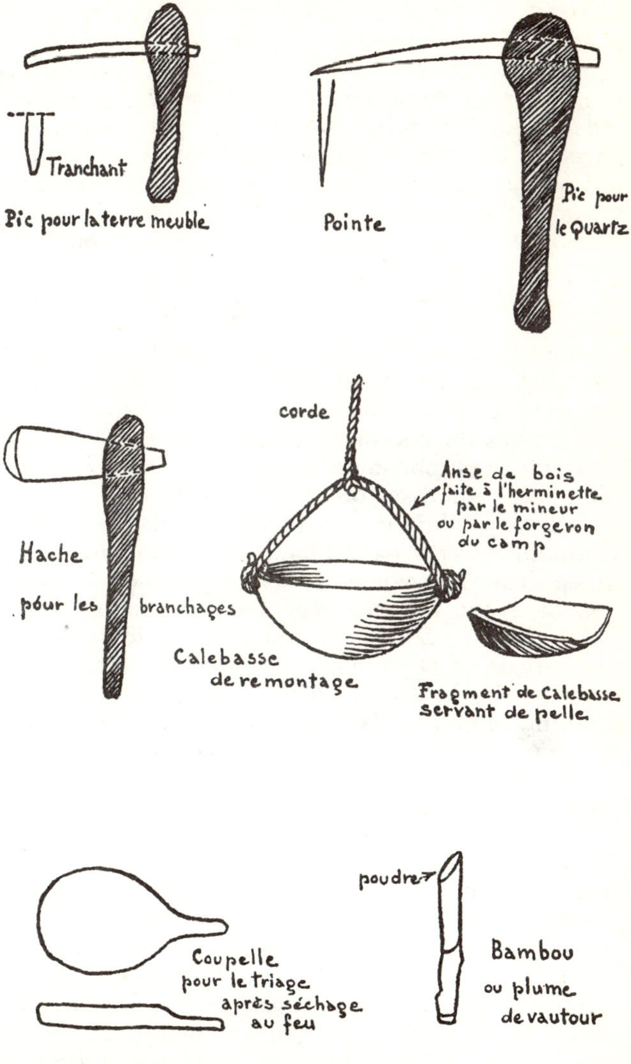

Fig. 15. – *Outillage des mineurs.*

montrent le feu ou les singes roux courant à tel endroit, les mineurs entreprennent là une série de sondages. Les anciens consultent les colas qui répondent par non ou par oui et donnent l'orientation des axes de recherche. C'est cependant l'arsenal magique et religieux colporté par l'Islam qui paraît le plus utilisé. Les « marabouts » interrogent le Coran aussi bien que les traditions orientales; ils dirigent les prospections en préparant les recueils de sourates qu'on lavera sur le terrain, ou bien encore les carrés magiques qui doivent assurer le succès; ils apportent, enfin, l'appui des sacrifices d'animaux.

L'or a toujours eu partie liée avec les secrets et les ruses. Ces secrets devaient surtout protéger les possesseurs des gisements contre la cupidité des spécialistes du commerce transsaharien. Depuis le XIe siècle, les chroniqueurs arabes évoquent les fabuleuses richesses du Soudan. Ils font de l'or « le principal produit des pays noirs ». Ils se laissent néanmoins duper par de faux renseignements transmis à dessein et voient, bizarrement, dans le métal convoité, une matière végétale. Ainsi, pour Ibn el Faqih, les Soudanais pratiquent dans le sable des plantations d'or comme les paysans, d'habitude, cultivent les légumes. Un traité arabe affirme sans la moindre réserve : « Il y a deux plantes aurigènes : on creuse des trous et on extrait des racines d'or. » La tricherie des exploitants n'implique pas des connaissances plus rationnelles. Pour les Soudanais, l'or est le moins naturel des produits que propose la nature. Dieu l'a créé et confié à la garde des génies dont il importe d'obtenir la complicité et l'accord. Il reste un produit dangereux, soumis à une loi d'ambivalence qui le différencie en « or vivant » et en « or mort ». Celui-là ne peut être atteint par les hommes; il se dérobe et dispose de toute la puissance de la foudre et du feu; il se manifeste dans la violence des éboulements, les éclatements de rocs et les terres vitrifiées. Celui-ci a été en partie neutralisé par l'action des sacrifices; il apparaît comme la part provisoirement concédée aux hommes; il reste néanmoins menaçant : sa disparition soudaine et son apparition en trop grosse quantité réveillent l'inquiétude, exigent la mise en place des dispositifs d'exception.

La fondation de la mine consiste d'abord en une opération rituelle, réalisée à la suite d'une consultation qui détermine le moment le plus favorable et la nature du sacrifice. Le chef de mine, manifestant en cette circonstance son rôle de prêtre, dirige, assisté par les membres de son groupe familial, la procédure sacrificielle. Il demande aux *ginné* gardiens de l'or le droit de capturer le métal, puis récite trois sourates du Coran que reprend le chœur des assistants. Il doit encore accomplir le sacrifice de fondation : celui d'un coq rouge, ou d'un bouc roux, ou d'un taureau roux – ce qui rappelle les liaisons existant entre l'or, le feu et l'apparence rouge des phénomènes. L'animal, une fois égorgé, est grillé pour être consommé de manière communielle par tous les participants. Le foie, le cœur et les poumons – ces supports d'une plus grande puissance – ne peuvent être attribués qu'au maître du sacrifice. Ensuite, on distribue des colas rouges à chacun des hommes présents, qui mâchent l'une des moitiés de la noix pour la projeter d'un souffle sur le lieu où l'animal eut la gorge tranchée, et qui consomment l'autre moitié. Après la cérémonie, le sacrificateur s'isole jusqu'au lendemain. Ainsi se révèle sa situation particulière, sa position cardinale dans le système des forces provisoirement équilibrées en faveur des hommes.

Je le disais à l'instant : une chance inattendue et la menace reparaît. Sur le *placer* de Doko, Ngolo, parent du chef, vient d'extraire une pépite pesant plus de mille grammes, scintillante malgré sa gangue. La nouvelle court, le travail cesse dans tous les puits, les mineurs s'agitent en criaillant – et je pense encore à ces fourmilières qu'un enfant agace avec un bâton. Consternation. Il n'y a que deux solutions : rendre la pépite à la terre ou la neutraliser.

Le chef de mine consulte hâtivement le conseil des anciens, mais il a déjà choisi de ne pas renoncer à une si belle pièce. Il fait adopter les mesures d'urgence. Tous les hommes abandonneront le travail jusqu'au temps de la remise en ordre. La pépite, fascinante et menaçante, se trouve exposée au centre du *placer*; elle crée autour d'elle un large *no man's land*. Ngolo erre parmi ses compagnons, rendu comme stupide par un choc si sévère. En hâte, le chef rassemble ses « polices » armés de fusils et les dispose en un inquiétant et pittoresque peloton d'exécution; à son commandement, tous tirent en direction de la pépite pour chasser les *ginné* responsables d'une si dangereuse générosité. Je crois assister à l'exécution solennelle du veau d'or – que j'imagine à l'image de celui que nos éleveurs du Morvan ont statufié sur la grande place de Saulieu. Ngolo s'agite, se lamente : « Que le malheur est lourd d'avoir attiré la colère des maîtres de l'or! Pitié pour les mineurs! Que le malheur est terrifiant! » Et je m'attends à entendre ajouter, car le froid intérêt ne perd pas ses droits : « Ne nous laissez pas succomber à cette tentation. » Une dernière démarche, le sacrifice d'un jeune taureau roux, permet à la confiance de reprendre l'avantage, puis aux *dioula* de négocier la somptueuse trouvaille.

La police de l'exploitation lutte autant contre les dangers du surnaturel que contre les menaces que représentent les voleurs habiles. Elle veille au respect des *tana*, des interdits dont la violation pourrait rendre à l'or sa fuyante et terrible mobilité. Il reste rigoureusement défendu d'introduire dans le camp les graines de *soumbara* – le néré – les oignons, les chiens... et la potasse. La rupture des interdits, en bouleversant l'équilibre et l'accord si difficilement obtenus, ouvrirait l'ère des catastrophes. Un déchaînement d'apocalypse mêlerait le feu du ciel, la subversion de la terre et la folie des eaux.

On ne peut guère douter que la terreur, endormie mais jamais abolie, demeure à l'arrière-plan des pensées d'hommes restés démunis devant tant de richesses trompeuses. D'un travail pénible, quels profits tirent-ils? Un groupe d'une douzaine de personnes, hommes, femmes et enfants, peut extraire en moyenne durant une campagne 250 grammes de poudre d'or. Cela représente moins de 29 000 francs africains (1), lors de la vente faussement avantageuse aux *dioula* qui savent trop bien susciter l'endettement; aussi cette somme s'amenuise-t-elle singulièrement lorsqu'on apure les comptes dressés par ces derniers. Quelques miettes restent, qui n'apportent qu'un maigre mieux-être, qui servent à fabriquer ces fragiles bijoux, boucles d'oreilles et pendentifs de cou, tous de fils tressés, dont s'ornent les femmes à la parade et dont se composent en partie les échanges matrimoniaux. Des miettes, pour un travail dangereux que les hommes assimilent d'une certaine manière au combat. Un mineur tué sous les éboulements du puits qu'il creusait, c'est un guerrier abattu pendant la bataille. Je me suis trouvé sur le *placer* de Doko peu de jours après un accident qui avait entraîné la mort d'un orpailleur étranger. Tous les mineurs se hâtèrent d'assurer le déblaiement, non afin de gagner la mort à la course mais afin d'empêcher « la fuite de l'or ». Le cadavre, dépouillé de ses souillures, fut aussitôt transporté en brousse, loin de l'exploitation. Il fut exposé sur un lit de pierres hâtivement rassemblées, puis enveloppé de branchages, recouvert d'un mince édifice de bois ramassé. Alors commença le lent défilé des mineurs, chacun d'eux disposant une pierre sur le corps et constituant un tumulus qui écrasait leur infortuné camarade pour la seconde fois. Ce rituel très ancien interdit la récitation des prières de l'Islam. L'homme n'était qu'un étranger, un Toma de la forêt, venu à la recherche des quelques milliers de francs qu'il ne pouvait gagner dans son pays natal. On estima le sacrifice d'un bouc roux suffisant à la remise en

(1) 58 000 francs (1947).

ordre. Et tous les mineurs reprirent en hâte leur activité souterraine.

Cette crainte permanente de la mobilité de l'or, n'est-ce pas l'expression d'une désillusion vis-à-vis d'une production fabuleuse à certains égards? On rappelle que le roi soudanais Mansa Moussa, souverain du Mali au XIVe siècle, fut si prodigue de métal rare lors de son passage au Caire, qu'il déprima le marché du change. Pour les humbles, la réalité est autre. Après être passé à travers tant de mains et de cribles, l'or ne laisse qu'un bien dérisoire.

Il faut se garder de juger ces conceptions comme le résultat d'une aberration collective, d'une mentalité empêtrée dans l'irrationnel. Les pratiques rituelles, seules capables de domestiquer le métal, paraissent assurer la protection autant que l'efficacité du travail. Elles garantissaient l'orpailleur contre la cupidité des féodaux et rendaient la transaction nécessaire; jamais Mansa Moussa, à l'instant évoqué, ne songea malgré sa puissance à s'emparer des champs d'or; il n'y vit qu'occasion de taxes « sans pareilles » et d'échanges fructueux. Les pratiques rituelles introduisaient aussi une réglementation sévère, une sorte de dirigisme, indispensable dans le cas d'une activité capable d'ébranler des économies primitives et vulnérables. Les accords établis par la tradition – et qui révèlent cette fine pratique sociologique des Africains opérant toujours en termes d'équilibre – n'ont pu résister tels quels aux bouleversements apportés par la présence européenne. Les compagnies commerciales ont animé le marché de l'or et traité par l'intermédiaire des collecteurs *dioula*; elles ont contribué indirectement à désacraliser la production et les échanges; elles ont introduit le système spéculatif. Les vicissitudes extérieures deviennent alors plus sensibles; elles déprécient vite l'orpaillage lorsque augmente la quantité des minerais exploités dans le monde à l'échelle industrielle. Ainsi cette richesse devient-elle toujours plus fuyante et plus illusoire.

Et pourtant, les hommes continuent à poursuivre

ce travail de fourmi vieux de plus de vingt siècles! Voici la maigre rivière avec ses bordures d'alluvions. Là s'affairent les enfants, les moins courageux des orpailleurs ou les étrangers qui n'ont pas obtenu le droit d'opérer pour leur compte en pleine terre. Au-dessus, légèrement en surplomb, se trouve la couche de conglomérat aurifère. Sous la direction du chef de l'exploitation, les hommes ont miné le sol en égrenant des puits, larges de 80 centimètres et distants de 2 à 3 mètres, au long de lignes

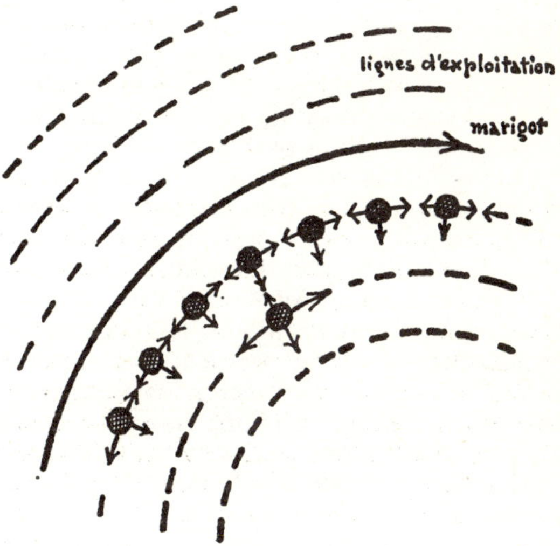

Fig. 16. – *Exploitation d'un puits.*

concentriques (*safa*) qui cherchent à suivre le sens des filons. Les puits s'enfoncent jusqu'à plus de 10 mètres, portant sur leurs flancs les encoches qui permettent la descente des mineurs. Les hommes, recroquevillés dans des galeries qui ne dépassent guère 60 centimètres de hauteur, armés du pic pointu pour le quartz aurifère et du pic à court tranchant pour la terre meuble, éclairés par de médiocres lampes à huile, poursuivent un véritable travail de sape. Ils arrachent le sous-sol, allant à la rencontre les uns des autres, ne ménageant que de fragiles piliers (nommés pieds, *sé*) pour empêcher les éboulements. Une calebasse suspendue par une corde sert à remonter la terre et les rocailles. A un rythme rapide, que soulignent les halètements du tireur, ces dernières s'entassent dans des encadrements de branchages. Aux abords se trouvent les trous emplis de l'eau qui sert au lavage, et dont on évite l'envasement grâce à des rigoles par où s'écoulent les fines boues. Les enfants, dans un va-et-vient qui ne laisse guère de temps au jeu, colportent l'eau et les lourdes calebasses de terre à trier. Les femmes « lavent », dans la boue, le pagne souillé, et certaines portent sur le dos un nourrisson qui somnole, secoué par tous les mouvements de sa mère. Avec une infinie patience, elles font tourner entre leurs mains le récipient contenant encore terre et gravats mêlés; elles trient; elles donnent à leur tour de poignet une plus grande précision dès que la quantité d'éléments retenus se réduit. Elles épient le scintillement révélateur. Une rotation, puis encore une, les menus cailloux sont expulsés les uns après les autres. Il ne reste que des poussières collées à la poudre d'or. Elles les séparent après séchage à la flamme dans une mince coupelle.

Ces quelques grains vont en rejoindre d'autres dans un mince tube de bambou ou dans l'axe creux d'une plume de vautour. Ils subiront ensuite l'épreuve de l'aimant imposée par l'acheteur. Dans une journée de travail, une femme parvient à « laver » un tiers de mètre cube; elle récolte donc un gramme de poudre d'or – exceptionnellement deux grammes lorsqu'il s'agit de gisements à haute teneur. Si elle appartient à l'équipe de son mari, elle ne recevra aucune rémunération mais une compensation en cadeaux (bijoux, vêtements ou bétail) qui s'ajouteront à ses biens propres. Si elle n'est que la salariée d'un chef de groupe, elle recevra selon les circonstances, c'est-à-dire selon sa chance et son ardeur au travail, du septième au cinquième des

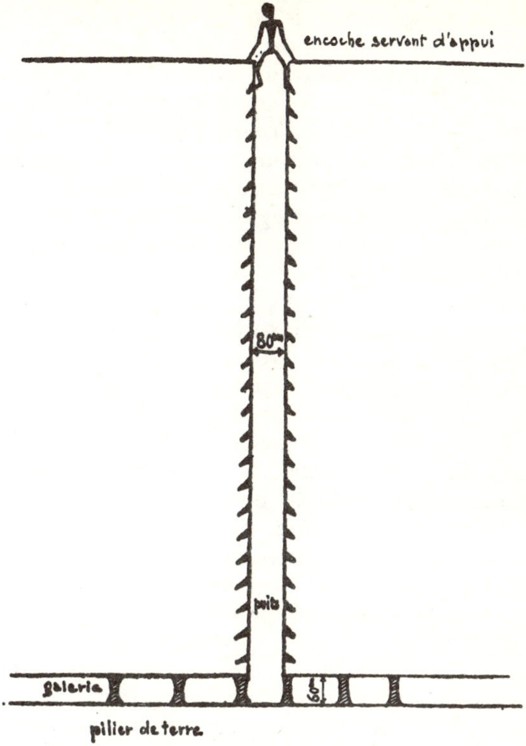

Fig. 17. – *Coupe d'un puits.*

calebasses triées. La mine associe tous les âges de l'économie et tous les âges de l'exploitation : la comptabilité fine du peseur d'or et la comptabilité grossière de la répartition par calebasses; l'économie usuraire du *dioula*, qui endette et attire, en contrôlant la consommation quotidienne des mineurs, jusqu'à 35 pour 100 de la richesse extraite, et l'économie collective de la famille qui n'admet aucun partage; le salariat indigène et la distribution égalitaire entre camarades ayant décidé de travailler à un même puits.

C'est une activité en grande partie créatrice d'illusions. La mobilisation de la main-d'œuvre sur les mines intervient au détriment des travaux agricoles, des travaux d'entretien des villages. Le nombre des hommes disponibles permet le maintien de cette course à la poussière d'or et l'acceptation des bas revenus. Une constellation d'activités s'est organisée à partir de l'orpaillage; une société et un genre de vie particuliers se sont également construits sur la base de cette « industrie » qui donna au Soudan son ancien prestige. Tout cela se refuse à disparaître, et les mineurs se tournent plus vers le passé qu'ils ne se préparent à des tâches modernes. Ils paient cette fidélité par une exploitation toujours plus lourde. Ils peuvent cependant rester fiers d'avoir « tenu » là où les entreprises européennes échouèrent, depuis la première décennie du siècle jusqu'aux récentes années. En 1946, la Société Falémé-Gambie, par le dragage du Tinkisso et en employant des techniques exigeant la présence de sept Européens, récoltait deux kilos d'or alors que la campagne d'orpaillage en extrayait plus de cinq cents.

Une tradition survit en ce carrefour soudanais, ouvert depuis des siècles à toutes les vagues conquérantes; tradition fort ancienne, puisque nous en retrouvons l'écho dans le périple d'Hannon et dans les chroniques arabes évoquant l'étonnant ballet de l'échange « à la muette » – où dominent les scintillements de l'or – en des termes qui rappellent les aventures de Sindbad le Marin.

SOUDAN – LIBÉRIA – CÔTE-D'IVOIRE

Je dus revenir à Kankan, puis me rendre dans la région forestière des confins du Libéria et de la Côte-d'Ivoire. J'avais à rencontrer le principal adjoint de Théodore Monod en cette « base » que l'Institut d'Afrique a édifiée face au paysage glabre, mais non sans grandeur, que dresse le mont Nimba.

Durant la première partie de ce trajet qui suit une stricte direction nord-sud, le cadre naturel et humain reste marqué par les influences soudanaises sur près de 200 kilomètres. Les agglomérations présentent, mais en l'accentuant, cet aspect composite que j'ai déjà signalé. Il faut atteindre Beyla, centre d'un cercle administratif, pour que se remarque très précisément le front de contact entre les envahisseurs, Malinké surtout et Peul, et les autochtones forestiers, Guèrzé et Toma.

La route bien tracée, souvent droite et ferme avec son revêtement de gravillons, s'allonge entre les haies de hautes herbes. J'ai toujours, et en Afrique plus qu'en Europe, été sensible à cette impression de liberté que donne l'échappée sur une route, à ce mouvement que la vitesse impose aux choses en les animant et en leur faisant perdre leur caractère d'objets. Ngolo, le chauffeur affecté à ma jeep, raidi dans sa dignité toute nouvelle à laquelle il mêle quelques maladresses, tire orgueil de cet engin mal connu mais déjà lié aux symboles de puissance. Malgré sa réprobation muette, et mon inhabileté due à un apprentissage récent, le désir me prend de conduire. La route est trop belle. Un ponceau se présente légèrement déjeté. Je manœuvre mal, la voiture embarque, affolée par sa remorque qui ne peut suivre, et nous allons nous retourner dans la végétation touffue qui borde la petite rivière. Nous restons un court instant stupéfaits, immobilisés dans un brouillard de poussière. Puis Ngolo bondit, comme inspiré soudain, et il s'écrie : « Ah! monsieur. Ah! monsieur. C'est le dieu. »

Il répète à diverses reprises cette même affirmation :

« C'est le dieu... C'est le dieu... »

Je ne parvins pas à savoir sur le moment s'il croyait à cette explication surnaturelle ou si, soucieux de ménager mon prestige, il avait voulu dégager mes responsabilités dans cette manœuvre grotesque. A cette époque, je cumulai les accidents de voiture, à tel point que les autorités locales commencèrent à y voir une provocation. Voulant éviter un enfant, qui débouchait devant la jeep à l'instant où je quittais mon bureau de Conakry, je fis un trop large écart. Le passage étroit surplombait légèrement une plage presque découverte; mon véhicule s'engagea dans le vide par une roue arrière, balança, puis se retourna. Je n'eus que le temps de sauter par le côté; la jeep s'aplatit sur la grève et ses quatre roues continuèrent à tourner, d'un mouvement insolite et stupide. Une dizaine de jeunes Noirs se précipitèrent à mon secours et je retrouvai dans leurs remarques le procédé d'explication à l'instant rappelé.

« Patron, les génies de l'eau ont voulu ça! »

L'un d'eux se blessa à la jambe avec un éclat du pare-brise. Son sang, qui coulait en minces filets, semblait le laisser indifférent. Je m'inquiétai et j'obtins cette réponse que je retrouve encore aujourd'hui avec une étonnante fidélité :

« Le sang, c'est bon pour les génies de l'eau! »

Quelque temps après, n'étant pas cette fois responsable de la conduite, un troisième accident me projetait à demi assommé parmi les blocs de latérite qui bordent la route à quelques kilomètres au-delà de Conakry. Un tel acharnement dans la catastrophe fit plus que rendre suspecte cette jeep alors peu familière, il renforça l'explication par le surnaturel. Il me compromit, en me désignant comme choisi par les divinités de l'eau et de la brousse, avec, pourtant, la circonstance atténuante de cette chance qui chaque fois me laissait presque indemne.

Un tel système d'interprétation ne montre pas simplement comment, pour une mentalité noire traditionnelle, les comportements humains dépendent tous de puissances extérieures à l'homme et comment les responsabilités de l'individu, par conséquent, sont toutes relatives. Il révèle aussi qu'un instrument, transplanté dans une société qui ne l'a pas conçu et ne dispose pas des connaissances intellectuelles qui le rendraient intelligible et banal, s'inscrit dans un champ de significations « autochtones ». Il y a un dépaysement des objets que nous exportons. Leur inscription dans un contexte indigène crée souvent ces effets d'insolite ou de baroque sur lesquels j'aurai à revenir. Je reprends à ce propos les remarques par lesquelles Emmanuel Mounier, dans son ouvrage consacré à *l'Eveil de l'Afrique Noire*, manifestait son étonnement devant les réactions de certains chauffeurs africains. Il y décelait une place étonnante faite aux démarches plus rituelles que techniques.

Plus tard, au cours de mes tournées sur les mauvaises routes du Gabon, détériorées par les pluies abondantes de la période d'hivernage, je devais ressentir des impressions de même nature. Mon chauffeur noir s'appelle cette fois Alexandre, mais son comportement n'en rappelle pas moins celui de Ngolo. Homme vif et menu, il a cette assurance et cette insouciance vis-à-vis des risques qui montrent combien il croit détenir les alliances ou les complicités indispensables, véritables garanties de la bonne tenue de route tant qu'elles opèrent. Nous allons, mon compagnon d'enquête le géographe Gilles Sautter et moi-même, recevoir bientôt une illustration de cette certitude inébranlable.

Loin de toute agglomération, notre véhicule, un trois-quarts Dodge, a un arrêt soudain. Alexandre essaie de relancer son moteur, en vain. Nous tentons de détecter les pannes les plus simples mais notre expérience se révèle vite insuffisante. Sautter et moi-même renonçons en décidant d'attendre un secours, d'ailleurs aléatoire, cependant qu'Alexandre, conscient de ses responsabilités professionnelles autant que de ses chances de succès, poursuit sa recherche. Il affirme avec une assurance sans défaut : « Je vais voir! » Nous l'abandonnons à son diagnostic et profitons du contretemps pour prospecter la savane environnante, apparemment désolée. A notre retour, nous ne percevons pas ce bruit de moteur que nous espérions malgré tout. Par contre, à même la route, s'étale un extraordinaire désordre de pièces détachées qui évoque quelque grossière autopsie. Alexandre, dans sa poursuite du « mal » responsable de notre immobilisation, n'a pas pensé un seul instant que les connivences qui lui garantissaient l'habileté du chauffeur n'étaient pas les mêmes que celles nécessaires au mécanicien. Il attend avec patience cette inspiration et ces appuis extérieurs qui rétabliront l'ordre mécanique aussi soudainement que ce dernier a été perturbé. Heureusement, vers la fin de l'après-midi un jeune ingénieur d'une entreprise gabonaise nous croise et nous accorde son secours; il apparaît comme un avatar du démiurge, porteur, dans son coffre, du disjoncteur nécessaire à notre véhicule.

Au cours d'une longue étape, alors que la nuit rend la route difficile, Alexandre s'efforce de gagner aussi rapidement que possible le « poste » le plus proche où nous devons prendre contact avec l'administrateur. La route semble s'être rétrécie et le pinceau des phares s'écrase contre le rideau des hautes plantes dites « à éléphants ». Surpris par la lumière, des oiseaux s'enfuient d'un vol lourd et rasant. Très distants les uns des autres, les villages se découvrent au scintillement pauvre de quelques lampes-tempêtes dispersées à travers des agglomérations modestes. Au détour d'un virage, nous débouchons brusquement sur un « écart » d'une dizaine de cases. Alexandre n'a pas eu le temps de réduire sa vitesse; il heurte un jeune bouc immobilisé de frayeur au milieu de la route. Nous nous arrêtons, aussitôt entourés de témoins silencieux. L'animal a été accroché par le flanc et le cou; il perd son sang à gros bouillons comme s'il avait été rituellement égorgé; il se débat et pousse dans sa lutte contre la mort des hurlements presque humains. Nous restons tous immobiles, fascinés par cet aspect de sacrifice. Soudain, des cris nous parviennent d'une case éloignée. La propriétaire, prévenue avec un peu de retard, se dirige vers nous en se lamentant. Elle proclame sa douleur d'une voix tremblotante. Cette femme assez âgée tourne autour du véhicule en se contorsionnant; elle retrouve la gesticulation par laquelle il importe toujours d'exprimer son désespoir. Elle s'arrête auprès de l'animal, comme écrasée elle-même. Sa plainte reste sans fin :

« Ah! *Nzambi*. Ah? Dieu. Je suis la plus pauvre. J'ai perdu ma seule richesse. J'ai perdu mon soutien... Ah! Dieu. Pourquoi avoir sacrifié mon soutien au mauvais génie des machines? »

Alexandre, figé de respect, assiste à cette scène dont il est le responsable involontaire. Je fais proposer une indemnité à la femme. Elle paraît ne pas entendre; elle aspire avec force l'odeur fade du sang répandu; elle poursuit sa lamentation :

« Ah! *Nzambi*, ma vie a été sacrifiée à la machine des Blancs... Ma vie... Mon soutien... »

Nous avons dû partir, laissant au chef du groupement la charge de transmettre l'indemnité monétaire, sans parvenir à tirer la femme de son état de désespérance. Mais que pouvait, en ce cas, signifier une simple compensation en argent? La comédie rituelle de la vieille Gabonaise ne tendait pas à ce seul dédommagement. Elle visait à détourner une intervention des forces surnaturelles agissant sous leur forme dangereuse, intervention d'autant plus terrifiante qu'elle s'exprimait accidentellement et par la puissance étrangère de la technique moderne. Cet incident avait ainsi un singulier retentissement, dépassant les aspects de marchandage rusé qui l'auraient caractérisé dans une campagne française. Il me montrait une fois encore combien les procédés de la pensée traditionnelle peuvent résister malgré l'irruption de nos machines. Ces dernières doivent prendre une signification, et cette démarche d' « apprivoisement mental » ne peut actuellement s'effectuer par une connaissance empirique, dépouillée, comme la nôtre, de ses implications religieuses...

L'évocation de quelques-uns de mes souvenirs m'a incité à présenter le villageois noir dans ses réactions vis-à-vis du problème mécanique. Elle m'a conduit à anticiper dans le temps et dans l'espace, à glisser des franges de la Guinée forestière au plein centre de la forêt gabonaise. Ce rapprochement me rappelle aussitôt, malgré certaines similitudes dues à l'allure générale des arbres portant leurs frondaisons jusqu'à plus de 30 mètres au-dessus du sol, combien diffèrent les forêts de l'Ouest et du Centre africains. La distinction tient essentiellement à la forme prise, dans chacune d'elles, par la présence des hommes. Les premières sont attaquées par des villages nombreux d'où la joie n'a pas été chassée. Les secondes semblent avoir écrasé les groupements humains, les avoir pulvérisés en agglomérations minimes où règne l'accablement. J'ai très vite, en confrontant mes expériences, été frappé par cette opposition qui suggère combien le milieu naturel importe moins, pour les hommes, que les choix faits dès leurs origines par les civilisations, que les épreuves imposées par l'histoire à celles-ci. Dans le Centre africain, nombre de sociétés semblent se caractériser par le repli défensif et la méfiance en chaîne. On les dirait diluées dans une nature trop vaste, mais c'est en fait sous les coups d'une histoire trop rude qu'elles se sont émiettées.

Pourtant, cette partie de la Guinée forestière, où je poursuis ma nouvelle enquête, n'a pas non plus échappé aux épreuves. Elle a constitué le grenier et la pépinière d'esclaves, sur lesquels se rabattaient les bandes guerrières venues principalement du Soudan. Elle a été ouverte aux plus larges brassages raciaux, à tel point qu'un même ensemble ethnique, comme celui des Kissi, étudié avec tant de minutie par Denise Paulme, peut révéler deux types physiques très opposés. Elle offre une carte linguistique composite – avec une avancée du *malinké* colporté par les conquérants soudanais – qui témoigne de multiples vicissitudes.

Ces peuples ont néanmoins tenu sous le choc des épreuves, en concevant un art militaire qui a pu surprendre les officiers chargés de la conquête ou de la pacification à la fin du siècle passé. On en retrouve l'indication dans les rapports que ces derniers ont rédigés à l'occasion de multiples engagements. J'y ai découvert, à propos des Guèrzé en particulier, des observations se référant à une habile technique de fortifications : villages que protège une enceinte (*tata*) de 4 à 5 mètres de hauteur, doublée d'un large fossé garni de piquets acérés et de longs fers de lance; lignes de défense, par

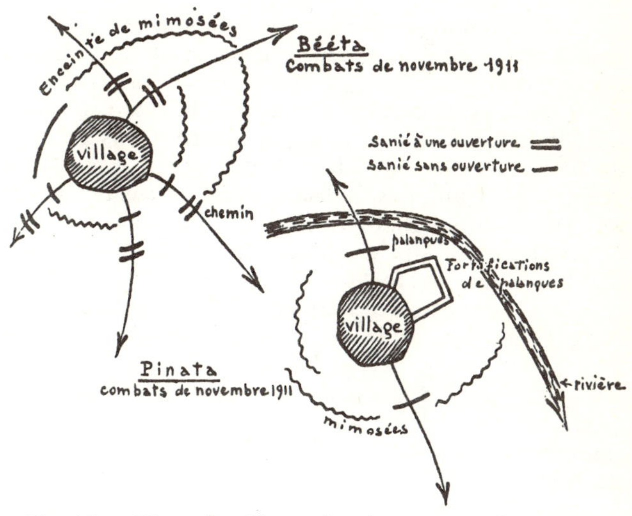

Fig. 18. – *Plans de villages fortifiés, Guinée forestière.*

barricades de rondins ou de pierres et fascines d'épineux, qui se déroulent en avant d'agglomérations pouvant alors compter jusqu'à un millier de cases. Les procédés de camouflage et sabotage – piquets plantés dans la vase des rivières, ponts « minés », tranchées dérobées, etc. – et la stratégie des embuscades y paraissent également complexes.

Déterminés par des compétitions commerciales indigènes, par des réactions consécutives à l'emprise coloniale, par des rivalités de frontières entre

Français et Libériens – les Guèrzé surnommaient ces derniers les « blancs noirs » (*Kawité*) – les conflits durèrent jusqu'à la Première Guerre mondiale. Ils furent fréquents, mais deux d'entre eux ont davantage marqué les souvenirs. En avril 1907, le combat de Boussédou devait entraîner la mort du Dr W. Volz, naturaliste suisse alors « en mission » au Libéria. J'ai glané, dans les archives de Conakry, un récit des événements dû au chef de bataillon Mourin, commandant militaire de la Guinée :

« Les premiers tirailleurs de la colonne d'assaut... se trouvèrent à l'improviste en présence d'un Européen courbé à l'entrée d'une case, regardant à l'extérieur et tenant un revolver à la main. L'Européen leur parla mais ils ne comprirent pas ce qu'il disait; ils appelèrent d'autre camarades... En voyant arriver les tirailleurs, le Blanc rentra dans la case et monta par une échelle dans le grenier d'où il fit feu de son revolver sur les tirailleurs, en tirant à travers les bases de la toiture dont la paille avait été enlevée. Les tirailleurs ripostèrent à coups de fusil et le Blanc descendit à l'intérieur de la case sans être blessé; mais, arrivé en bas, il tomba frappé au côté et à la jambe droite par des balles tirées de l'extérieur et ayant traversé la paroi de la case. En pénétrant dans la case, les tirailleurs y trouvèrent en outre un Noir qui avait été tué auparavant. Le Blanc était mort aussi. Il était vêtu d'une camisole et d'un pantalon de nuit à carreaux blancs et rouges, il avait la barbe non rasée et ne portait ni casque ni chapeau. Les tirailleurs affirment qu'ils n'auraient pas tiré, et qu'ils voulaient seulement faire le Blanc prisonnier, s'il n'avait pas tiré le premier... Outre un revolver, le Blanc avait à côté de lui deux fusils de chasse chargés... La scène s'était passée si rapidement qu'aucun officier ni sergent européen n'avait été prévenu et n'avait eu le temps de venir s'interposer...

« Le Dr Volz était considéré dans le village comme une sorte de fétiche dont la présence devait empêcher les Français d'entrer, si bien que, pendant le combat, il se tenait dans la case du chef avec tous les griots. Ma conviction est que le Dr Volz a fait usage de ses armes contre nous, mais qu'il a ainsi agi uniquement contraint et forcé par les menaces de ses geôliers... »

J'ai pu retrouver quelques extraits des carnets de route tenus par l'infortuné naturaliste. Dès le début de son expédition, qui a pour point de départ la Sierra Leone, les nombreux mouvements militaires lui révèlent l'insécurité affectant l'arrière-pays, aux abords des confins libériens. Volz franchit la frontière; elle lui semble trop mouvante et il pressent combien « cela tournera mal un jour »; il fait cette remarque, devenue banale, que les partages de l'Afrique ont taillé dans le vif de larges unités culturelles et linguistiques. Alors se situe son séjour prolongé aux limites du Libéria et du territoire français aux franges incertaines. Le traducteur officiel des carnets a, malheureusement pour l'ethnologue africaniste, supprimé de larges passages concernant les notations de mœurs et de coutumes. Il se contente d'indications aussi laconiques que désespérantes : « Description de village... mœurs des tisserands... description du tatouage des femmes... » Je remarque au passage cet efficace sauf-conduit que constitue pour Volz sa qualité de franc-maçon. Les officiers libériens l'accablent en toutes occasions de l'appellation « mon frère », mais il ne se laisse pas duper par cette feinte cordialité. Les autorités locales ne croient guère au but scientifique de son voyage, se méfient de son activité et finissent par lui proposer de devenir leur interprète dans des négociations ultérieures avec les militaires français.

Le pays est si troublé que Volz a le plus grand mal à maintenir sa caravane de porteurs. Il doit accepter de jouer le médecin-miracle, ayant rempli en cachette une bouteille d'eau qu'il fait utiliser en friction ou en médication, pour se faire payer en hommes de charge. Il laisse rassembler ses gens « à grands coups de fouet d'esclaves frappés sur les épaules ». Il place un homme de confiance en serre-file avec l'ordre de tirer sur les déserteurs. On sent monter son inquiétude à mesure que sa route progresse par des voies de moins en moins connues, accède à des peuples qui n'avaient encore jamais vu de Blancs mais où l'on croit que ces derniers dirigent le Libéria. Il participe aux alertes qui mettent les villageois sur le pied de guerre : « Deux guerriers donnaient l'alarme en faisant retentir le son d'une trompe. De toutes parts, les hommes accouraient armés de sabres et de lances. Ils se tenaient devant la maison du chef et parlaient tous ensemble... » On imagine aisément les résonances qu'il convient de donner à une phrase aussi simple, et naïve en apparence, que celle-ci : « Il y a du danger à traverser un pays aussi soulevé et nous devons traiter les gens gentiment. » D'autant plus que Volz ajoute à ces remarques des indications sur le cannibalisme, en tant que consommation des ennemis, et le rapport fidèle, comme s'il s'agissait de cuisine ordinaire, du mode de cuisson et des appréciations rejetant la viande de femme en raison de sa saveur trop amère. Cet humour involontaire ne peut se transformer en un commentaire moins culinaire d'un usage aussi menaçant.

Volz n'en poursuit pas moins sa tâche de naturaliste. Il fait des levés de cartes, répertorie les espèces animales et végétales rencontrées. Il recueille les échantillons de plantes et de minéraux. Et comme les peuples, ces *Naturvölker* des auteurs allemands, lui semblent étroitement collés au milieu naturel, il collecte leurs vocabulaires, consigne leurs usages, leurs activités, leurs loisirs. Il est l'un de ces collectionneurs d'univers et d'humanités exotiques qui ont les premiers élargi nos frontières intellectuelles, souvent entraînés malgré eux en des combats douteux. Ils ont, aujourd'hui encore, une postérité : ces quelques esprits encyclopédiques qui trompent leur fringale de savoir en grappillant un peu de chaque chose dans des pays où, à défaut de connaissances nombreuses, toute glanure a son prix.

Il y a dans les derniers carnets une poignante intensité dramatique. Les hommes se situent de plus en plus au premier plan des préoccupations de Volz. Ils apparaissent avec leurs rivalités traditionnelles, avec leurs incertitudes vis-à-vis des luttes que se livrent les puissances. On les devine désemparés, en ce moment de la consolidation coloniale qui les fait passer d'une histoire de petite ampleur, dont ils avaient quelque peu la maîtrise, à une histoire trop vaste qui les transforme rapidement en instruments. Les tribus du Libéria, selon le voisinage, affirment avoir plus de sympathie pour les Français ou les Anglais que pour les « Américains » – entendez : les Noirs venus des Etats-Unis; comme si la domination était moins humiliante lorsque les différences de race semblent lui donner un fondement. La menace est partout présente. Rivalités entre Français et Anglais : elles s'expriment à l'occasion des combats en pays kissi. Rivalités entre Français et Libériens : elles sont animées par le souci de chacun de consolider à son avantage une frontière encore fluide. Volz se sent emporté dans un champ de conflits confus et insidieux; il cherche à prendre contact avec les troupes françaises; il se confectionne un drapeau blanc, puis un drapeau suisse qu'il a « l'intention de faire hisser en cas d'attaque ». Il se trouve enfermé dans Boussédou, « comme dans un cloître, dans une prison », démuni de vivres, victime « des promesses que l'on sait ne jamais devoir être tenues et des excuses qui ne sont que des mensonges ». Il commence à entrevoir l'issue tragique de son aventure : « Si la ville est attaquée et prise, je suis sûrement perdu... » Il se querelle avec des officiers libériens de passage, englué dans un réseau de fraternité secrète – *United brothers in friendship* – et dans leurs trafics que favorise l'insécurité, sans parvenir à obtenir une aide quelconque. C'est pour lui l'occasion de présenter une critique sévère de l'armée libérienne, alors composée de nombreux mercenaires, et de dénoncer la médiocrité de ses cadres. Les dernières pages du journal de route sont datées du jour de Pâques. Elles s'achèvent par cette phrase d'une tragique ironie pour qui connaît la suite des événements : « Il sera réjouissant plus tard, pour moi et pour d'autres, de constater dans quelle jolie société je me suis trouvé... »

En rapportant un tel cas, je ne vise pas seulement à évoquer la mémoire de l'un de ces explorateurs savants qui ont payé de leur vie une curiosité dont ils prévoyaient mal les conséquences. Je trouve là l'occasion de rappeler quels attraits et quelles réactions le Libéria a exercés et suscités peu de temps après sa naissance. Il provoque depuis plus d'un demi-siècle une curiosité à rebondissements. J'ai moi-même, lors de ma mission de 1947, souhaité entreprendre une complète traversée du domaine de la République noire. J'y étais d'autant plus incité que les deux livres du P. Lelong – *l'Afrique Noire sans les Blancs* – venaient de paraître et de renforcer les traits caricaturaux qui continuent à composer, pour l'étranger sans sympathie, l'imagerie libérienne.

On devine, à la lecture de ces récits de voyage, l'importance de l'enjeu : juger l'orientation prise par un pays noir qui, semblant échapper à tout effet de colonisation directe, se serait construit de manière autonome. Le P. Lelong n'a pas d'hésitation, s'il dispose des infinies ressources d'une ironie facile : il met en vedette au long de ses observations l'aspect de caricature du « monde civilisé ». Il se défend d'avoir cédé au parti pris, mais toute sa démarche, qui lui fait voir, par exemple, en Monrovia une « capitale pour rire », le conduit à montrer la société édifiée par les Libériens comme un montage démocratique « pour rire ». Il sépare le bon grain de l'ivraie et distingue les « pauvres diables » de ceux qui, les dominant, « n'ont conservé des Noirs que des vices déguisés à la blanc ». L'ouvrage prend en de nombreux passages l'aspect d'un morceau de bravoure.

On peut fort bien détecter en arrière-plan les tendances, parfois inconscientes, qui ont animé tous les procès faits à la société libérienne. Elle sert de prétexte à l'expression des ressentiments et désillusions provoqués par ce personnage ambigu qu'est l' « évolué ». On porte au passif de ce dernier toutes les faiblesses du Libéria; comme si cette expérience, dans ce qu'elle a de « mal venu », donnait le droit d'exprimer une condamnation absolue et définitive, d'affirmer l'excellence des civilisations immuables.

Fig. 19. – *La porteuse d'eau. Dessin sur une case de Diwobli, Libéria.*

Il est vraiment facile d'omettre ce que la tentative avait de faux dès le départ. Il ne suffisait pas de renvoyer sur les côtes de l'Afrique quelques descendants d'esclaves déportés, tentés d'y rechercher une compensation à l'infériorité longuement subie, pour que la devise soulignant les armoiries du Libéria prenne un sens non équivoque. « L'amour de la liberté nous a conduits ici. » Cet amour incitait à dominer les Noirs autochtones, scandaleux témoignages d'une « sauvagerie » dépassée. Il est surtout aussi commode qu'illusoire de trouver à propos de l'expérience libérienne des excuses, ou des justifications, aux abus de la colonisation blanche en Afrique. Tous les procès conduits à l'occasion de ce véritable test semblent pour beaucoup s'inspirer des procédés défensifs de la mauvaise conscience.

Le romancier anglais Graham Greene entreprit, il y a quelques décennies , un « voyage sans cartes » à travers le Libéria, *Journey without maps.* C'était incontestablement une épreuve qu'il s'imposait; mais laquelle? D'après ses réactions, ses écœurements ou ses frayeurs devant les invasions de la faune tropicale, on a la certitude que l'écrivain crut à la découverte des lieux où l'homme doit se sentir « étrangement libre et léger » grâce à une civilisation moins encombrée de productions matérielles. Pourtant, il se trouve vite assiégé par une nature indomptée. C'est justement après avoir évoqué les moments les plus risqués de son entreprise que Graham Greene estime avoir fait plus que franchir les frontières du dépaysement, « être allé plus loin en profondeur ». Il a réalisé ce saut « dans l'inconnu et l'insolite » pour lequel il avait, auparavant, manifesté son appréhension. Il s'abandonne à ce voyage comme à une cure psychanalytique, avec le faible espoir de recouvrer la « lointaine innocence ». Mais il ne découvre que la fragilité des établissements humains plantés sur « cette terre d'Afrique qui finissait par avoir le dernier mot ». Il prend peur devant la puissance toujours victorieuse de la nature et obtient, dans un tel choc, la guérison du mal qui l'avait rendu étranger à la « civilisation ». Il donne ainsi la clef de sa démarche. Les épreuves une fois subies, il quitte le Libéria pour se retrouver « guéri » et mieux installé dans le monde auquel il appartient.

Ayant abordé le pays avec le projet de transformer son voyage en une aventure personnelle, inspirée par l'exemple de Rimbaud et de Conrad, Graham Greene n'a jamais joué sur le pittoresque que semble mettre en scène, comme à dessein, une démocratie noire souvent dite « d'opérette ». Il sait qu'il n'y a pas discontinuité entre les apparentes fantaisies de la civilisation de la Côte et les diableries de la civilisation traditionnelle, entre les expériences que toutes deux imposent et celles par lesquelles l'homme peine à la recherche des « commencements ». Parce qu'il semblait paradoxal de demander au Libéria – pays que la paresse d'esprit considère comme celui de la facticité nègre – la confirmation d'une relative unité et d'une continuité humaines, Graham Greene a fait un tel choix.

Fig. 20 – *Personnages légendaires. Dessin sur une case de Yorke, Libéria.*

Pour lui, le Libéria est un révélateur du phénomène humain dans ses « profondeurs », comme en témoignent ses fréquentes allusions à Freud. Cette partie de l'Afrique a, en effet, plus que d'autres, exercé une fascination qui rappelle celle dont les « Iles » eurent longtemps le privilège. Le romancier anglais n'a pas suivi la voie facile qui conduit à rechercher au Libéria la caricature des sociétés noires en proie au modernisme ou, à l'inverse, l'un des derniers refuges de l'exploration et de l'aventure. Ce pays a rarement été approché pour lui-même, avec ce regard objectif du naturaliste qu'aurait voulu avoir l'infortuné Dr Volz, mais il a surtout servi de prétexte. De plus récentes « images » rapportées de Monrovia le prouvent. Ce sont celles de la romancière Christine Garnier qui, après avoir sous le nom trompeusement nègre de Doellé manifesté les passions aux prises avec l'évolution africaine, vint ensuite collectionner ici les aspects pittoresques et caricaturaux de cette même évolution. Son témoignage, comme la presque totalité des récits de voyage au Libéria, me donne l'impression de me placer devant des dessins-devinettes qui demanderaient à tout propos de « chercher le sauvage qui se cache ». Ce sont aussi les quelques images du film *Les Héros sont fatigués*, dont l'intrigue paraît artificiellement accrochée à ce morceau du continent noir. Pourquoi le Libéria?

Je n'ai pu moi-même, toujours tenté, tourner qu'aux limites de cet Etat qui provoque une si forte curiosité. Les premiers villages « étrangers », abordés au contact des frontières guinéennes dans le haut pays, ne m'ont guère donné l'illusion du passage. Je devais rester sur ma faim. Une seconde fois, en 1948, le paquebot sur lequel je me trouvais à destination de Pointe-Noire s'arrêta devant Monrovia, afin de débarquer le ministre de France qui rejoignait son poste. Le port à peine achevé était le symbole d'un nouvel âge de la société libérienne; il semblait attendre, sur l'édifice de ses cailloux neufs, la montée des grues qui auraient dû le peupler. Des hangars. Quelques bâtisses crevaient au loin la verdure. A distance, je tirais l'impression d'un décor planté là hier et les gras policiers vêtus à l'américaine, qui surveillaient le débarquement, paraissaient eux-mêmes trop neufs. Déjà Graham Greene le remarquait, après avoir noté que Freetown donne « une vision de déchéance » : « Monrovia au contraire est un commencement; certes, ce commencement n'a pas donné grand-chose... »

Une autre fois, lors d'une traversée pour les Etats-Unis, j'ai voyagé en avion avec deux ministres libériens qui se rendaient à New York. Leurs femmes les accompagnaient. Dignes et d'allures un peu désuète, effacés, trop effacés, ils retrouvaient un réflexe de défense, dans l'attente d'affronter une société capable de les écraser dans toutes les acceptions du mot. Une autre fois, à l'occasion d'une conférence internationale rassemblant quelques spécialistes des problèmes sociaux africains, la loi de l'ordre alphabétique me plaça au voisinage de la jeune déléguée libérienne. Timide, autant que gênée dans une de ces robes de cotonnade collante qui s'adaptent mal au corps de la femme noire, encore encombrée des connaissances acquises au-dehors, elle semblait étrangère à ces arguments par lesquels la science sociale cherche à se justifier en termes d'utilité. Elle se taisait...

Je viens encore de me laisser aller aux digressions. Mais mon séjour de 1947 me plaçait aux portes de ce Libéria « du dedans » que l'on disait sauvage et dangereux. Il m'attirait, bien que la région frontière française présentât les mêmes peuples, Guèrzé, Manon et Toma. Ces derniers apparaissent, en même temps, comme bourreaux et victimes dans le jeu de conquêtes, de rapines et de trocs esclavagistes qui avait eu son centre en cette zone aux multiples ouvertures. Ce sont eux d'ailleurs qui, par une action guerrière imprévue, restée dans les souvenirs sous le nom de « révolte Guèrzé », imposèrent une intervention militaire d'août 1911 à mars 1912. Je retrouve, en consultant mes notes d'archives, des extraits de comptes rendus où figurent les phrases mêmes de certains communiqués des dernières campagnes indochinoises et nord-africaines : « Lutte continuelle dans la brousse, contre un adversaire extrêmement mobile et qui ne peut être surpris que par des marches de nuit ou par des reconnaissances suivant de véritables sentiers de chèvres... » Si la révolte du faible n'a guère varié dans sa tactique, nous nous sommes pervertis au point de ne plus vouloir reconnaître à celui-ci la qualité d'« adversaire » qu'à cette époque nous ne lui contestions pas.

De cette lointaine violence, il semble ne plus être resté qu'un dynamisme culturel certain et, des anciens combats pour les richesses, qu'une activité d'échange se manifestant aujourd'hui par l'importance des marchés. Dès mon accès à la région forestière, je suis frappé par l'agitation que canalisent les routes et les pistes, par ces jalons que constituent les feux d'étape et les abris provisoires montés en feuillage. Longues caravanes des femmes qui portent sur la tête, dans un panier plat de vannerie, de lourdes charges enserrées par un filet à larges mailles. Des centaines de femmes. Quelques-unes d'entre elles, prises dans les cotonnades à ramages colorés, composent des figures que j'assimile à des réminiscences d'art moderne. Mais la plupart sont recouvertes, dos, poitrine et visage, de la parure de kaolin, coquetterie à efficacité magique, qui leur donne une allure de Pierrot d'au-delà : collants semblables à une fine étoffe sur des corps tôt vieillis, loups blanchâtres où perce le regard, fines rayures soulignant le modelé des traits et figeant le visage dans une sorte d'immobilité minérale. Elles se saluent en dressant la charge à bout de bras, s'interpellent. Ces chemins maintenant pacifiques, s'ils les conduisent à des marchés nombreux et actifs, sont aussi ceux de leur liberté toute neuve.

Jamais je n'ai eu autant de joie qu'en me mêlant à la foule des marchés africains, en me laissant envahir par les couleurs, les odeurs et le bruit confus qui monte d'interminables tractations. Marché de Boola, chaque jeudi sur la grande place, où campent les forgerons qui confectionnent, à la vue d'un public rassuré sur la bonne façon, *daba*, machettes, couteaux, haches à inciser les palmiers et égreneuses à coton; ignames et manioc, fruits et noix de cola s'y entassent; les estagnons s'alignent auprès des énormes calebasses à étroite ouverture contenant l'huile rouge des palmiers; les étoffes provocantes s'y déploient parmi les nattes de vieux style. Marché de Lola, plus « forestier » dans ses étalages, qui attire du Libéria voisin les paysannes peu soucieuses des frontières; il offre ces poteries où les mains trouvent voluptueusement leur place, le coton sous toutes ses formes – en balles, en filés, en longues bandes toutes blanches ou rayées de bleu – et, parmi les étoffes ou la pacotille, une multitude d'objets de raphia, sacoches, porte-monnaie, bonnets de police, semblables à ceux dont s'ornent nos panoplies de Noël... Marché de Nzo, c'est-à-dire de poste-frontière, où dominent plus que les produits de l'industrie africaine les pacotilles d'importation et, plus tentantes, celles de contrebande...

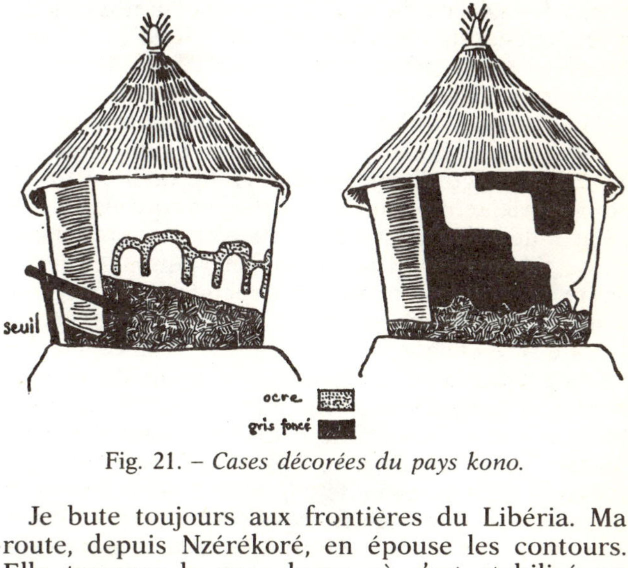

Fig. 21. – *Cases décorées du pays kono.*

Je bute toujours aux frontières du Libéria. Ma route, depuis Nzérékoré, en épouse les contours. Elle traverse le pays kono où s'est stabilisé un important groupement, proche de l'ethnie guèrzé par maints caractères. Les villages sont assez fréquents, peuplés de cases rondes que des « dents » tirées du palmier-ban hérissent en leur faîte et qu'orne sur le mur extérieur une géométrie sacrée d'ocre, de noir, de gris et de blanc. Chacun d'eux a une personnalité. Je tente de la déceler à travers les dénominations et les légendes de fondation. Village du malpropre, village du « radin », village de la faim, village de Pini-la-guerrière, village de ceux qui refusent l'escargot... Aux origines se retrouve toujours, à travers le rappel des migrations et des épreuves guerrières, un créateur de confiance et d'ordre, un homme fort au combat autant qu'allié au surnaturel.

Voici. Swolapakiré, fondateur du centre de Lola, et son père, avaient le don d'ubiquité qui leur assurait la victoire au combat. Ils détenaient aussi le pouvoir de maîtriser un enfer de flammes destiné à tromper l'ennemi – si bien qu'à leur commandement, des gerbes de feu, comparables à nos tirs de barrage, descendaient des versants de la montagne et isolaient le village sans le toucher. Manzaga, créateur de Pora, et son fils reçurent un don de même nature; l'un se transformait en enfant ou en épervier afin de duper l'ennemi; l'autre tuait à distance et commandait au soleil qu'il avait le pouvoir de tenir dans sa main. Gba, qui établit le village de Gbangborossou, trouvait en son étonnante pilosité et en sa crasse une puissance terrifiante; il impressionnait ses dépendants en faisant confirmer ses ordres par la « voix » d'une vallée voisine que chacun savait inhabitée. Pakiré, fondateur de Guéguépo, avait un tel pouvoir de guérisseur qu'il apparaissait comme le plus grand des guerriers dans la bataille contre les forces malfaisantes; il retenait dans son voisinage tous ceux qui voulaient fuir la maladie.

Ma route est semée de ces villages ayant encore la mémoire de leurs traditions. Ils restent le fond de scène sur lequel continuent à se dessiner des gestes très anciens. Des hommes, dans une ronde, s'affairent en chantant pour piétiner la terre de termitière composant la pâte souple qui couvrira le clayonnage des cases. Des femmes, d'un geste lent, fignolent la construction en l'enduisant d'un crépi de terre noire des rivières et de bouse de vache. Devant un seuil, de jeunes hommes se saluent, se serrant longuement les mains et faisant ensuite claquer leurs doigts; assis sur le pas de la porte, des vieux se reposent, genoux ramenés contre la poitrine; ils chassent les insectes d'un coup de la queue de vache, insigne de leur prééminence. Sous la véranda de sa grande case, un chef trône, étendu dans une sorte de chaise longue en raphia tressé, cependant qu'un adolescent prend ses ordres, agenouillé à distance respectueuse. Des enfants s'enfuient, tirant de grandes bouffées d'une cigarette et leurs mères, pour l'instant abandonnées à la paresse, assises à même le sol sur leur jambe gauche, la droite repliée, rient en les regardant. Un groupe d'hommes se prépare au repas; chacun se lave les mains en inclinant doucement la calebasse d'eau, puis va se disposer à croupetons aux abords du plat; chacun puise avec la main et introduit la boulette de nourriture très profondément dans la bouche, se léchant la main, en gourmet qui apprécie et déguste après chaque bouchée. Un manœuvre rentre d'un chantier voisin, sa « journée » finie; il se débarrasse de la poussière amassée en tapant sur ses vêtements avec une branche de feuillage. Quelques jeunes gens débroussent une nouvelle piste, avancent d'un mouvement régulier, et leur chant qui rythme l'effort fait songer à quelque chorégraphie de nos ballets exotiques; on croirait un travail simulé, une pantomime réaliste, et l'on cherche les spectateurs.

Mes carnets foisonnent de ces notations prises au vol. Sont-elles, comme il pourrait paraître, les miettes de la recherche ethnologique? On n'exagère pas la signification de tels gestes, de telles attitudes, en les reliant à une ample philosophie vécue presque quotidiennement. Ils créent le style de chaque paysage humain. C'est par eux, plus que par les manifestations matérielles singulièrement fragiles dans le monde négro-africain, que les civilisations s'expriment comme par un langage. Si l'on essaie de concevoir leur rôle dans des groupes sociaux sans archives, parce que sans systèmes d'écriture et sans monuments durables, on s'aperçoit qu'ils sont pour une part la mémoire de ces sociétés. Ils marquent l'homme dès sa première enfance. Ils assurent une continuité. Ils restent toujours, pour les individus dépaysés, des signes conventionnels chargés d'évoquer un héritage commun. Cet humble tissu de la vie quotidienne a tenu malgré les déchirures qu'ont faites les anciennes guerres tribales et les conquêtes coloniales. Il est un peu ce drapeau des civilisations qu'aucune défaite ne saurait totalement détruire.

Cette expédition de chasse, rencontrée aux marges de la forêt, à quelle distance dans le passé me reporte-t-elle? La seule note « moderne » consiste en quelques longs fusils à pierre, parés sur leur crosse à la manière des arcs, chargés d'une mitraille où les fragments de fil de fer remplacent le plomb. Sinon, les hommes, portant tous le couteau gainé de cuir qui se fixe au cou ou sous le bras, sont armés de l'arc, de la massue à tête renflée, du coupe-coupe. Certains tiennent avec une laisse de rotin des chiens maigres, plus étonnants encore par leur mutisme que par leur pelage roussi et sale. Des enfants suivent, chargés du sac de fibres empli du manioc bouilli destiné aux chiens; il leur bat les épaules, accroché au mince bandeau frontal. L'armement correspond à d'anciennes spécialisations. Le fusil de traite est destiné à frapper les gazelles et les buffles; le bâton, à atteindre les petits animaux comme le délicieux rat de savane; l'arc, à blesser à mort les « biches » en enduisant la pointe des flèches d'un poison extrait de la sève d'un arbre nommé *dogo*.

L'expédition mobilise tous les hommes du village de Bakoré. Elle se prépare à mettre à sac un large pan de la brousse comprise entre la route et l'orée de la forêt. J'assiste à l'organisation d'un véritable dispositif de combat; il est parfaitement réglé et chaque poste se trouve occupé dans un silence d'avant bataille. Quelques guetteurs se postent aux abords de la route, cependant que leur réseau se resserre le long de la forêt, vers les points de fuite présumés. Les hommes se dissimulent avec un art parfait du camouflage. Je ne les aperçois que par accident, en arrivant sur eux, et cette confusion avec la nature, grâce à un habillement de branchages, en même temps que la tension du guet, leur donne un aspect inquiétant. Il semble que des forces élémentaires, trop longtemps contenues, soient maintenant au seuil de la détente.

La brousse est sèche, toute bruissante sous le soleil. Un vent à peine sensible ne contrevient pas à l'entreprise. On devine quelques fuites à travers les herbes. Le chef de chasse donne le signal de l'incendie. On allume les foyers le long de la route; le feu court en crépitant, fait un détour, semble hésiter. Puis l'incendie, d'un coup, prend une ampleur extraordinaire. De hautes flammes rougeoyantes montent en libérant des nuages de fumerons et une âcre fumée qui obscurcissent le ciel; elles ronflent; elles vont à la rencontre les unes des autres, laissant derrière elles une fine cendre et des chaumes calcinés. La chaleur est difficilement supportable. L'assaut des flammes s'intensifie, et j'ai moi-même le sentiment d'être pris au piège du feu. Mais celui-ci progresse selon un ordre voulu, avec une impitoyable rigueur. Au-dessus de la savane, des rapaces tournent sans fin, venus disputer aux hommes quelques-unes des menues proies. Une buse ajuste son vol, fonce, puis repart en emportant un lézard saisi au milieu de la débandade.

Des coups de fusil partent. Quelques chiens engagent une poursuite en faisant tinter leur petit grelot de cou, frôlent les flammes, disparaissent. Hommes et enfants s'agitent, tirent, fouillent les moindres recoins où les petits animaux gisent comme des épaves; ils surveillent les pièges – de hautes claies faites de branches qui dissimulent les collets derrière leurs ouvertures – disposés entre déval et rivière. Il n'y a pas d'issue pour le gibier effrayé. Le ratissage se poursuit, d'une minutie sans oubli, n'abandonnant rien de ce qui peut être consommé. L'épaisse fumée se dissipe lentement, l'incendie baisse.

Les hommes commencent à se rassembler aux abords de la forêt où s'entassent les prises. Celles qu'ils ont abattues avec des flèches empoisonnées sont déjà vidées de leurs viscères. Les tripes sont accrochées en sinistres guirlandes aux basses branches. Sur un feu de bois, une gazelle grésille : un premier flambage, puis l'animal est vidé, partagé selon des règles très strictes. Les couteaux et les coupe-coupe étripent, dépècent; ces mêmes couteaux que, dans un ballet à émotions, des danseurs venus de la forêt se jetaient, les faisant alterner avec le lancer de jeunes enfants, devant les terrasses des cafés de Conakry. Il monte une odeur de cendre chaude, d'herbes mal brûlées, de sang, et celle, fade, des petits tas de viscères tièdes. Les hommes sont exaltés; leur faim de viande si près d'être apaisée les grise – plus que le vin de palme.

Il ne reste maintenant qu'une vaste plaine recuite, où les dernières fumées se contorsionnent en figures de fantaisie. Le feu s'est arrêté sur chacun des points où l'on avait prévu de le tuer; la maîtrise n'a point failli; je pense à ces « hommes du feu » qui, de la forêt aux savanes du Soudan, dans une sorte d'exercice de foire, se roulent sur les braises brûlantes, se caressent le visage avec les tisons rougeoyants et croquent ceux-ci comme s'il s'agissait d'une confiserie de sucre rouge. Le soir tombe, rendant plus intenses les odeurs d'après l'incendie. La bande des chasseurs, bruyante, reprend alors la direction de Bakoré.

Si la forêt avec sa frange de savanes, et la rivière, sont au centre des activités économiques, elles demeurent aussi au cœur de la vie religieuse. Elles sont les supports du sacré – tel ce ruisseau, le Zié, charriant les eaux légendaires et les poissons interdits qui établissent la relation avec les ancêtres.

Elles sont, en même temps, les refuges secrets du sacré. A leur contact se trouvent, ou se renforcent, puissance et fécondité. L'association des hommes porteurs des masques reste liée à la forêt. Les rituels d'excision impliquent d'une certaine manière le voisinage des eaux.

En ces premiers jours d'avril, la fille du chef du village de Kéoulenta, demandant à être excisée, a déclenché des mécanismes rituels qui se trouvaient au repos depuis plusieurs années. Ce signal était attendu avec impatience par ses compagnes. Elles souhaitaient cette épreuve qui doit *socialement* les transformer en femmes et leur apporter le deuxième nom qui, consacrant leur état d'adulte, sera celui de l'existence quotidienne. Une « griote », sorte de chambrière et de louangeuse, a paré la jeune fille et lui a, pour la première fois, tressé la chevelure à la manière des femmes. Nyanlè parade dans ses vêtements de cotonnade neuve, avec des gestes associant une vanité naïvement satisfaite à un port d'une grâce incontestable. Elle se trouve au centre de la danse (*kourouba*), prélude public aux cérémonies secrètes qu'exigent l'excision et l'initiation associée à cette dernière.

La danse et les festivités gastronomiques entraînent une large participation de la communauté. Elles permettent, par le jeu d'invitations multiples, de renforcer les amitiés. Liens sociaux et relations de bon voisinage retrouvent dans l'allégresse une nouvelle vigueur. Ainsi en advenait-il à ces fêtes campagnardes, dominant les obligations religieuses, qui caractérisaient les premières communions dans les villages de ma province natale et pendant lesquelles les familles apaisaient d'anciennes querelles. Il semble qu'en ces moments privilégiés où les adultes accueillent, grâce à un rituel particulier, une nouvelle génération, les hommes soient conduits à refaire provisoirement une unité dégradée.

Dans la cour du chef La, ornée pour la circonstance, la danse se poursuit jusqu'aux dernières heures de la nuit. Elle reprendra tant que les jeunes filles n'auront pas rejoint le lieu de leur retraite. Des instrumentistes, venus de villages voisins, ont loué leurs services et obtenu une rétribution de poulets et de riz. Ils se dressent, infatigables, au centre de l'espace libre. L'un bat *konbara*, tambour cylindrique à peau tendue sur chacune de ses extrémités, orné de lanières de cuir, porté sur l'épaule droite grâce à une bande de coton. L'autre frappe *baralon*, tenu au cou par une cordelette; c'est un « tam-tam » en forme de longue coupe prise dans une résille de cuir, et à pied de bois, que l'on attaque des deux mains. Un troisième s'est mis en bandoulière un estagnon vide, sur lequel il joue avec deux bâtonnets. Cet instrument de fortune échappant aux règles traditionnelles lui laisse la liberté d'improvisation; il tient le rôle du batteur qui impose ses variantes sur les rythmes prescrits.

Dans le mouvement de la danse chacun agite une branche de feuillage, comme si le bosquet sacré où les femmes tiennent leurs réunions privées s'était transplanté sur la place publique. On abandonnera ce rameau sur les toitures des cases environnantes lors des temps de repos et quand toute réjouissance aura cessé. Nyanlè, accompagnée de sa « griote » qui vient de mettre la dernière main à sa parure, entre dans le cercle. L'agitation redouble, confondant chants et danses, renforçant le bruissement des feuilles brandies au-dessus des têtes. Le lieu même de l'initiation est fictivement recréé, et à l'occasion de ce simulacre, la jeune fille éprouve une solidarité et reçoit un enseignement préparatoire qui lui resteront des souvenirs précieux au moment de son isolement.

La souffrance à supporter est en quelque sorte domestiquée, partagée, transformée à la faveur d'une telle communion préalable. Un chant en langue archaïque, construit sur trois brefs fragments repris à trois parties, évoque d'une manière monotone le thème de la douleur.

Zo mu zo / awè zo é / é wein wein zo

La répétition semble ne devoir jamais finir. Elle s'impose avec une puissance insidieuse qui renforce l'effet physique d'une chorégraphie elle-même interminable et sans diversité. Je ne peux douter qu'une telle pratique ne soit à la longue efficace; une véritable préparation opératoire qui fait perdre à la clitoridectomie son caractère effrayant. Nous venons de retrouver des procédés équivalents grâce au traitement psychologique et à la gymnastique qui préludent à l'accouchement sans douleur. S'il est un progrès possible en matière de maîtrise et d'utilisation du corps, c'est auprès des civilisations les moins aidées par les instruments dus à l'imagination et au savoir-faire technique qu'il nous faut en découvrir le secret. Cela devrait nous inciter à moins de présomption, en nous montrant que nous n'avons prospecté – et avec quel inquiétant succès! – qu'un secteur limité des activités humaines. Des manipulations, des thérapeutiques aux détours et aux effets insoupçonnés, nous sont proposées par des hommes trop commodément renvoyés au rayon de la sauvagerie parce que leurs mains restent vides d'outils complexes et leur ciel non embrumé par la fumée des usines.

Durant les manifestations précédant la séance d'excision, les chants de « mise en condition » jouent un rôle cardinal. Ils sont trois et ont un caractère obligatoire en raison du symbolisme féminin propre à ce nombre. Le premier, je viens de le rappeler, évoque sans fin le thème de la souffrance. Le second, d'apparence ésotérique, met en scène derrière un nom trompeur : celui de l'oiseau-*mwoni*, le seul homme qui en qualité de prêtre-médecin (*zogoumou*) participera à la totalité des opérations et du cérémonial. Le chant part sur un cri d'appel et la réponse de « l'oiseau » :

– *Mwoni weu!*
– *E dé*

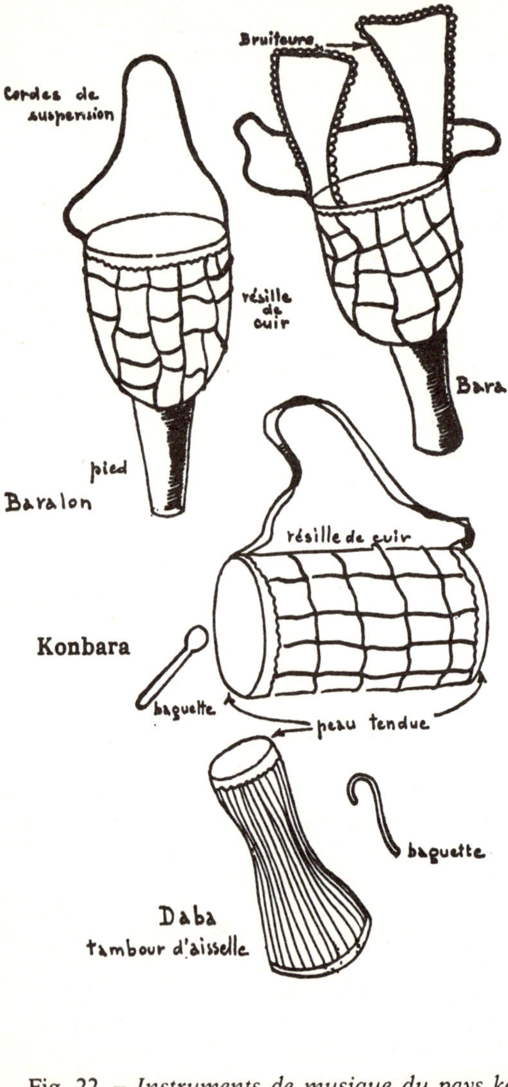

Fig. 22. – *Instruments de musique du pays kono.*

Il se poursuit sur le simulacre d'un congé donné à ce personnage inquiétant :

> « Retourne-t'en.
> Reste où tu demeures.
> Peux-tu m'expliquer
> comment mon cœur et mon ventre
> connaîtront la paix ? »

L'allusion finale concerne la réglementation qu'impose l'initiation, outre sa valeur formatrice générale, dans le domaine des relations sexuelles. Le phénomène se comprend d'autant mieux que ces réunions préalables permettent aux groupements familiaux de poursuivre des règlements de dots ou de conclure de nouveaux accords matrimoniaux. La cérémonie polarise les forces collectives, réanime les circuits d'échange, réactive les obligations réciproques – si bien que les invités ne viennent jamais sans un chargement de cadeaux, moutons, poulets, riz, huile rouge, argent ou noix de cola soigneusement serrées dans de petits paquets de feuillage.

Le troisième chant comporte une signification encore moins directe que celle des précédents :

> « Moi et toi,
> tous deux,
> nous sommes égaux,
> oui, nous sommes égaux.
>
> Qu'est-ce qu'on ne doit pas faire ?
> Tous les hommes sont égaux.
> Que ne doit-on pas faire ? »

J'obtiens avec peine un commentaire satisfaisant de ce texte. Son véritable sens se situe au-delà des apparences. De quelle égalité s'agit-il, et entre qui ? Egalité dans la soumission à une tradition qui, après avoir été interdite pour ses risques physiques, reparaît avec une vigueur et à des fins nouvelles.

Egalité devant la douleur et une action chirurgicale dont on sait qu'elle ne va pas sans danger. Egalité de la génération actuelle avec les précédentes, car elle aborde l'épreuve avec un pareil courage. Egalité devant la mort. Mes commentateurs me suggèrent toutes ces interprétations, mais sans les garantir.

La danse se poursuit, inlassablement, assez souvent dissociée du chant. Elle sert de prétexte à une évasion hors des mouvements imposés, comme si l'un des participants voulait soudain rendre publiques les émotions montant en lui, s'exprimer par le plus éloquent des langages que connaisse l'Africain. Il n'y a pas d'acte important qui ne possède dans le monde noir sa chorégraphie propre. La danse reste le moyen d'expression préféré du lyrisme et le plus solennel des moyens de communication avec les puissants ou les puissances qui régissent l'action humaine. Elle prend place dans cette gesticulation chargée de sens dont j'ai déjà rappelé les fonctions. Et je me plais à découvrir aujourd'hui, relisant le livre de Richard Wright intitulé *Puissance noire*, une notation semblable :

« Il y a chez (l'Africain) un lyrisme latent qui tend à s'exprimer par le mouvement, et chaque geste alors, chaque attitude du corps prend une signification particulière qui s'inscrit à l'intérieur d'un discours dont je ne saisissais que quelques bribes... »

Je me trouve également en face d'une chorégraphie ne livrant que des bribes parmi la multiplicité de ses sens.

La nuit s'avance, mais elle est comme abolie par cette agitation, ces battements de tambour interminables. Tous les points de repère temporels s'évanouissent. A certains moments, tout semble s'affaisser. Des danseurs ont déposé la branche de feuillage qui prolongeait leurs mouvements; ils paraissent usés par l'effort. L'accompagnement de l'orchestre s'assourdit. Et soudain, la danse rebondit dans un éclair de vitalité neuve...

Dès que cesse cette ouverture publique du rituel,

on conduit les candidates à l'excision au lieu de leur retraite : une case construite dans l'un des champs du chef La, près d'un ruisseau, entourée d'une haute clôture en feuilles de palmier raphia, avec une seule issue orientée vers la brousse. C'est en cet espace sacré, devenu le pôle féminin de la société, que les jeunes filles resteront recluses pendant près de six mois.

Quelques parents ont taillé à la machette un chemin d'accès. Sur son axe s'échelonnent des emplacements dressant autant de barrages aux communications rituellement dangereuses : tout d'abord, les foyers où des femmes prépareront les repas des initiées; plus loin, l'espace où la nourriture sera répartie entre elles et qui constitue une sorte de « parloir »; enfin, à bonne distance, le bâtiment provisoire dans lequel les jeunes filles résideront, avec pour tout équipement une natte de sol et une couverture, et dans lequel elles recevront l'enseignement prescrit. Là règnent Gonouné, imposante matrone entourée de ses disciples déjà initiées, et Sougoula, homme dont la famille reste de père en fils maîtresse des thérapeutiques indispensables à l'excision.

Fig. 23. – *Couteau* bounga *d'exciseuse.*

Gonouné fit, en secret, confectionner par le forgeron du village le rasoir grossier (*bounga*) qui sert à réaliser la clitoridectomie. Elle a obtenu, par des offrandes et sacrifices accomplis sur la tombe de sa mère, la garantie que l'opération se réaliserait normalement, avec l'accord de toutes les puissances mises en cause. Elle contrôle, grâce à la connivence de celles-ci, toute la vie biologique de la femme : l'excision, qui renforce et socialise la féminité, les pratiques concernant la fécondité et l'accouchement. Elle impose, puis règle, les épreuves physiques qui manifesteront que la jeune fille est devenue, corporellement et moralement, une femme accomplie. Pour les affronter, Nyanlè se trouve dans une situation privilégiée : une servante de confiance l'accompagne dans sa réclusion afin d'exercer une constante surveillance sur sa santé et de lui donner les soins indispensables.

Le film ethnographique met notre sensibilité à rude épreuve lorsqu'il saisit, parfois avec l'appui de la couleur, ces scènes qui éveillent en nous moins des sentiments troubles qu'une réelle horreur; nous avons tendance à y voir une espèce de « boucherie » humaine; mais pourquoi croirions-nous notre sensibilité peu préparée à un tel traitement du corps humain? Nous devons plutôt nous demander quelles raisons maintiennent cette tradition, impérieuses au point de pousser les « victimes » à exiger un si redoutable choc. Les retraites d'excision accentuent manifestement, pendant toute leur durée, la valeur reconnue à l'élément féminin de la société. Les masques de la société d'hommes, véritables incarnations de la masculinité, ont l'interdiction absolue de sortir durant cette période. Un cas d'infraction, survenu dans le village Nion du canton de Bossou, entraîna la mort du coupable. Les rituels d'excision imposent donc, de façon périodique, un relatif effacement des hommes, tout contraire aux relations que révèle la vie quotidienne. Ils renforcent la cohésion de l'ensemble des femmes et entraînent un meilleur équilibre dans les rapports entre sexes. Réplique à l'initiation masculine, cette initiation féminine caractérise d'ailleurs nombre de civilisations traditionnelles du monde noir.

Néanmoins, des raisons plus personnelles incitent les jeunes filles à subir ces souffrances et ces contraintes. Si elle a le souci sincère de se conformer à des obligations anciennes, la jeune fille kono voit surtout dans l'excision le moyen de se faire reconnaître par tous comme membre « de plein exercice » de la communauté. Elle s'émancipe de l'enfance, sans les expédients par quoi les jeunes gens de nos sociétés essayent d'arracher cette reconnaissance de leur état adulte, qu'on leur concède seulement du bout des lèvres.

L'initiation régit d'abord les rapports entre sexes. Une période de liberté la précède, durant laquelle la jeune fille se complaît aux intrigues amoureuses et recherche les succès dus aux seuls jeux de la coquetterie. L'initiation définit les relations qui doivent s'établir entre époux. Puis, les impulsions sexuelles ayant été disciplinées, suit généralement le mariage qui satisfait toutes les aspirations à la fécondité. Les expériences honteuses, les enseignements hasardeux ni les rencontres de fortune n'accompagnent ici la naissance à la vie sexuelle : le développement des instincts se soumet au contraire à un plan dont on ne peut contester l'efficacité. L'enclos d'initiation apparaît aussi comme une école où s'acquiert le sens des devoirs et des droits, où les comportements obligatoires reçoivent leur « explication ». Ces établissements rappellent, à cet égard, nos institutions pour jeunes filles : des solidarités s'y créent, des souvenirs s'y accumulent, dispersés ensuite selon les aléas de l'existence. De telles remarques, certes disparates, doivent pourtant corriger l'impression de sauvagerie gratuite que suscitent communément ces usages.

Six mois plus tard, commençant à idéaliser cette retraite qui finira par lui apparaître comme une période de « vacances » plutôt heureuse, Nyanlè se trouvera de nouveau au centre des festivités collectives organisées pour célébrer le retour des excisées.

La suite de mes recherches en pays kono confirma, notamment avec la découverte de l'initiation masculine au rituel du *Poro* et au savoir requis pour le port des masques sacrés, cette impression de renouveau, peut-être provisoire, des traditions fondamentales. Au-delà du cri : *nyon ki ékoulo ké pèréka* – « le masque est sorti pour divertir » – et des pantomimes conduites à ma demande, je découvris une activité moins banalisée, moins proche des parades qui répondent aux exigences officielles les jours de 14 juillet. La tradition est reprise par de jeunes mains, pour des fins où les préoccupations politiques jouent un rôle, et de premier plan, que ne pouvaient soupçonner les anciens animateurs de la chorégraphie sacrée. N'est-ce pas là, avec cette exaltation du rouge qu'impose le jeu des masques, sa dernière flambée?

IV

ARTS PERDUS

Je hais les objets, surtout ceux que l'on regarde comme le produit des arts, exilés des relations humaines qui leur donnaient une pleine signification; les objets en vitrine, aussi impuissants devant les visiteurs que les morts devant les foules de la Toussaint. Les uns et les autres sont sans défense : nous avons alors l'infinie possibilité de les considérer et de les traiter à notre guise. Ils deviennent des prétextes.

Nous sommes habitués à une civilisation où les créations matérielles se multiplient et se diversifient sans fin, imposent leur présence toujours plus contraignante et les formes les plus efficaces d'aliénation que l'homme ait jamais subies. Il ne paraît guère de journal qui ne nous rappelle l'esclavage où nous tiennent nos machines et les richesses que ces dernières fabriquent pour attiser nos convoitises. Nous annonçons une civilisation du travail, mais nous pressentons que nos servitudes se renforcent quand s'amplifie l'invasion de nos sociétés par les produits de ce travail. Nous avons, sans en prendre une claire conscience, un compte à régler avec les objets de l'industrie humaine, dans la mesure même où nous n'avons pas su aménager des rapports sociaux justement adaptés à leur irruption massive.

Cette revanche sur les objets, nous sommes tentés de l'obtenir au détriment de ceux qui sont exposés pour assurer notre éducation et nourrir notre contemplation. Les objets, dépaysés à travers l'espace ou les siècles, séparés de leur environnement humain, gardent une absolue passivité. Et nous nous sentons d'autant plus libres vis-à-vis d'eux qu'ils sont plus « éloignés » de nous. Nous les chargeons de significations qui nous satisfont à bon marché; ils deviennent symboles de sauvagerie, images de perfection artisanale ou prétextes à libération intérieure.

Ainsi en a-t-il été avec la collecte des « curiosités » qui lancèrent l'art nègre. Ne reste-t-il pas significatif que leur découverte, aux environs de la Première Guerre mondiale, coïncide avec une crise révélatrice des carences de cette civilisation qui se veut à la fois industrielle et libérale, avec la montée de la révolution soviétique? A quels buts visait-elle, cette prétendue audace du goût qui, selon le mot de Guillaume Apollinaire, s'acharnait « à considérer les idoles nègres comme de véritables œuvres d'art »? Quels motifs poussaient les jeunes surréalistes à dérober les masques et les « fétiches » dans le tohu-bohu du vieux conservatoire ethnographique du Trocadéro? Il s'agissait avant tout de s'emparer des symboles de la subversion absolue, d'aller à l'encontre d'une civilisation mise en accusation, de transformer les objets en instruments de libération après avoir subi toutes les contraintes qu'ils ont imposées directement ou véhiculées. Les masques, statuettes et oripeaux tirés des réserves poussiéreuses des musées, soumis aux lumières des expositions, brandis comme les emblèmes du scandale, devenaient, en ayant perdu leur raison d'être et leur sens indigène, créateurs de liberté. Tout était permis à leur égard car on ne savait rien d'eux, rien des hommes qui les avaient façonnés et manipulés. Le simple fait de leur irruption avait une valeur subversive et les littérateurs européens, qui imposèrent l'art nègre, recouraient à ce dernier comme à une nouvelle arme de guerre intérieure. On se rappelle la boutade prêtée à Pablo Picasso : « L'art nègre?

Connais pas! » En fait, chacun découvrait une nouvelle utilisation des objets rapportés en vrac par les coloniaux; elle n'avait rien à voir avec les conceptions esthétiques des Noirs africains.

Observons bien à quels débats donna lieu cet art jusqu'à l'époque actuelle. Nous verrons comment les « pièces » qui le composent ont justifié des argumentations contradictoires que n'explique pas le seul effet de malentendu souligné par l'essayiste Alioune Diop : « Il n'y a pas interpénétration entre la conscience de l'artiste et celle du public européen. L'objet seul les relie – accidentellement. »

En ce début du siècle, issu d'une protestation concernant notre société, l'art nègre était lancé comme un cri de refus. Depuis le début des années 50, devenu le symbole fragile des traditions qui se dégradent, il tend à se transformer en instrument de la pensée conservatrice. Les créations de certains intellectuels africains mettent en lumière cette manipulation nouvelle. Cheikh Anta Diop, démonstrateur passionné des origines nègres de *la* civilisation, ne craint cependant rien tant qu'une idéalisation du passé, à partir des chefs-d'œuvre anciens, qui détournerait des tâches présentes. Le prétexte de l'art cache désormais, sous l'exaltation des valeurs traditionnelles, le goût des sociétés « figées ». Suivant un mouvement bien compréhensible, le « fétiche » nègre a permis une première conquête – le droit pour les cultures africaines d'être reconnues en tant que civilisations – mais dans un second temps il est devenu le symbole de tous les obstacles au progrès. Si le comportement du Noir à l'égard des œuvres du passé n'est jamais innocent, celui de l'Européen l'est encore bien moins, car il a donné l'exemple de la tricherie.

Par une sorte d'animisme aberrant, je peux difficilement m'empêcher d'en vouloir aux objets de leur passivité, de leur complaisance. La liberté que prend l'étranger vis-à-vis d'eux est aussi une liberté prise vis-à-vis des hommes, leurs artisans et utilisateurs. Pour cette raison, je les supporte mal, les voyant englués dans cette relation qui les transforme en complices impuissants.

A l'occasion d'un court séjour dans une section du Musée de l'Homme, juste avant mon départ pour l'Afrique, j'eus l'occasion d'éprouver ma réticence, presque une répulsion, devant ces collections rassemblées au prix de multiples difficultés afin de composer une image des civilisations exotiques. Par un effet d'anticipation, elles m'y paraissaient déjà mortes. Je ne supportais pas de les voir tout entières contenues, comme dans un *digest*, à l'intérieur de quelques vitrines organisées avec un louable souci pédagogique. Leur moindre richesse matérielle, rendue ici plus apparente, ne pouvait que s'affirmer au détriment de leurs richesses immatérielles. Et je me demandais si nous accepterions qu'une image globale de la civilisation française fût présentée à des regards étrangers dans des vitrines habilement composées. L'équilibre sera pourtant rétabli lorsque les peuples exotiques auront constitué notre ethnographie et exprimé, par des musées, leur représentation de nos sociétés et de nos cultures. Néanmoins, il restera toujours quelque chose d'inquiétant dans ces « expositions » d'humanités étrangères; cette fixité, cette composition qui semble définitive et laisse échapper l'insaisissable, à mes yeux l'essentiel : les changements divers par lesquels une civilisation manifeste sa vitalité et son histoire. Quiconque a vu les tentatives du musée de New York, ou du novateur musée de Neuchâtel, pour donner une voix aux vitrines, a davantage encore ressenti cette gêne, impossible à éluder et si envahissante dans mon propre cas, devant la passivité des objets mis en montre.

Je m'étais imposé, avant de me rendre sur le terrain de ma première enquête, l'humilité devant ces produits qui restent les matériaux de la recherche ethnographique. Je m'astreignais à rédiger selon les normes ces sortes de cartes d'identité qui accompagnent chacun d'entre eux. Je classais. Et j'ai encore le souvenir très exact des efforts entrepris pour venir à bout d'une collection de haches – utilitaires, rituelles et de parade – qui me semblait inépuisable. Toute individualité et signification profonde des objets me paraissait se diluer dans cet effort de recensement minutieux, comme les caractéristiques les plus personnelles s'abolissent dans les inventaires d'identité de la police. Au cours de cette entreprise, je ne parvenais pas à saisir les

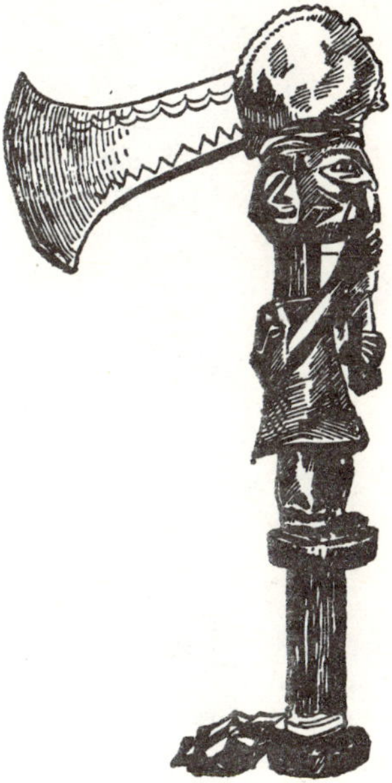

Fig. 24. – *Hache de commandement en fer forgé, Nigeria.*

hommes qui créèrent ces outils ou ces œuvres ayant une valeur artistique. Plus je m'attachais à ceux-ci, plus ceux-là se dérobaient comme derrière un écran.

J'abordai l'Afrique avec la résolution de ne pas me laisser prendre au piège des objets. Je restais sur mes gardes. Je ne voulais ni me précipiter sur ce qui est immédiatement saisissable, les manifestations matérielles des civilisations noires, ni participer à une entreprise de dépossession dont les

Africains commencent à nous demander les comptes.

C'est en pays kono, en cette partie de la Guinée forestière présentée au cours du précédent chapitre, que je pus saisir dans leur contexte actuel les œuvres de l'art nègre. Je me trouvais depuis quelques jours au campement du mont Nimba, lorsqu'un jeune homme d'un village voisin vint me

Fig. 25. – *Bâton de commandement, Angola.*

trouver à la nuit tombante. Il exigea de me voir en privé, parlant avec cette exaltation que donne souvent au Noir le goût du secret. Nous nous retirâmes dans une des pièces de la grande case et mon interlocuteur eut soin de vérifier, menant un remarquable jeu de pantomime, que notre entretien avait lieu sans témoin. Il prit un ton solennel pour me dire :

« Tais-toi, c'est dangereux, et regarde! »

Puis il ajouta :

« Je t'apporte *Nyon Néa.* »

D'une vieille veste déchirée, en paquet sous son bras, il sortit un masque enveloppé dans un morceau d'étoffe de raphia. Les traits conventionnels, que je devais apprendre à reconnaître par la suite, étaient respectés : longue face oblongue dont les stries parallèles accusent le contour; yeux étirés,

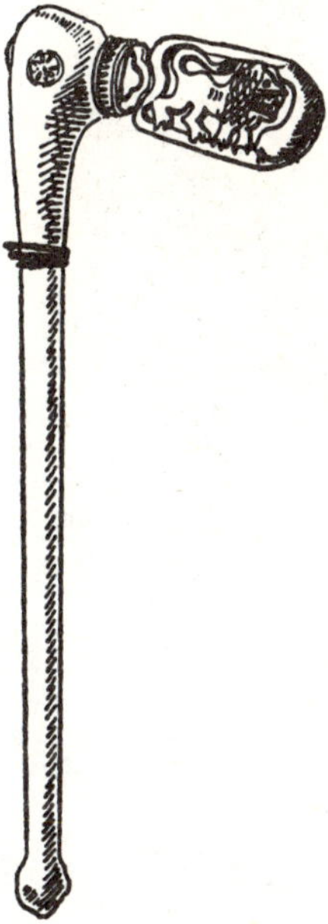

Fig. 26. – *Hache de commandement, Dahomey.*

simplement fendus, comme mi-clos; bouche proéminente ornée de dents d'aluminium. Mais c'était là un objet bâclé, taillé dans un bois médiocre et pelucheux, tout barbouillé d'une encre violette inséparable pour moi de souvenirs d'épicerie-papeterie campagnarde. Malgré les conventions respectées, il ne restait plus rien de ce qui donnait leur valeur aux formes anciennes; et l'artisan, à défaut de la teinture noire que la vieille patience savait composer, s'était contenté de cette encre achetée chez un traitant du village. L'objet faisait penser à un exercice d'écolier. Je me refusais à croire qu'il pouvait rester le support des forces qui résidaient dans les modèles du passé. Cela semblait trop caricatural pour que pût s'appliquer la vieille formule du transfert de puissance :

Fig. 27. – *Masque* Nyon Néa *prêt à la danse.*

Sémè yabé nyon ploki zuki éto yiké zu.
« Que la force (*sémè*), qui était dans l'ancien masque, entre dans le nouveau! »

Je tentai de questionner mon interlocuteur. Selon lui, tout était normal : oui, les sacrifices avaient été accomplis (alors que le masque ne portait sur le front ni les traces de sang du poulet sacrifié, ni les fragments de cola mâchée pulvérisés par l'officiant); oui, le masque avait reçu son nom : « Celle-qui-donne-la-paix »; oui, la première sortie publique avait eu lieu. Autant d'affirmations suspectes, mais je voulus poursuivre.

– Qui est *Nyon Néa?*

– C'est la femme.

– Mais quelle femme? La femme de qui?

– Ah! ça, patron, les « petits » tels que moi ne connaissent plus les affaires des masques comme autrefois... C'est peut-être la femme des initiés.

Nous dûmes en rester là. Mon interlocuteur n'avait qu'une préoccupation en tête : il voulait quelque argent contre son masque – et ce souci se confondait avec une confuse histoire d'honoraires de médecin-magicien à régler. Je cédai en me demandant si, par quelque subterfuge, les objets devenus laids et disponibles à qui veut les prendre n'allaient pas m'imposer leur affligeante présence. Il me fallut du temps, et les commentaires donnés par l'ethnologue Bohumil Holas dans son livre consacré aux masques kono, pour en savoir un peu plus sur *Nyon Néa*. Mère des initiés, elle les engloutit pour de nouveau les mettre au monde. Elle détruit des enfants, elle accouche d'hommes adultes socialement armés. Mais en public, habile à la danse, elle redevient la femme agréable, humble et douce que chaque homme souhaite tenir sous son ombre.

A dire vrai, ce n'était pas ma première rencontre avec les masques de la région forestière. Je me trouvais à Conakry au moment où le président Auriol, lors de sa tournée africaine, reçut les délégations venues de toute la Guinée. Le folklore ne manqua pas. Les organisateurs ne pouvaient oublier de faire danser *Nyomo Kwouya*, masque de réjouissance chez les Guèrzé et les Kono, populaire dans une large zone et jusqu'au Libéria. Il est dit le « long » (*kwouya*) et sa présence impose un bouleversement dans notre perception de l'espace : la verticale devient l'axe de la vision et le paysage paraît s'aplatir. Dressé sur des échasses hautes de plusieurs mètres, il étage d'interminables pantalons – la seconde paire descend de la taille jusqu'aux pieds du danseur et ressemble à ceux de nos sans-culottes – puis une jupe en fibres de raphia, une camisole rayée aux manches allongées, un couvre-face tressé et enfin la coiffure que rehaus-

Fig. 28. – *Masque* Nyomo Kwouya.

sent plumets en poil de bélier et crinière d'aluminium. Il se dépense sans fin dans la plus étonnante des acrobaties, se penche vers une humanité si petite qu'il ne craint pas de l'accabler de sa verve, sautille comme un monstre unijambiste, croise ses échasses, se contorsionne au haut de son édifice tout tintant de grelots. Je l'ai vu, lors d'une sortie dans un village du canton de Vépo, s'asseoir sur le toit des cases dans une attitude exprimant un désopilant mépris pour l'échelle humaine. Il aime les discordances : sa « voix », qui se pose sur un ton suraigu, paraît dérisoire et ses accompagnateurs se contentent de marquer le rythme sur un petit tambour suspendu à leur cou. *Nyomo Kwouya* s'est sécularisé au point de n'être plus que le grand amuseur public. Ses exploits font rêver les jeunes Kono comme ceux de nos champions cyclistes. Il commercialise ses exhibitions, se met au service des administrateurs en quête de couleur locale pour les divertissements officiels, parcourt des centaines de kilomètres afin d'atteindre les foires des grandes villes. Sa photographie fait recette. On pourrait imaginer que ses enjambées démesurées lui ont permis de prendre une large avance, sur cette route de la dégradation sacrée où s'engagent tous les porteurs de masques.

Dès qu'ils connurent mon acquisition de l'horrible figure violette – et bien que je n'eusse en rien enfreint le prétendu secret exigé par mon interlocuteur – les villageois pensèrent avoir découvert une de mes faiblesses. Ils tirèrent de leurs corbeilles, où ils gardent hors d'usage les ancêtres des masques actuels, quelques pièces à négocier. Ils me déléguèrent des émissaires prêts à organiser une répétition de la danse sacrée. Et je revois quelques-uns des hommes qui, en partie poussés par l'espoir d'un gain, en partie inquiets malgré leurs affirmations de scepticisme, venaient me proposer discrètement l'achat de ces étonnantes œuvres miniaturistes, les *lougo*, répliques en réduction des masques fondamentaux. Cela ne manque pas d'être révélateur. S'il reste vrai, comme le souligne B. Holas, qu'un villageois sur deux possède sur lui ce protecteur personnel, on ne peut néanmoins douter de la dénaturation de la pratique. Il est inconcevable qu'un individu négocie son *lougo*, s'il continue à le considérer comme le support de son « génie » particulier.

Celui-là s'est évanoui pour nombre de jeunes hommes, à moins qu'il ne se soit métamorphosé, selon l'enseignement des missionnaires, en se parant des ailes protectrices de l'ange gardien. Certains faits ne trompent pas. Ils montrent combien les gestes se rapprochent de ceux que nous impose la petite magie individuelle dont nous sommes les observateurs et utilisateurs occasionnels. Un paysan touche son *lougo*, comme nous faisons d'un morceau de bois « rond et pas verni », pour triompher dans une palabre. Un tirailleur l'emporte « au service » pour disposer d'une image connue qui lui redonne confiance et l'aide à triompher des dangers du dépaysement. Un jeune chef s'adresse à son *lougo*, comme nos paysannes à l'image de leur saint familier, pour venir à bout de ses banales difficultés. Mais cela n'est plus que la menue monnaie d'une croyance qui, autrefois, engageait tout l'être.

J'obtins facilement la visite de *Nyon Sinœ*, venu de Kéoulenta en compagnie de son guide-interprète et d'amis qui l'aidèrent, hors de la vue des femmes et des non-initiés, à revêtir son costume. Un bruit confus annonce son approche. Puis des cris qui ressemblent à des roucoulements. Une agitation désordonnée : le masque se dresse sur le terre-plein précédant la grande case; il progresse avec de brusques écarts et feint de s'emparer des assistants. C'est un jeu d'assauts, de simulations, de faux courroux et de fausse frayeur. Un temps, le masque paraît s'apaiser puis, pour mon enseignement – ainsi que le souligne Lagwa, mon interprète – il se présente par la danse d'entrée. Un homme risque les premières paroles d'un chant, les curieux interviennent à leur tour avec une solennité impressionnante pour faire alterner les répons.

– Excusez-moi, Maître du culte, excusez-moi!
– *É yo*, Maître du culte.
– Bonsoir.
– Comment vont les choses de ce monde?
– Excusez-moi encore!
– *É yo*, Maître du culte.

Fig. 29. – *Masque* Nyon Sinœ.

– Bonsoir.
– Comment vont les choses de ce monde?
Le chant cesse. Le masque se dirige alors vers moi. Il me semble que le froissement de sa robe de raphia prélude à cette conversation aux sens déro-

bés que je ne peux éviter. Jamais je ne me suis senti aussi stupide que lors de ce premier affrontement. Je ne sais comment me comporter, me trouvant à la fois sceptique et impressionné par l'allure et l'aplomb du personnage. Je ne sais comment engager le dialogue avec un informateur qui n'est plus, en cette circonstance, un simple villageois. Je ne sais, à l'inverse des curieux qui nous entourent, tellement à l'aise dans leurs démarches, comment entrer dans le jeu sacré. En cette scène, tout me déconcerte : l'impossibilité de rester insensible à l'impression que me cause le masque malgré moi; la familiarité respectueuse avec laquelle les participants établissent leurs relations avec le personnage.

Nyon Sinœ me fait face, s'arrête à quelques pas. Il parle d'une voix rauque, presque inarticulée, s'adressant à mon interprète. Lagwa se découvre et l'écoute avec une attention et une fixité surprenantes. Je m'impatiente, tant le sentiment de ma stupidité me pèse.

– Que dit-il?

– Il te salue. Il te demande comment vont les choses du monde d'où tu viens. Il te souhaite d'aimer les gens du pays kono, de ne pas leur vouloir de mal...

Puis, il semble ne plus prêter attention à ma présence. Ses suivants l'installent sur une natte neuve, ayant étalé autour de lui sa robe de danseuse. Il agite avec solennité son chasse-mouches en queue de vache, observe l'assistance et profite de cette sortie imprévue pour admonester quelques-uns des jeunes hommes présents qui l'écoutent avec une déférence sans défaut.

J'attends et me risque à tracer un croquis malhabile. L'image de *Nyon Sinœ* est celle du viellard autoritaire et paré de puissance. Son visage, caché par une abondante barbe noire, est construit sur la ligne des arcades sourcilières que coupe un grand nez saillant. Les joues s'y inscrivent en creux et les yeux, encadrés d'un rectangle cerné d'aluminium, ne s'ouvrent qu'en deux fentes minces. Deux flammes de coton blanc pendent le long du visage et soulignent, par contraste, l'intensité du rouge de l'étoffe qui le recouvre. D'une certaine manière, je le vois en pontife affirmant sa majesté par la plus somptueuse des tiares. Je me demande quel art étonnant put assembler des matériaux aussi modestes pour confectionner cette coiffure complexe et magnifique : un cylindre de vannerie recouvert d'une étoffe verte, orné de motifs composites où dominent le quadrillage et le symbole du lézard, flanqué d'un plumet en crins de bélier blanc, prend son assise sur une couronne à armature de cuir que garnissent, de rosaces et de franges, les coquillages-cauris. Un petit pagne rouge, accroché au masque, retombe sur les épaules. La partie supérieure du corps est prise dans une ample blouse qui cache, dans deux pans cousus évoquant des ailes, les bras du porteur. Ce dernier est escamoté; la métamorphose est complète.

Il me paraît impossible d'entreprendre un premier interrogatoire : *Nyon Sinœ* ne sort pas en grand appareil pour une tâche si peu exceptionnelle. Nous n'avons pour l'instant aucun moyen de communiquer, nous semblons nous épier. Soudainement inspiré, il entend me manifester sa puissance, me révéler les cris par lesquels il s'impose aux nouveaux initiés enfermés dans l'enclos sacré. Il prélude par une série de roucoulements, émet de petits cris, puis des bruits rauques venus du fond de la gorge qui s'arrêtent sur une sorte de barrissement. Cette démonstration vocale a sur moi un effet physique certain. J'observe mes compagnons et notamment Lagwa; ils restent flegmatiques bien que respectueux.

Nyon Sinœ veut se retirer, il se dit harassé. Il se prépare à quitter la grande case, revient sur ses pas, s'adresse à moi. La voix gutturale évoque le courroux.

– Je te remercie de l'offrande que tu m'as faite. Mais tu as « pris » une image.

– Et alors?

– Tu m'as gardé avec toi; tu dois me dédommager.

Je ne pensais pas que cela finirait si tôt par un marchandage, par un si rapide retour au banal.

J'eus ensuite, l'enquête ayant progressé, besoin d'analyser mes impressions sur ma première entrée dans le système des masques. Je ne pouvais m'empêcher de me poser cette seule question : était-ce bien là *Nyon Sinœ*, le Rouge, le Père terrifiant, ou une supercherie pour tromper l'étranger? La réponse était simple. Elle se devinait à travers les réflexions mi-incrédules, mi-craintives, des plus jeunes de mes informateurs :

« Nous ne croyons plus aux *nyomo* à la manière de nos ancêtres. Nous les voulons avec nous parce qu'ils sont le bien de notre peuple. Ils sont notre force contre l'étranger... Et puis, nous avons toujours peur des maîtres du culte qui restent les gardiens des poisons... »

Cela m'entraînait loin des justifications métaphysiques. *Nyon Sinœ*, selon ces dernières, assure l'exaltation de la masculinité comme fait *Nyon Néa* pour la féminité. Il présente quelques-unes des figures du père et réalise ainsi une tâche d'élucidation que la psychanalyse a su redécouvrir. Il le montre à la fois sous sa forme dominatrice, cupide et sous son aspect protecteur, bienfaisant vis-à-vis de sa descendance – les initiés et les masques qui sont en sa dépendance. Il symbolise la force dans une société où la capacité guerrière fut longtemps la condition nécessaire à toute survie; la ruse impitoyable, aussi, qui fonde son prestige sur l'habileté à utiliser les techniques de l'empoisonnement. Il reste le gardien de la vie religieuse traditionnelle, contrôle l'initiation, s'empare par rapt des jeunes garçons rebelles; et il exécutait autrefois les initiés qui avaient divulgué les secrets de l'association. Il est, par excellence, le support de l'ancien ordre social et culturel. Aussi demeure-t-il comme le plus puissant générateur d'énergie et en même temps le plus contagieux. Un chant le rappelle :

Mangana, mangana tini ngon.
« Souillure indélébile (plus que celle) de l'ordure (plus que celle), du feu. »

Sur le terre-plein, où se dresse la grande case, la présentation sacrée continua à se dérouler durant quelques jours. Elle n'excluait ni les rivalités de prestige entre villages ni les raffinements des porteurs de masques – qui me donnaient parfois le sentiment d'assister à un défilé de mannequins facétieux. *Nyon Pwoin Sinœ,* le Guerrier, présente sa face plate et oblongue où le regard s'ouvre sous une bande d'étoffe rouge, où la bouche hurlante révèle des dents taillées dans des plumes de poulet. Il a sur le front les cornes du bélier, reproduction de celles portées autrefois par les combattants et symbole de leur charge. Il m'apporte, venu de plusieurs villages avoisinants, la diversité de ses noms : Génie-Invisible, Coup-de-Vent, Celui-qui-porte-la-honte-à-l'ennemi, Bouche-qui-crie, etc.

Et puis, voici *Nyon Pwoin Néa,* épouse du guerrier. Sa face ne diffère pas beaucoup de la précédente, bien qu'elle se dessine plus fréquemment à l'intérieur d'une circonférence à triples stries où le regard se détache sur un fond d'étoffe rouge bordé d'aluminium. Le visage est luisant d'un beau vernis minéral et s'encadre entre deux grosses tresses de fibres. *Nyon Pwoin Néa,* à la voix basse et presque chuchotante, se comporte d'une manière paisible. Elle se soumet au rythme de la musique accompagnant les danses, alors que son bouillant époux n'accepte aucune contrainte, se dépense en gestes désordonnés et violents. Elle est celle qui maintient la fécondité, protège les vies humaines dans la confusion des combats. Elle reste la Mère des villages et la gardienne des hommes disparus. Ses noms sont plus associés à des images de beauté et de grâce féminine qu'à des images évocatrices de contrainte sacrée : Petits-Yeux, Beauté-Noire, Forêt-Murmurante, Togba-la-danseuse...

Derrière cette présentation de vedettes s'inscrit la chorégraphie des masques mineurs que mes compagnons, tant ils les trouvaient de second ordre, hésitaient à me faire rencontrer. *Kwi Néa*, Maître-Jacques et bouffon des étoiles de la danse sacrée, *Mamoungonyo*, renfrogné et bougon, chargé de l'ordre matériel et de la lutte contre la saleté.

Fig. 30. – *Masque* Pwoin Sinœ.

Je les revois, ces masques, tous alignés dans mon bureau de Conakry, au retour de ma tournée : le front maculé des poussières de noix de cola reçues en offrande, dépouillés de leurs parures, inertes, bons pour la fiche descriptive et l'obscurité des réserves de musée. J'ai à mes côtés le paquet des notes accumulées. La fenêtre donne sur un morceau d'océan, sur cet arrière-plan que constituent le petit port indigène et le cimetière. Ma mémoire retrouve, avec une intention de dérision, les premières strophes du *Cimetière marin*. Avec une attention méchante, comme si ces objets m'apparaissaient soudain plus détestables, je me répète un distique :

« O récompense après une pensée
Qu'un long regard sur le calme des dieux! »

Les pauvres dieux que voilà, descendant de leur pas lent ou pressé le chemin du déclin! Ils s'effacent les uns après les autres. *Nyomo Nkwouya*, l'Echassier, si loin de son ancienne puissance qu'il ne mérite même plus les offrandes rituelles : aristocrate déchu, transformé en acrobate vagabond. *Nyon Pwoin Sinœ*, Guerrier devenu débonnaire, dont les jeunes gens n'hésitent plus à s'amuser – en se moquant des combats dérisoires du vieux temps. Et tous les masques-femmes qui s'alanguissent et se muent en une image de la femme gracieuse, douce, confidente. En arrière-garde demeure *Mamoungonyo*, sans voix et sans cortège musical, simplement chargé de rappeler aux villageois que les plus sordides des hommes doivent demeurer moins sales que leurs chiens. Seul *Nyon Sinœ*, le Rouge, conserve une part de l'ancien prestige. On chuchote néanmoins derrière son dos, tout en continuant à le craindre, en le respectant d'une autre manière parce qu'il reste le dernier pan du vieil édifice. Mais il ne saurait garder trop d'illusions. Déjà son frère paisible, *Nyon Sinœ* à simple face teinte de noir, devient la bonne à tout faire des villageois kono; un personnage trop populaire pour rester longtemps dans le champ du sacré, qui accepte d'être le recours quotidien et banal des hommes dans l'ennui.

Cet effacement des dieux obéit au mouvement des forces qui transforment la société kono. Les guerres tribales ont disparu pour céder la place à des conflits plus insidieux; les enclos d'initiation furent un temps désertés, des croyances étrangères ont été importées, des thérapeutiques nouvelles aussi; les autorités traditionnelles se sont affaiblies et les hommes, tentés par les chemins qui s'ouvrent aux quatre coins du pays, ont franchi des frontières autrefois interdites. Si le tissu des relations, que créent les masques par leur chorégraphie, s'effiloche comme une étoffe usée, c'est que l'ancien dessin social s'est lui-même estompé à l'avantage d'autres formes.

La société des masques tend de plus en plus à devenir une sorte de conservatoire. Elle témoigne. Elle sert à idéaliser un passé qui permet aux paysans kono de réagir contre des influences étrangères (les nôtres) de moins en moins tolérées. Elle constitue les archives d'un peuple qui, ignorant l'écriture, n'a pu enregistrer son histoire dans des bibliothèques. On y retrouve la trace des influences subies : les masques secondaires composent, en effet, une constellation révélant les apports soudanais, libériens et éburnéens à cette civilisation composite. On y lit encore les anciens codes moraux et politiques que les personnages sacrés avaient la charge de maintenir. Le Père des lignées et des groupements familiaux, le Guerrier figurent au centre du système : ils veillent au respect des obligations fondamentales; ils organisent autour d'eux la vie sociale. Les couples sacrés imposent une certaine image de l'homme et de la femme, illustrent les relations prescrites entre ces deux éléments étrangers l'un à l'autre, bien qu'unis dès l'origine du monde. Les masques veulent être, dans le secret des cours d'initiation, les principaux éducateurs des générations nouvelles : ce sont eux qui *font* les hommes estimables. Ils protègent; ils répriment les dérogations à la coutume; ils guident à travers les multiples vicissitudes affectant la vie des individus. Ils maintiennent un agencement déterminé de la société en même temps qu'ils sont le produit d'une méditation sur cette dernière.

Certes, on ne peut douter qu'ils soient plus que cela, mais d'une manière accessoire. Ils suscitent des émotions esthétiques, pour celui qui les crée comme pour le spectateur jugeant de leur facture et de leurs évolutions. Ils ont pu donner naissance à une imagerie populaire qui fait apparaître leurs silhouettes sur les murs extérieurs des cases. Ils apportent, en même temps qu'un reflet de la société, un reflet de l'image que l'homme dessine, de lui-même, pour lui-même. En ce sens, ils restent le produit d'une émotion et les agents provocateurs de puissantes émotions. La société des masques demeure le livre de sagesse de peuples sans œuvres écrites et sans créations monumentales. Au sein d'un univers humain tellement enclos dans d'étroites limites, et dont les frontières subissent les pressions d'une nature sauvage et d'étrangers hostiles, les masques permettent aussi les fuites illusoires. Par quelque biais, ils se concilient celle-ci et ceux-là. Dans son essai, *les Masques*, G. Bureau pose la question : « Pourquoi des Noirs, autrefois, se sont-ils masqués ? » Voici l'essentiel de sa réponse : désir d'évasion de l'individu, volonté « d'accroître sa plénitude et ses pouvoirs ». Mais cette étude suggère en même temps les dangers qui nous guettent lorsque nous attachons notre réflexion à cet aspect des civilisations africaines. Les masques deviennent notre prétexte, les marches sur lesquelles monte notre rêverie. Nous perdons de vue l'essentiel.

En l'occurrence, l'essentiel réside dans les rapports entre les individus, entre les hommes et les choses dont la société des masques est comme le décalque. Ces relations la portent et l'emportent malgré les apparences d'immutabilité. Dans les civilisations à fragiles structures matérielles, l'effacement des dieux a plus de conséquences que dans nos civilisations à l'héritage durable. Il ne reste ni temples grandioses ni livres impérissables pour témoigner de leur royauté passée. Rien que ces personnages costumés dont les jeunes gens commencent à se gausser. Encore faiseurs d'impossible : un homme a déposé son masque en l'orientant vers l'est, a jeté les cotylédons de cola – *tougélé touka* – pour être aidé dans sa course à l'argent, et la figure sacrée, acquiesçant, a accepté l'offrande de noix mâchée. Mais plus souvent faiseurs de tours.

Cette civilisation kono n'est pas l'une des plus

atteintes. Loin de là! Je revois encore l'expression indignée de B. Holas, l'ethnologue de la Côte-d'Ivoire, qui dut ramasser les centaines de masques et de « fétiches » jetés par les villageois sur les ordures s'entassant aux confins des agglomérations. Déchets d'un passé maintenant consommé. Holas, avec patience et savoir, a constitué dans les ateliers du musée d'Abidjan les archives d'une Afrique détournée de ses rêves et de ses mirages – en attendant de pouvoir tirer fierté d'un tel héritage. Et je ne doute pas que les assistants noirs de mon collègue n'aient jugé avec ironie, comme une manie sans danger, cette activité chiffonnière.

Soyons juste; des forces étrangères au monde noir ont renforcé ce courant qui emporte les arts traditionnels. L'Islam en introduisant le Livre a chassé les images jusqu'alors vénérées. Le christianisme missionnaire ne pouvait que se vouloir violemment iconoclaste. Changeons de lieu. Je me trouve à la Mission catholique de Libreville, à la recherche de manuscrits et d'archives relatifs aux Fang du Gabon. Je rencontre compréhension et érudition jusqu'au moment où je me laisse aller à regretter les arts perdus. Il semble que le Diable ait surgi, un Père tonne :

– J'ai détruit ou brûlé plusieurs milliers de fétiches. Je ne regrette rien!

– Le christianisme y a-t-il pour autant gagné?

La question reste sans réponse. C'est une singulière illusion que de croire atteindre le paganisme en saccageant ses supports les plus visibles. Les croyances subsistent en devenant clandestines ou en recourant à un symbolisme moins vulnérable. Les feux allumés pour la plus grande gloire de Dieu sont d'ailleurs contagieux. Ils fascinent les fondateurs noirs des églises « séparatistes » que je devais ensuite rencontrer au Congo; ils sont comme leur flamme intérieure projetée sur tout ce qui résiste à leur entreprise de conquête spirituelle. L'histoire nous rapporte la frénésie incendiaire de ces derniers, dès 1872 en Angola, dans le cadre d'un mouvement qui se dénommait justement *Kiyoka* – de *yoka* : action de brûler. Ils continuent à apparaître épisodiquement dans la région congolaise. Un jour de mars 1950, à une centaine de kilomètres de Brazzaville, je me suis soudain trouvé devant un foyer encore fumant où gisaient quelques statuettes aux trois quarts ravagées par le feu et des amulettes réduites en cendres. Le nouveau prophète s'était enfui à l'annonce de mon arrivée. Il venait d'imposer le précepte : « Nous devons abandonner les fétiches de nos pères », et les derniers vestiges de l'art ancien se consumaient là lentement. Dans leur lutte contre les idoles, les animateurs de la dissidence religieuse rivalisent de zèle avec les premiers missionnaires, certains d'entre eux trouvant leur justification dans une référence au *Lévitique.*

Mais l'action destructrice peut se faire plus indirecte, plus lente. Lorsque le royaume de Dahomey s'écroulait sous la poussée des expéditions coloniales françaises, il entraînait inéluctablement dans sa chute une partie des activités artistiques liées aux systèmes politique et religieux qui le supportaient. On a fait le compte des richesses passées : statuettes de cuivre moulées à la cire perdue; sculptures sur bois, trônes royaux et statues à placage de cuivre ou d'argent; bas-reliefs d'argile se succédant sur les murs des bâtiments royaux; tentures composées d'étoffes à appliques. Il s'agissait de multiples créations, en grande partie destinées à une aristocratie que la paix coloniale a tirée de ses privilèges, et dues, pour les meilleures d'entre elles suivant des critères esthétiques, aux « familles » gardiennes des traditions d'art.

Quelques ethnologues ont tenté d'apprécier objectivement la situation actuelle. La sculpture sur bois révèle une baisse de vitalité relative aux pressions subies par les religions traditionnelles. P. Mercier raconte que lors d'une tournée dans une région autrefois riche d'artisans habiles, il n'eut aucune peine à acquérir les statues dressées dans le temple principal d'un village. Les notables donnè-

Fig. 31. – *Encadrement de porte, pays bamiléké.*

rent leur accord en précisant qu'ils en obtiendraient de nouvelles – hâtivement refaites. C'est une preuve de la désinvolture vis-à-vis des anciennes exigences esthétiques et des dieux reçus du passé. Mais ce ne sont pas seulement les consommateurs divins des produits de l'activité artisanale qui sont en recul. Des Européens puis des bourgeois nègres ont supplanté les anciens aristocrates. Les uns et les autres imposent leurs goûts et deviennent les inspirateurs de réalisations qui, se devant d'être exclusivement œuvres d'art, ont perdu cette beauté véritable que les vieux objets utilitaires possédaient toujours. La contrainte mercantile entraîne aussi la dégradation qui caractérise aujourd'hui la production des cuivriers et des bijoutiers. Ces derniers, privés de l'assistance matérielle de leurs mécènes, travaillent pour le marché local et l'exportation; ils ont maintenu les séries qui se vendent le mieux, qui peuplent de personnages dérisoires ou de « souvenirs » les étalages dressés près des hôtels; ils œuvrent sans plaisir créateur, guère dupes des sollicitations de leurs nouveaux clients. Trouvent-ils quelque consolation en observant que cette grande pitié de l'art dahoméen ne vient pas simplement de leur soumission? Les sculpteurs, les fabricants d'étoffes à appliques ont dû, comme eux, se prêter aux exigences de l'offre et de la demande.

Tout a changé, mais tout n'est peut-être pas perdu. Les palais d'argile se sont dilués alors que l'histoire se faisait hors de leur enceinte. Depuis quelques années, cependant, les services officiels ont emprisonné dans le ciment les pans qui pouvaient être préservés et les Dahoméens commencent à prendre, comme pour un pèlerinage dans le passé, le chemin du musée d'Abomey. Tous les artisans n'ont pas totalement perdu l'inspiration esthétique. P. Mercier évoque le cas de l'un d'entre eux, ayant travaillé au village d'Athiémé, qui sculpte des masques tout à fait indépendants des anciens canons en ne visant aucun but rituel. Il s'agit de « faces étranges, aux traits tourmentés, déformés, tordus, souvent hallucinantes ». Un artiste isolé parvient ainsi à créer un style original, des images où l'Afrique présente son visage d'angoisse devant les incertitudes de son nouveau destin.

Fig. 32. – *Figure sculptée bamiléké.*

Je sais bien que l'on a annoncé trop tôt la mort de l'art nègre, celui-là même qui a acquis sa valeur universelle dans les ateliers des « audacieux du goût ». Il reste quelques civilisations créatrices selon les normes traditionnelles. Tel est le cas des Bamiléké, peuple montagnard du Moyen-Cameroun, dont R. Lecoq a montré la vigueur artistique dans un volume des Editions « Présence Africaine ». Cette société s'est construite sous le signe de l'exubérance, du travail tenace, de la fertilité des hommes qui imposèrent une des plus fortes densités de population recensées en Afrique tropicale : soixante-dix habitants au kilomètre carré. L'esprit de conquête conduisit les Bamiléké à maîtriser pacifiquement, par emprise économique, de larges secteurs du sud camerounais et de la ville de Douala. On ne saurait nier le dynamisme de cette ethnie qui, fière de ses traditions, s'est néanmoins révélée habile à recevoir les apports modernes en maintenant son originalité, en défendant son identité. L'équilibre et la vitalité s'y reconnaissent à la puissance de l'art; ce qui montre en ce dernier l'un des meilleurs révélateurs de la santé des civilisations.

Fig. 33. – *Tambour sculpté bamiléké.*

Ces créations, nullement monotones bien que manifestant une nette unité de conception, diverses tant dans leurs matériaux (bois, ivoire, cuivre, terre cuite, perles, fibres, peinture) que dans leurs destinations (architecture, mobilier, sculpture cultuelle, ustensiles), obéissent à une double finalité. Elles exaltent et renforcent la puissance des chefs. Elles témoignent d'une économie agricole acharnée à maîtriser une nature difficile. L'inventaire des représentations humaines et animales, tel que l'a dressé R. Lecoq, est à cet égard significatif. Les personnages figurent le chef avec ses attributs les plus caractéristiques, symbolisent ses victoires, évoquent les attitudes de respect qu'impose sa présence ou son rôle de justicier. Les motifs animaux, panthères, buffles, éléphants et serpents, rappellent surtout les alliances dites « totémiques » contractées par les fondateurs des chefferies. L'art se veut expression, en même temps que support matériel, d'une organisation précise de la société. Il « marque » les instruments et les rituels chargés de

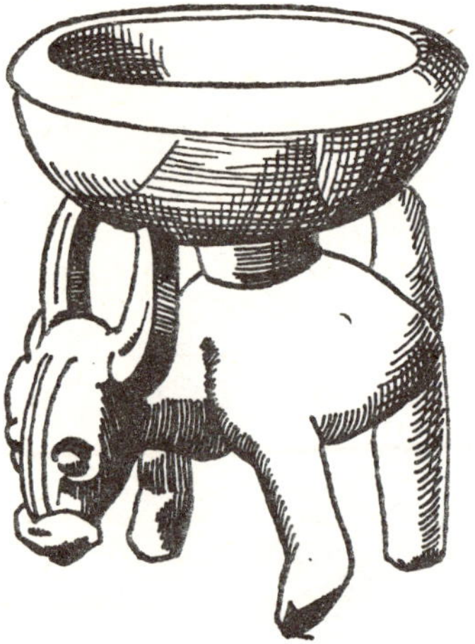

Fig. 34. – *Récipient bamiléké.*

préserver cette dernière. Il la justifie en diffusant une « écriture », compréhensible par tous, qui permet l'explication des comportements imposés. Il constitue un livre où se lit l'histoire du pays bamiléké, où s'inscrivent les techniques propres à maintenir l'ordre existant, à garantir la fécondité de l'homme et de son travail. Compulsant ce « texte », à défaut d'autres témoignages, on ne douterait pas qu'il ne fût le produit d'une société hiérarchisée à économie essentiellement agricole.

Jusque dans les années 50, l'art des Bamiléké a conservé toute sa force. Le dynamisme de la chefferie et la puissance du sentiment populaire ont joué à son avantage. Mais il y a d'autres raisons. Cette société, dans la mesure même où le pouvoir y paraissait plus diffus, n'a pas été dominée avec l'intensité qui a écrasé le royaume de Dahomey, cependant qu'elle était protégée de manière toute géographique. Elle a surtout, par son action conquérante, compensé l'infériorité éprouvée dans les limites de la situation coloniale. Elle eut, confiante dans le maintien de sa

Fig. 35. – *Masque bamiléké.*

vitalité, la volonté de ne pas se considérer comme définitivement vaincue. Et l'on devine, d'après cet exemple, combien la carte révélant les zones du monde noir où les activités artistiques restent les plus puissantes, coïncide avec la répartition des peuples les moins soumis ou les mieux préservés des effets contraignants de la colonisation.

Lors de mon séjour en Afrique Centrale, je n'ai fait que frôler le pays bamiléké. Je me suis enfoncé en des régions, au Gabon et au Congo, d'où un art autrefois florissant a totalement disparu – accentuant par son évanouissement le sentiment de désolation culturelle qu'éprouve là le voyageur. De temps à autre, le hasard fait surgir une belle pièce ayant survécu aux saccages ou à l'abandon : ainsi cette statue, figuration d'ancêtre provenant des Fang de la région de Bitam (nord du Gabon), qu'un administrateur me retrouva dans le capharnaüm des réserves attenantes aux bâtiments officiels.

Fig. 36. – *Figure d'ancêtre fang.*

C'est l'une de ces images scultpées – la dernière peut-être? – qui exercèrent leur séduction sur les peintres fauves de Paris. Elle représente une femme au port hiératique, au cou puissant que surmonte un visage inoubliable. L'attitude est celle de l'immobilité, du recueillement : bras ramassés le long du corps et mains jointes au niveau des tatouages symboliques qui forment une espèce de fronton au-dessus du fort ombilic – cette racine de la lignée, ce centre du monde fang ancien. Nous sommes tentés de nous arrêter aux volumes stricts et cadencés, à leurs déformations expressives, à cette architecture qui permet à l'objet de provoquer une émotion esthétique. Là n'est point, pourtant, sa signification véritable. Mais comment interroger? Le visage, d'où l'image tire l'essentiel de son caractère, demeure fermé. Concave, il s'inscrit dans un ovale que surmonte une chevelure disposée comme les rangs d'un diadème. Les yeux se dérobent sous la courbe des paupières, le regard tourné vers l'intérieur de l'être; sur les orbites, prend appui un front d'une puissante ampleur. Nous voici impressionnés, avides de questionner cette figuration nègre de la Sibylle. En vain! Nous nous croyons libres de fonder des théories sur cet insaisissable : les siècles bousculés emportent alors les uns vers l'origine égyptienne des civilisations noires, les autres, comme Cheikh Anta Diop, vers les origines nègres de l'Egypte, mère des civilisations.

Cela n'est ni mon fort ni mon goût. La statue me place devant un simple problème de relations – celles qu'elle va imposer, en surgissant, aux informateurs fang qui se trouvent à mes côtés. D'abord l'étonnement se manifeste; suit un léger recul. L'un des jeunes hommes se risque à constater :

– C'est un *Bièri*. Les chefs de famille en possédaient autrefois dans leur case.

Du fatras des archives au rebut, l'administrateur a extrait la caissette où se trouve l'image d'ancêtre. Je m'aperçois que cette dernière repose sur une couche de calottes craniennes, teintes en rouge, empilées comme les pièces d'un service de vaisselle, saupoudrées de fines granelures noires. Mes compagnons marquent un nouveau recul. Leur mouvement m'incite à tenter une expérience révélatrice :

– Portez tout cela jusqu'à la voiture.

Ma fausse désinvolture provoque une indignation générale, puis une protestation confuse que j'ai beaucoup de peine à apaiser. Je n'obtiens qu'une réponse obstinée.

– Nous ne pouvons pas toucher à ces choses!

– Pourquoi?

– Ah! ça, nous ne pouvons pas...

Et ainsi de suite. L'un des informateurs, conciliant et soucieux de ne point heurter la manie explicative de tout Européen, risque une remarque qu'il croit propre à clore le débat.

– Tu vois cette poudre, c'est du *nsou* noir, le plus terrible des poisons fabriqués par nos féticheurs... Ne touche pas, toi-même tu mourrais.

– Mais, vous voyez bien que le *nsou* est au fond de la caisse!

Rien à faire, et j'ai la certitude que cet argument-là importe peu. Je m'acharne malgré l'agacement de tous. Le débat semble devoir s'achever sur une explication maintes fois entendue et qui reste, pour l'ethnologue, le signe d'un échec souvent provisoire.

– Les hommes jeunes n'ont pas le droit de porter la main sur les affaires des ancêtres. Ils ne savent pas comment s'y prendre; c'est dangereux pour eux.

« Affaire des ancêtres », ce *Bièri* venu s'échouer après confiscation dans une caissette d'emballage à conserves? Ce détail donne à la crainte de mes compagnons un caractère dérisoire. Et pourtant? Le *Bièri* a longtemps été l'image la plus chargée de significations politiques et religieuses, le médium le plus propice à assurer les liaisons fondamentales entre les vivants et les morts. Il constituait, surmontant un panier où se trouvaient les crânes des chefs successifs, l'autel du groupement et le symbole garantissant la légitimité du pouvoir détenu. En lui, la lignée trouvait sa racine et sa nourriture spirituelle. Il figurait d'une certaine manière la « patrie » pour des groupes que caractérisaient, jusqu'à l'établissement de la paix française, la mobilité conquérante et la précarité des liens avec la terre occupée. Il a disparu, sous les coups des activités missionnaires d'abord, sous le choc des bouleversements multiples subis par la société fang ensuite; continuant à exister dans la clandestinité, il est devenu un instrument à efficacité magique. Il a alors entraîné la désaffection, par peur.

Tout cela était présent à l'esprit de mes informateurs effrayés par mon audace. Il fut impossible de les inciter à bouger. L'administrateur décida de faire appel à un garde d'origine étrangère. Je revois l'homme, figé dans une attitude d'autant plus déférente qu'il pressentait l'ordre auquel il voulait échapper.

– Emporte ça dans la voiture!

– Mais, mon commandant...

– Ne discute pas, prends la caisse!

Le garde s'enfuit, à petits pas pressés, sans toucher à rien.

– Où vas-tu?

– Mon commandant, chercher le chauffeur...

– Viens ici et débrouille-toi seul.

A nouveau l'homme s'éloigne, vers le poste de police cette fois. Il tente d'expliquer tout en courant.

– Mon commandant, c'est mauvais... Faut prendre le fusil...

La tension monte. Enfin, le garde, portant d'un côté la caissette, plus dangereuse que si elle était chargée de grenades, et de l'autre son fusil, s'empresse avec une démarche désarticulée et grotesque d'aller abandonner son fardeau. J'eus aussitôt la précaution de sceller la caisse solidement et de l'enfouir sous l'entassement de mes bagages. L'anecdote a une suite : les objets disparurent lors de ma dernière étape en pays fang. Tous mes efforts, et toutes mes menaces, restèrent vains pour les retrouver. Cette conclusion, qui parvient encore à m'exaspérer, laisse une absolue liberté à qui veut en tirer une moralité.

Ma collecte d'informations relatives aux arts gabonais fut très pauvre. Je pouvais, avec un plus grand recul, vérifier la remarque faite par F. Grébert, vingt ans plus tôt : « Les descendants des Fang mangeurs d'hommes devront, pour apprécier leurs arts passés, venir en Europe contempler dans nos musées l'habileté ancestrale... » Les forgerons et les sculpteurs ont, dans la quasi-totalité des villages, déposé leurs outils. Et je ne trouve dans mes dossiers que des notations sans réel intérêt.

Sur la route qui suit l'Ogooué, en direction de Libreville, ma relative familiarité avec le culte syncrétique du *Bwiti* m'a conduit à visiter un certain nombre de temples. Le poteau médian, qui soutient ces derniers et représente l'un des foyers du lieu sacré, s'orne parfois d'une figuration féminine polychrome traitée de manière grossière; il porte le plus souvent des signes qui constituent un livre ouvert sous les regards des initiés – oiseau de la mort, « scie » des entreprises de destruction, symboles cosmiques, portes de l'univers, python et arc-en-ciel, etc. Ce minimum d'exigences artistiques ne se satisfait qu'avec difficulté et quelques fondateurs de temples durent aller fort loin à la recherche des derniers artisans.

Les préoccupations d'ordre esthétique tendent à se reporter sur l'habitation et sur le vêtement. Au moment où j'enquête, une initiative clanique impose en certaines régions du pays fang un renouveau architectural; heureux lorsqu'il redécouvre, par l'écorce martelée ou le tressage de bambous fendus et peints, la géométrie traditionnelle; moins heureux lorsqu'il déroule sur les parois de terre séchée, ainsi que je l'ai observé aux abords de la frontière camerounaise, des fresques édifiantes empruntées à une médiocre Histoire sainte. Cet effort, concernant l'habitation, décourage encore davantage lorsqu'il donne lieu à une sorte d'art « d'intérieur ». Les chromos et les illustrations arrachées dans des revues, les reproductions tirées de livres scolaires ou de catalogues remplacent sur les murs les anciennes décorations, cependant que les broderies apprises dans les ouvroirs envahissent les maisons bourgeoises. Il s'y ajoute d'ailleurs l'utilisation ornementale de certains de nos rebuts, boîtes à images publicitaires ou emballages de clinquants.

Le glissement du goût est encore plus sensible dans les centres urbains. Tout cela a un sens difficile à préciser selon nos seuls critères souvent doublés d'arrière-pensées. On pourrait parler d'un *baroque* africain, par le jeu duquel les objets que colporte notre civilisation industrielle s'inscrivent dans un contexte de valeurs et de significations souvent étrangères à l'utilité qui nous est habituelle. Il intervient un dépaysement et une africanisation de nos objets familiers qui contribuent à l'édification, encore maladroite et hésitante, d'une esthétique particulière à l'Afrique moderne.

Fig. 37. – *Masque mpongwé, Gabon.*

Lors de ma dernière étape au Gabon, j'eus un instant l'illusion d'une découverte plus exaltante. Un petit masque à courte hampe se trouvait accroché à la paroi d'une case. Je dus déchanter, ce n'était qu'une épave. Il ressemblait à ces images que l'on attribue, sans grande certitude, aux Mpongwé, ou à quelque autre peuple du Bas-Ogooué. Je ressentis un choc d'autant plus grand que j'ai toujours eu, contrairement à mon habituelle réserve, une passion pour ces œuvres mal connues. J'aime leur infinie interrogation et leur mystérieuse ironie. Voyez-les : ces figures humaines, féminines peut-être, blanchies comme celle d'un Pierrot, sont animées par des yeux étirés qu'encadre l'arc fin des sourcils et par le dédain rouge sombre des lèvres; la fleur du tatouage frontal les marque et une complexe coiffure à cimier les domine. Ces masques déroutent par leur facture orientale, par l'incertitude de leur origine, de leur sens – sont-ils faces d'albinos ou visages de revenants? – et de leur utilisation. Tout est aboli de ce qui aurait pu aider à leur interprétation. Leur expression dédaigneuse semble se moquer de notre impuissance.

Le Congo moderne ne déçoit guère moins, sauf le pays batéké où, en raison de l'isolement et des difficultés d'accès, les temples traditionnels ne sont pas encore désertés. Je devais cependant remarquer, chez les Bakongo voisins de Brazzaville, l'étonnante irruption du ciment dans des créations incontestablement appréciées sous l'angle de l'art. Il s'agit d'œuvres qui, associées à un renouveau du culte des ancêtres, ont puisé leur inspiration dans les cimetières européens. Je me rappelle mon étonnement à découvrir le contraste entre la fragilité des habitations des vivants, dont beaucoup restent de torchis, et la solidité monumentale des « maisons » érigées pour les morts éminents. Des édifices funéraires aux vastes dimensions, exigeant en quantité un ciment rare et onéreux, s'élèvent jusque dans les villages lointains. Ils ont absorbé une épargne considérable, d'autant plus précieuse qu'elle est celle de pauvres, comme si le plus rentable des investissements restait celui que le groupe fait en l'honneur de ses morts.

Voici Vindza, à 150 kilomètres au nord de la capitale, où réside un chef toujours puissant et magnifiquement nommé : Kongo. La place, de larges proportions, présente trois foyers de prestige : la grande demeure, trop apprêtée, où Kongo ne fait que recevoir ses hôtes; l'enclos à palabre que ferment d'étroits bancs de bois courant à l'ombre d'un épais manguier; les tombeaux où reposent les ancêtres et parents du chef. Ces monuments, protégés des souillures par une clôture, se trouvent à l'abri d'un toit de chaume. L'un d'eux s'élève par degrés en prenant appui sur un muret; une croix le surmonte, creusée par une logette ornée d'une assiette de faïence à fleurs (symbole des objets ménagers autrefois abandonnés sur les tombes) qui reste le lieu des offrandes. C'est le tombeau de la mère de Kongo. Les autres édifices ont une forme plus répandue et pourtant moins banale à mes yeux. Sur une mince dalle, qui porte en relief le motif de la croix chrétienne, s'appuie un ensemble massif rappelant la forme de nos cercueils mais se relevant à l'extrémité pour évoquer la position des pieds. En d'autres villages, la stylisation plus élaborée crée une forme qui mêle étrangement l'ébauche grossière du gisant et la figuration d'une pirogue. L'on tente d'interpréter : n'y a-t-il pas une liaison nécessaire entre les ancêtres, premiers occupants de ce territoire, et l'épreuve du passage du fleuve, le Congo ou Zaïre, qui s'imposa comme le plus sérieux obstacle à leur progression ?

La croix, latine ou grecque selon les lieux, domine. Elle ne signifie pas une large adhésion à la prédication missionnaire. Kongo, si soucieux de l'appui de ses morts, reste le plus redouté des chefs « fétichistes ». La croix a été adoptée comme le plus efficace des symboles évoquant les ancêtres : elle garantit le succès de ceux qui ont le devoir de s'adresser à eux. Elle paraissait à l'origine des forces d'une civilisation, la nôtre, qui s'imposait à la fois comme chrétienne et matériellement triomphante. Tous nos avantages ont d'abord semblé dus à nos techniques religieuses – c'est-à-dire, dans une optique congolaise, à nos moyens de communication avec les morts. La croix devient « fétiche » sans parvenir à faire passer l'enseignement dispensé sous son ombre. L'assimilation remonte à une époque lointaine (XVIe et XVIIe siècles), pour certaines parties de la région congolaise. Les missions chrétiennes modernes durent entreprendre, surtout en Angola, de véritables campagnes de destruction des *nkangi* (croix), tant ces dernières leur semblaient associées au paganisme et à diverses pratiques magiques. *Nkangi* figurait notamment parmi les insignes de la chefferie et du pouvoir judiciaire, au centre d'un système qui impliquait offrandes et sacrifices.

Fig. 38. – *Personnage de ciment signalant un cimetière.*

Dans un autre district voisin de Brazzaville, celui de Boko, j'ai eu l'occasion d'observer des manifestations plus savantes de cet art funéraire par lequel l'âge du ciment rejoint la vieille foi dans les ancêtres. Les tombeaux sont souvent flanqués de personnages, sortes de gardiens, coulés sur leurs socles en des attitudes désopilantes. Ici, deux bonshommes, couverts d'une polychromie bleu-blanc-rouge, se dressent : l'un les bras en croix, l'autre pris dans une gesticulation qui combine le salut militaire et le geste d'arrêt du policier de la circulation. Là, juché sur son appui de béton, un personnage, par son visage et son allure sautillante, me rappelle les contorsions de Félix-le-Chat. Mais ce sont surtout les tombeaux des chefs qui s'accompagnent de cette luxuriance de formes et de couleurs. Voici le monument érigé pour Biza, *mfoumou* à généalogie vénérée et ancien animateur de la résistance aux Européens. La tombe, bien que très large et haute, ne se différencie guère des modèles déjà évoqués. Elle est par contre riche d'accessoires enduits de couleurs crues : tout un mobilier se trouve figuré, avec un soin particulier apporté au salon qui manifeste l'importance sociale du défunt; alentour, des animaux pétrifiés rappellent que ce dernier était un homme qui « possédait ». Un édifice au toit de tôles ondulées protège l'ensemble. Aux environs, les précaires demeures des vivants se blottissent sous des couvertures d'herbe sèche dégradées par les intempéries.

Tout cela exige notre attention, plus que nos jugements. Un art moderniste, et qui se veut *impérissable*, s'élabore. Ce renouvellement s'exprime à propos des relations que la société ne peut laisser disparaître sans danger de mort pour elle-même : celles qui se sont établies entre la lignée, la terre clanique et les ancêtres présents en leurs tombeaux. Dans les villages des chefs, ces monuments dominent tout le paysage et constituent incontestablement le centre spirituel des groupements. C'est entre les mains des ancêtres que continue à se façonner le devenir bakongo; c'est d'eux que dépend la prospérité; c'est sur eux que repose l'armature sociale. L'histoire reste faite des légendes qui leur sont particulières. L'avenir ne peut les ignorer sans crainte de voir le tissu social se déchirer en tous sens. Ces remarques ne s'appliquent pas à cette seule région congolaise. Elles montrent plus généralement à quel point l'art nègre, dans ses expressions les moins vulnérables, reste avant tout une méditation sur la mort.

Voilà plusieurs décennies, G. Hardy ayant tenté de tracer la courbe figurant les vicissitudes de cet art concluait déjà : « Aujourd'hui, après cent ans de luttes entre l'Afrique et l'Europe, c'est le vide ou à peu près. » Le bilan n'apparaît plus aussi désespérant et le tracé esquissé par cet auteur se prolonge à chacune des extrémités. Vers l'actualité tout

Fig. 39. – *Carte du nouvel an, peintres de Poto-Poto.*

d'abord. Je viens d'évoquer à cet égard des aspects qui doivent être complétés. Un art libre surgit, qui ne spécule plus sur le faux naïf et le faux exotique aussi scandaleusement qu'au cours des années coloniales. Je me reporterai encore à Brazzaville. Il s'y trouve certes les « artistes », spécialistes du porte à porte, qui proposent les mauvaises fresques sur bois brûlé, les masques et statuettes à façon, les peintures réalistes dans le style des almanachs dits populaires, mais ils ne sont plus seuls. L'école des peintres de Poto-Poto a progressé, de manière contagieuse, en exprimant ses croyances, ses rêves et son humour. La projection à laquelle oblige la peinture, le souci du détail signifiant ou la minutie descriptive, les maladresses elles-mêmes, qui attirent l'attention, les formes de l'abstraction, qui montrent combien cette dernière reste le reflet d'une vieille réalité, font entrevoir les richesses à venir. On sent

Fig. 40. – *Tête en terre cuite de Jemaa, Culture Nok.*

les possibilités d'efficacité immédiates d'une telle peinture, son emprise qui tient à sa spontanéité, aux manières de voir et de croire qu'impose encore l'ancien fonds culturel.

La courbe dessinée par G. Hardy se prolonge à l'autre extrémité, en reculant son origine. Lorsque je résidai quelque temps à Jos, la ville minière établie sur le plateau central du Nigeria, je pris contact par Bernard Fagg, créateur du Musée de préhistoire, avec les témoignages d'un passé fort lointain. Cet archéologue de grand talent, grâce à la collaboration de mineurs d'étain qui surent regarder au-delà de la riche carapace arrachée à la terre, découvrit les plus anciens spécimens de l'art africain. Ces derniers se situent, en effet, dans les limites des cinq siècles qui précédèrent la naissance du Christ. Les objets de terre cuite extraits des fouilles, témoignages d'une civilisation à laquelle fut attribuée, par référence au village voisin, la dénomination de *Culture Nok*, révèlent un art de portraitiste étonnant et une capacité à traiter le corps humain en des formes souples qui rappellent la sculpture indienne.

Notre connaissance s'élargit dans le temps en multipliant les discontinuités. Nous ne savons comment rétablir les liaisons. Nous pouvons au moins retenir une certitude : les arts de l'Afrique sont infiniment plus divers que ne l'avaient imaginé nos peintres, amateurs de « nègreries », aux environs de 1920. D'une diversité qui les situe hors des controverses sur le réalisme et l'idéalisme, hors des essais de classification formelle. Ils durent en se métamorphosant; nous le devinons aujourd'hui malgré les lacunes de notre érudition. Les périodes d'effacement semblent ne devoir être que des périodes de transition, durant lesquelles l'Afrique se « reprend » et cherche à se refaire. Lorsque nous regrettons les arts perdus, c'est à une certaine image des civilisations noires – déjà emportées par le cours de l'histoire – que nous nous attardons. L'art qui s'élabore ne peut être que l'expression de l'état actuel des sociétés et des cultures nègres. Il obéit à leurs vicissitudes, porte la marque de leurs faiblesses, de leurs promesses ou de leurs aspirations. Il est encore gauche d'hésitation, déconcertant d'ambiguïté. Sa lente mutation en annonce d'autres, plus profondes. Il ne peut, sous son ancien visage, résister au contrecoup de la « métamorphose des dieux ».

V

IMPASSES

AU NIGERIA : DEUX AGES DE L'AFRIQUE

Je viens de faire une nouvelle allusion à la ville de Jos, capitale africaine de l'étain. L'avion qui survole les abords de la cité révèle au voyageur, en faisant basculer de larges pans du paysage, un territoire bouleversé par l'industrie humaine. A travers une brousse devenue pauvre, les larges brèches ouvertes par les mineurs sont très apparentes, se disposent parfois en degrés donnant l'impression d'un cirque gigantesque, s'entourent de monceaux de terre remuée que l'altitude écrase. Des voies ferrées, une belle route au trafic assez intense, semble-t-il, passent droites en esquivant ces zones chaotiques. Puis l'œil découvre au hasard un groupe compact de bâtisses monotones : un camp d'ouvriers indigènes.

Ce n'est qu'au niveau du sol que se peut saisir la véritable échelle de ces exploitations. Des *caterpillars* et des grues modernes à long bras d'acier arrachent, poussent, transportent des tonnes de minerai et de terre stérile. Celle-ci s'entasse en pyramides insolites; elle sert à reconstituer le milieu naturel conformément à la législation nigériane; comme si les entrepreneurs européens voulaient montrer aux autochtones, véritables détenteurs du fonds, qu'il ne s'est rien passé, que rien n'a été pris. Un ingénieur, commentant cette obligation, me dit sans ironie : « De cette manière, nous favorisons la vocation agricole et pastorale des indigènes. » A travers les mines court, sur d'importantes distances, le réseau des canalisations d'eaux. Des jets à forte pression découpent, semblables à des chalumeaux, de larges pans du sol. L'eau, indispensable à la concentration du minerai pulvérulent, reste inséparable des machines puissantes qui déplacent des masses énormes. Ces deux éléments, le jet et la grue, devraient figurer dans un éventuel blason du pays minier.

L'exploitation a un prolongement, les usines de traitement pour les minerais rares. J'eus l'occasion de visiter l'une d'elles. Enclose, disposant d'une seule issue fermée par une lourde porte de fer, on imagine qu'elle recèle quelque secret d'importance. Son isolement défensif paraît révélateur : du caractère surajouté de ces activités minières qui composent une sorte d'îlot moderniste; des craintes vis-à-vis des subversions possibles de masses africaines restées en dehors du système – et de ses avantages. Relativement vétuste (mais mon séjour se situe en décembre 1949), le matériel continue, de même que sur la mine, à associer la puissance mécanique de l'eau à celle des machines. De nouveaux lavages et triages méthodiques s'accomplissent, dans un bruit confus d'eau qui glisse, de tapis métalliques qui se déroulent, de trieurs qui tremblent. Au terme de ces opérations, une section des études chimiques impose aux minerais les essais de garantie.

Je ne peux m'empêcher d'évaluer l'effort qui a permis l'importation de ces démarches techniques et de ces matériels, cette croissance calculée de la civilisation mécanicienne. Cependant, comment écarter, à ce même moment, l'impression ressentie dès mon arrivée? Des civilisations se juxtaposent sans s'interpénétrer – celle des hommes du *caterpillar*, celle des féodaux musulmans, anciens conquérants, celle des autochtones « païens », doublement conquis. Cette énumération contient aussi une succession significative. Elle montre dans quel ordre se présentèrent les groupements qui ont ou eurent le contrôle de cette vaste région, la domination des uns abolissant celle des autres. D'aujourd'hui à un lointain passé : porteurs de la force des machines et porteurs du Livre, puis ceux qui ne surent concevoir ni la machine ni le livre. C'est toute l'histoire d'une large partie de l'Ouest africain qui s'inscrit sur ce sol.

Cette coexistence d'âges différents se retrouve précisément à l'intérieur de l'économie de l'étain. L'avion ne la révèle pas. Les bouleversements spectaculaires, que provoquent les engins des grandes entreprises, la cachent. Cependant, une exploitation artisanale du minerai se poursuit à l'ombre de ces dernières. Les autochtones extraient l'étain selon une technique identique à celle que j'ai décrite à propos des mines aurifères de la région soudanaise. On y reconnaît le même réseau d'étroits canaux, les mêmes procédés de lavage qui laissent, au fond de la calebasse soumise à une patiente rotation, quelques pincées de métal. Le moyen de transport reste le panier porté sur la tête. Les volumes de terre remuée prennent, tant continue à s'imposer l'image des exploitations mécanisées, l'aspect de taupinières ayant atteint des dimensions inhabituelles. Il arrive qu'un Européen isolé s'efforce d'apporter un progrès en établissant un groupe de pompage, donnant ainsi à l'eau toute la force nécessaire à une production plus intensive. Les trente ou quarante indigènes qui lui sont attachés paient cette amélioration de leurs très anciennes techniques par une transformation sociale qui fait d'eux des manœuvres salariés.

Ces activités, d'un intérêt certain lorsqu'on les considère en bloc, ajoutent leur production à celle des grandes entreprises. Ainsi se réalise, sous le patronage des groupements financiers qui possèdent l'étain de Malaisie et le minerai du Nigeria, l'association du *caterpillar* et de la calebasse. En fait, un fragile contact – sans parler de l'inégalité évidente des rapports – peut seul s'établir entre ces deux secteurs de la production tellement distants par l'âge. Les mines modernes ne recourent qu'à un nombre réduit de travailleurs totalement prolétarisés. A leur voisinage, l'Afrique archaïque ne peut que « se débrouiller » en tentant de recueillir quelques miettes. Les économistes ayant abordé l'étude des pays en développement connaissent bien le phénomène. Ils l'évoquent en signalant la « juxtaposition d'économies de types différents »; mais les effets de la formulation abstraite sont tels qu'ils effacent d'un coup le caractère dramatique de la situation que celle-ci évoque. Les hommes politiques ne peuvent non plus l'ignorer. Et l'avertissement courageux que le gouverneur général Ryckmans adressait naguère aux responsables du Congo belge reste valable sans limitations géographiques : « Nous sommes dans une impasse; à côté d'entreprises européennes prospères, l'économie indigène végète... »

La juxtaposition se manifeste directement sur le plan culturel : il suffit pour cela de contrastes accidentels semblables à ceux que j'évoquais au début de ce livre. Il suffit aussi d'apprendre à déchiffrer la configuration de la ville de Jos. La cité s'est construite, sous sa forme moderne, en fonction des activités minières. Elle s'ajoute aux établissements dressés par les féodaux musulmans sans établir avec ces derniers des contacts autres que circonstanciels et officiels. Les premiers occupants – qui reçoivent des résidents anglais le nom imprécis de *pagans*, païens – sont, eux, restés au-dehors. En bref, deux sortes de citadins, distincts par leurs occupations et leurs religions, distants, et, en marge, les paysans qui vivent sous cette double domination. Chacun de ces ensembles demeure replié sur lui-même. Le passage de l'un à l'autre donne, sur de brèves distances, le sentiment d'un saut audacieux dans l'espace et le temps.

La fermeture du monde blanc, c'est sans doute lors de mon séjour dans le splendide hôtel nommé *Hill Station*, parmi les rocs domestiqués et les jardins, que je l'ai le mieux perçue. Tout y est organisé pour, dans le luxe et le calme, faire oublier le dépaysement. La configuration naturelle elle-même est utilisée comme un écran, un moyen de dérobade; l'on s'attend à voir se dessiner, au-delà de la vaste terrasse, un paysage typique de la verte Angleterre. Les serviteurs noirs semblent glisser et sont silencieux afin de rendre l'Afrique plus discrète, cependant que le majordome, colossal et somptueux, se métamorphose par le port d'une tenue évoquant un Orient de fantaisie. Le soir de mon arrivée, l'hôtel était abandonné aux mineurs, pour une de ces soirées périodiques par lesquelles ils recréent une atmosphère factice qui leur fait oublier le lieu de leur implantation – au sens le plus direct de l'expression : une nuit blanche.

Les islamisés ont, de leur côté, une architecture particulière qui les isole, qui leur tient lieu de rideau filtrant les regards étrangers. Les *pagans* se sont, eux, repliés à distance dans de véritables villages-forteresses. Un saut encore, parmi les civilisations, m'est rendu possible grâce à l'organisation d'une excursion destinée aux membres d'une Conférence scientifique réunie à Jos. On nous présente les paysans païens à chaque étape de ce voyage qui m'apparaît être, dans l'esprit des animateurs, une sorte de pèlerinage aux sources. La voiture abandonnée au bord de la route, il suffit de faire l'effort de quelques kilomètres de marche difficile. Je retrouve avec l'aridité, la végétation indigente, les éboulis de rocailles, les chemins qui se perdent, mes plus profondes émotions africaines. Je me prête au jeu : rejoindre la plus vieille des Afriques vivantes. Une maigre rivière se découvre soudain, puis un arbre abattu qui établit un pont; au-delà, un sentier grimpe vers un amoncellement de rochers où se perchent des cases; des enfants nus s'enfuient en criant.

Les habitations ont l'aspect de châteaux forts en réduction. Un assemblage de petites tours, reliées par d'étroits couloirs, s'ouvre sur une courette de quelques mètres carrés. Cuisine, chambre, grenier sont dans ces maisons miniatures autant de pièces qui se ressemblent. A l'intérieur, j'observe un mobilier traditionnel très réduit, des ustensiles ménagers produits par l'artisanat et les grosses jarres de terre cuite où se prépare la bière de mil indispensable aux relations humaines et sacrées. Rien n'apparaît qui provienne de l'industrie anglaise. Dans les ruelles exiguës et malaisées, où nous dévalons sur la caillasse, il nous arrive de croiser un des habitants simplement vêtu d'un cache-sexe; il s'efface, se détourne, fuit le regard. Il défend sa dignité d'homme devant le déclenchement des appareils photographiques, les assauts zélés de visiteurs pressés de consigner leurs remarques et d'esquisser quelques croquis. Je sens, mieux que beaucoup de mes collègues, cette résistance que je respecte; car il est moins grave de perdre une notation « scientifique » que d'ignorer la réaction par laquelle un être, même fruste, manifeste justement qu'il est homme. Les commandos ethnologiques n'ont jamais été de mon goût. Ces assauts des villages, considérés comme de véritables réserves culturelles, laissent toujours échapper ce qu'ils s'étaient donné pour but de saisir – une certaine qualité des sociétés et des rapports humains.

Sur une place, quelques vieux somnolent, assis sur les larges pierres plates servant de meules à grains. Dans cette attitude de repli sur soi, leur peau fripée s'affaisse davantage et semble curieusement les vêtir. Ils sont, en ce lieu figurant le centre de convergence des forces sociales et religieuses qui maintiennent et animent le groupement, les gardiens du temple. Un bâtiment circulaire à larges ouvertures, portant sur ses murs les crânes des bœufs mis à mort, recèle la pierre où s'accomplissent les sacrifices. Notre présence ne trouble guère les vieillards endormis ou méditatifs. Quels rêves ou quelles pensées les tiennent en cette indifférence?

Ils restent les conservateurs d'une civilisation fort ancienne, ayant ses homologues dans les parties septentrionales du Dahomey et du Togo, dans la région soudanaise. Leur culture ne manque pas de contrastes remarquables : pauvres d'outillage, ces hommes ont réussi à s'implanter dans des pays peu fertiles et accidentés, à concevoir des techniques agricoles fondées sur les céréales qui sont les plus fines de toutes celles connues dans le monde noir; dépouillés et nus, ces paysans ont su édifier une architecture moins fragile que celle des peuples nègres d'apparence moins archaïque. Ils donnent l'impression de protéger opiniâtrement une très

Fig. 41. – *Un village soudanais de type archaïque : Iréli (Dogon).*

ancienne réussite culturelle. Le secret de leur succès tient sans doute, et cela peut satisfaire Arnold Toynbee qui voit dans l'histoire humaine un incessant mouvement de « défis » et « ripostes », à l'intensité des épreuves qu'ils subirent. Celles que leur imposèrent les Noirs conquérants et prosélytes en les rejetant par les armes vers des régions marginales; celles que leur infligea un milieu naturel d'exploitation difficile. Mais leur succès s'explique aussi par l'échelle de leur entreprise. Confinés dans des zones d'extension limitée, réduits à n'exploiter que de petits pans de terre cultivable, ils concentrèrent leurs efforts dans la lutte pour la survie. Ils construisirent une société propre à bénéficier de raffinements miniaturistes. C'est dans le repli, dans l'adaptation défensive, qu'ils ont trouvé des forces étonnantes et une nouvelle ingéniosité constructive. Les mouvements nés de l'histoire coloniale ont, jusqu'à présent, buté au pied de leurs rochers. On ne peut douter que la recette, longtemps éprouvée, ne soit maintenant d'un médiocre secours. Malgré la distance, leurs villages se contaminent; le ver est entré dans leur société. Nous trouvons à leur culture la succulence des fruits sur le déclin.

Contre un mur du temple, une énorme jarre semble à l'abandon, toute souillée des traces de la bière indigène. Cette belle réalisation révèle une grande habileté à modeler et cuire la terre. Ses flancs sont hérissés de grosses épines, comme la bogue d'un marron d'Inde, et son goulot supporte une tête d'animal légendaire, à large gueule ouverte, qui sert à l'écoulement. La stylisation de ce motif étonne, inquiète. Elle suggère quelque parenté, par une sorte d'évidence interne que notèrent les spécialistes, avec les fragments de terre cuite ayant servi à identifier, en des régions voisines, la *Culture Nok* pourtant antérieure de deux millénaires. Cette réflexion me fait alors saisir, avec une sorte de vertige, l'extraordinaire fuite dans le passé à laquelle contraint l'examen d'une telle civilisation : échappée sans points de repère, ou presque, qui a tous les caractères d'un authentique « voyage au bout de la nuit ».

Autour de nous, et des vieillards toujours muets et imperturbables, quelques jeunes hommes s'agitent, tentent d'attirer l'attention. Ils se trouvent ici depuis la veille, venus de Jos et des mines. Ils font étalage de leurs vêtements, de leurs écharpes de couleurs vives, de leurs lunettes noires, au milieu de cette humanité nue, mais culturellement mieux équipée qu'ils ne le sont. Si ces garçons dits évolués, et par quel bond! souhaitent se retremper au village à l'occasion de brefs séjours, c'est qu'ils ont conscience de leurs faiblesses. Ils reprennent appui sur leur parenté. Ils renouent les contacts protecteurs avec les divinités et les génies locaux en venant se conformer aux anciens usages. Ils ne croient plus de la même manière que leurs pères, mais ils ne disposent pour l'instant d'aucune autre source de confiance, d'aucun autre réservoir d'énergie. Ils nous paraissent ici plus étrangers que nous-mêmes, se faisant nos complices (très faux) en quémandant des cigarettes et en nous gratifiant de quelques phrases d'anglais élémentaire. Avec eux, c'est encore une autre fuite dans le temps qui s'impose, l'inverse de la précédente, mais tout aussi aléatoire.

Notre voyage se poursuivit à l'intérieur du plateau de Bauchi. Les tribus « païennes » qui apparaissent nous sont plus contemporaines. Elles rappellent les peuples soudanais que j'ai déjà évoqués; elles n'ont pas cette grandeur dépouillée des groupements témoins. Les organisateurs de l'excursion avaient commandé une sortie des masques réservés à la « société » des hommes, si massive, qu'il ne m'a jamais été donné d'en contempler de pareille. Les personnages sacrés surgissent de tous côtés, poussant leurs cris distinctifs, agitant des coiffures d'une étonnante richesse, mettant en valeur des figurations sculptées aux chaudes couleurs qui manifestent un extraordinaire pouvoir d'abstraction. Ils animent pour nous, dans un tel tohu-bohu que le regard ne sait où se fixer, les mythes qu'ils incarnent. Gardiens de l'association, des hommes voilés de feuillage, armés d'un branchage, chassent les femmes et les enfants auxquels la connaissance des masques reste interdite. Cependant, mes compagnons de voyage, juchés sur un roc ou sur quelque arbre, recherchent le meilleur angle de prise de vues...

Toutes ces impressions accumulées, semblables à

celles que donne le montage cinématographique avec ses procédés de dépaysement soudain, ses sauts à travers le temps et l'espace, offrent un simple reflet de la réalité. Toutes ces scènes, pour qui posséderait le don d'ubiquité, se laisseraient saisir à un même moment; cependant, elles témoignent d'âges fort éloignés quant aux rapports humains et aux cultures. Les sociologues et les historiens de la colonisation ont créé le concept de « société plurale ». Si une telle notion est juste, elle ne peut pourtant rendre compte de l'importance du phénomène. Il y a discordance non seulement à cause des races et des religions mises en présence, des économies implantées, mais encore parce que les groupements humains juxtaposés ne sont contemporains que d'une manière illusoire. Ces remarques se réfèrent à une région limitée, inscrite dans un rayon de 150 kilomètres autour de Jos. Et l'on saisit déjà mal quel pourra être le lien, le principe d'unité capable de s'imposer sans entraîner l'écrasement des plus faibles. Le problème reste sans solution immédiate, même à cette échelle. On peut ainsi présumer de l'ampleur des tâches qui deviennent la charge des créateurs et des responsables africains de la fédération nigériane.

AU CONGO : LES NÉGRILLES ENTRENT EN SCÈNE

Au-dessus de Brazzaville, les plateaux dits « batéké », du nom du plus connu des peuples qui les occupent, attirent par leur altitude moyenne et les vastes perspectives bleutées qu'ouvrent leurs vallées. Ils sont pour les citadins européens, trop longtemps enfermés dans le monde blanc que constitue encore la ville, un lieu d'évasion. Ils restent d'accès assez facile, au moins jusqu'à une certaine distance, malgré leur situation excentrique par rapport aux routes d'intérêt économique. Quelques étapes jalonnent cette montée : Gîte du kilomètre

45, Case Barnier, rives du Djoué au bord desquelles s'étend le poste de Mayama. Le passage du fleuve séparc les vrais amateurs de brousse des touristes d'occasion. Il marque aussi le point à partir duquel les influences urbaines sur les villages commencent à se relâcher.

Au-delà, la route se dégrade, contourne un centre administratif longtemps abandonné, Pangala, et s'achève en impasse sur un affluent septentrional du Congo, la Léfini. Le paysage apparaît alors moins mis à nu par l'intervention humaine; les forêts sur les pentes et au bord des rivières deviennent plus profondes et touffues; les palmeraies prennent plus d'ampleur. Il faut cheminer longuement avant d'atteindre les groupements villageois; ils éclatent en multiples hameaux ou « campements »; ils disposent de larges espaces qui leur ont permis d'esquiver le contrôle de l'administration et des services techniques. Dans cette région marginale, où les groupes humains semblent se dissoudre, trois ensembles ethniques sont en rapport. Leur voisinage et leur coopération occasionnelle cachent souvent des antagonismes encore vifs. Les Négrilles (qui reçoivent ici le nom de Babinga) sont des Pygmées, généralement métissés, dilués en groupuscules établis auprès des villages fondés par leurs maîtres; ils restent mobiles, puisque sans richesses matérielles qui les encombrent, fuyants, dominés par une crainte que leurs propriétaires prennent grand soin d'entretenir. Les Batéké, créateurs d'une société aristocratique, anciens détenteurs du pays jusqu'au-delà de Brazzaville, possèdent les Négrilles en même temps que la terre. Leur recul en cette région montagneuse provient de la colonisation : il exprime la volonté de rompre le contact, le souci de se préserver grâce à un repli défensif. Les Basoundi, troisième terme de ce complexe humain, se sont avancés en profitant de cet abandon; agriculteurs et commerçants, habiles à tirer parti des avantages du système colonial, ils ont suivi une patiente politique d'invasion pacifique. Ils s'associèrent, tardivement mais avec vigueur, au mouvement d'opposition : ce changement d'attitude ne les a pas rapprochés des Batéké qui continuent à les mépriser.

Au cours des années 1949 et 1950, j'enquêtai longuement en pays basoundi. C'est grâce à certains de mes informateurs, participant à une manœuvre de séduction auprès de Négrilles qu'ils souhaitaient attirer dans leur dépendance, que j'entrai en contact avec ces derniers. Je séjournai à plusieurs reprises à Mindzo, où résidait un de mes meilleurs assistants, Komé Mpoutou. Je finis par obtenir, en me montrant compréhensif pour ses besoins de vieil alcoolique, la sympathie du chef villageois : Kouka Nganga. Cet homme usé par l'abus du vin de palme et des boissons importées, négligé dans son vêtement, tirait une certaine noblesse du port d'un éventail de barbe blanche qui lui donnait l'allure de quelque saint personnage sorti du film *Verts patûrages.*

Il m'avait laissé comprendre sa politique à l'égard des Négrilles en espérant mon appui auprès de l'administrateur du district. Son procédé ne manquait pas d'ingéniosité et il ne fit pas de difficulté pour me l'expliquer ensuite :

– Lorsque j'ai offert le *malaki* (fête de sortie de deuil et fête en l'honneur des ancêtres), j'ai invité les Babinga. Je les traitais en égaux et ils étaient fiers. Maintenant qu'ils sont venus chez moi, ils sont entrés dans mon système. Nous ne pouvons plus nous empêcher d'échanger des richesses. S'ils sont obligés de céder, parce qu'ils sont trop pauvres, j'aurai pris de l'autorité sur eux... aux dépens des Batéké.

– Quels avantages auront-ils? Ils ne feront que changer de maître.

– Ça n'est pas vrai. Nous les traiterons mieux que ne le font les Batéké et nous leur apprendrons la vie moderne. Les Batéké ne veulent pas connaître la « civilisation »; ils restent des gens d'autrefois.

– Et après, quel intérêt trouverez-vous à cette manœuvre?

– Je serai devenu un chef plus important. Chacun parlera de mon habileté et de ma ruse. Surtout, je n'aurai plus à monter sur les Plateaux pour acheter la viande de chasse; les Babinga devront l'apporter au village.

Toute l'affaire tenait en cette double détermination. Elle avait ses causes économiques : briser le monopole du marché de la viande, denrée rare et par conséquent coûteuse, que les Batéké détiennent grâce aux Négrilles qui sont les meilleurs chasseurs du pays. Elle avait ses raisons d'ordre politique : affaiblir les Batéké, restés depuis un siècle des rivaux méprisants, en les atteignant dans leur droit de suzeraineté.

Un matin, Kouka Nganga vient me trouver à ma case, accompagné de quelques jeunes parents turbulents et bavards. Je m'étonne de l'agitation et plus encore de la métamorphose de mon visiteur. Il a revêtu une tenue kaki neuve, porte un chapeau mou de vieux style qui rappelle la coiffure de certains campagnards. Il tient une canne ouvragée, remplaçant les anciens insignes de puissance. A dire vrai, je me sens inquiet de ce qui m'apparaît une démarche officielle annonçant un débat d'importance. Après des politesses qui me semblent interminables, après la consommation en commun du *malafou* (vin de palme) dont les premières gouttes ont été par tous, et moi-même, offertes aux ancêtres, l'affaire devient très simple. Il s'agit de m'adresser une invitation qui, d'après ce que je comprends, n'est pas conforme aux règles mais a l'excuse de mon attention désintéressée pour les affaires du pays. J'accueille sans hésiter une sollicitation allant au-devant de mes projets, et j'écoute :

– Les Babinga ont perdu leur chef, tu le sais. Un homme riche qui ne peut être traité comme un mort ordinaire... Ils organisent, à partir de cette nuit, le *malaki* de sortie de deuil. Ils feront en même temps reconnaître l'autorité du successeur... J'ai reçu la nouvelle et je te demande de venir avec moi...

– Est-ce loin d'ici?

– Oh! un peu. Tu marches bien, tu arrives avant la nuit. Les Babinga n'ont plus si peur maintenant, ils s'approchent des routes...

En acceptant cette proposition tentante, je me fais le complice de la ruse politique du vieux chef. J'ajoute le poids de mon prestige en sa faveur. Je le transforme en homme capable d'entraîner un Européen dans sa suite en cette occasion solennelle. Le calcul n'était pas si faux. Je pus m'en rendre compte en remarquant, sur le lieu de la fête, la grise mine dont me gratifia le chef batéké, propriétaire du campement négrille. Je ne jugeai pas nécessaire de renoncer à cette occasion exceptionnelle. J'eus même le sentiment de contribuer quelque peu à l'entrée des Babinga sur la scène de l'Afrique moderne.

C'est une bande endimanchée, bruyante, couverte en arrière-garde par deux joueurs de long tambour allant rejoindre les orchestres appelés pour la circonstance, qui s'engage dans l'étroit sentier. Le soleil tape fort sur la savane roussie. Tout semble inanimé. Les champs de culture disparaissent très vite et, de temps à autre, seul un faisceau d'herbes nouées, marquant une limite de chasse, me rappelle que les hommes exercent un contrôle sur ce paysage désolé. Le chemin s'accidente. Nous ne cessons de monter et descendre, longeant par moments des lambeaux de forêt secondaire qui tentent de reconquérir les flancs de vallées au modelé usé par l'érosion. Notre bande commence à s'étirer; on lance des cris de rappel vers les retardataires. Je me sens observé et je devine que mes compagnons guettent, par jeu, le moment où je manifesterai ma fatigue. Je m'acharne à maintenir un pas rapide avec cette obstination qui, allant jusqu'au trouble de la vue et au sourd martèlement des tempes, faisait dire à mon ami Pauvert que j'ai la « passion du masochisme ». Je me répète, sans les exprimer, des refrains qui m'aident de leur rythme : « La route est longue, longue, longue... » Puis une forêt assez vaste se profile, mais c'est moins sa forme massive et sombre qui s'impose à moi que l'anticipation de sa fraîcheur. Une rivière calme, et peu profonde, flanquée sur ses abords de petites rizières, impose la recherche d'un gué. Brutalement, l'animation me tire de ma torpeur mécanique. Nous croisons d'autres bandes. Des cris, des appels, des messages courent à travers la forêt. Kouka Nganga m'arrête d'un geste soudain.

– Regarde! Les Babinga arrivent pour la fête.

Ils marchent d'un pas feutré, en ne provoquant aucun froissement végétal, rangés en file par deux comme d'étonnants écoliers, silencieux. Ils me surprennent par leur capacité à se fondre avec la nature, révélant une faculté de mimétisme dont nous ne portons plus en nous la moindre trace. Je les observe avec une intense curiosité. Ils sont d'apparence chétive et leur taille me paraît cependant dépasser 1,50 m; ce qui révèle, ainsi que la couleur « noircie » de leur peau, et d'autres traits physiques, l'importance des métissages avec les Noirs qui devinrent leurs patrons. Ils ont revêtu un pagne de raphia noué à la ceinture ou quelques défroques européennes. Leurs femmes, dont la peau me semble davantage fripée, ont sur la tête une maigre charge disposée dans la *moutète* – le long et banal panier de vannerie acquis auprès des maîtres nègres. Ils glissent devant notre troupe arrêtée, sans une parole de salutation, sans un signe, en nous ignorant. Kouka Nganga les regarde passer en retrouvant ses rêves de propriétaire.

Nous voici au but. Dans une vaste clairière récemment élargie, une véritable kermesse réunit, devant son décor provisoire, tous les âges de l'Afrique. Le campement babinga se trouve légèrement déjeté. Il se compose de quelques huttes, mise à part l'habitation du chef édifiée selon le style batéké, qui ont l'aspect de petites tonnelles couvertes d'herbes sèches. A l'intérieur de chacune d'elles, sur un espacc de quelques mètres carrés, vit la famille entière, rassemblée derrière le feu de braises entretenu à l'entrée. La case ne contient presque aucun objet : je n'aperçois que quelques nattes d'écorce, quelques calebasses où un enfant va dérober une miette de nourriture. Alentour, des pieds d'ignames montrent que les Négrilles commencent à cultiver; mais ils dépendent toujours pour obtenir du manioc, fondement de l'alimentation en pays forestier, des Noirs qui les exploitent.

En dehors des intruments de chasse (lance courte, couteau, arbalète, filet de fibres), ces hommes se trouvent quasi dépouillés. Ils sont dépourvus de biens matériels, livrés aux seules ressources de l'intelligence et de la ruse. La forêt reste leur véritable demeure et leur apport à la civilisation consiste en leurs talents pour la maîtriser. Ils sont, avec des mains presque nues, plus habiles qu'aucun autre peuple à tirer profit d'une nature qui leur reste accordée. Nul n'excelle comme eux à la chasse, et on les a appelés Babinga, d'une corruption de *Bambenga* qui signifie : « ceux qui vivent de la chasse ». Hommes et femmes savent aux saisons propices, sans engin, pêcher dans les trous d'eau. Femmes et enfants, par bandes toujours muettes, réalisent les plus fructueuses cueillettes, revenant chargés de fruits, de feuilles et de tubercules comestibles, d'insectes et de vers. Leur gastronomie est directe; elle ne réside pas dans les artifices. Ils collectent le miel, qui sert à la nourriture des jeunes enfants, et un mythe les présente sous l'aspect d'anciens forgerons qui ont renoncé au travail du fer pour la cueillette du miel. Comme si tous les avatars de leur civilisation composaient un enseignement à la gloire du dépouillement. Mais ce succès incontestable qui nous montre comment toute société, même indigente en réalisations matérielles, est néanmoins *humaine* et comment elle parvient, malgré ce handicap, à d'impressionnantes maîtrises, comporte son revers. Habiles devant la forêt équatoriale, où ils nomadisent depuis des siècles, les Babinga se sont trouvés dépourvus devant les hommes plus puissants qui ont coupé leurs chemins. Ils sont devenus le bien des Noirs qui les ont attirés, avec ce même effet de mirage intervenant au commencement de toute colonisation, par les scintillements de la pacotille et par le prestige d'une technologie supérieure.

En marge du campement, un village provisoire s'est construit, avec ses places et ses allées. Des abris de branchages et de palmes servent de lieu de repos à des familles entières venues avec des couvertures, des lampes-tempête, des calebasses chargées de provisions de route. Tous les paysans batéké et basoundi des environs se trouvent présents, établis dans leurs quartiers respectifs, entourés de gens arrivés à l'instant de la ville, qui paradent, élégants, chaussés de neuf, munis de lunettes noires. Sur la plus vaste des places un commerçant a dressé son éventaire : étoffes imprimées, cigarettes, chewing-gum, etc. Le luxe se déballe sous le regard des Babinga qui gardent leurs distances. En cette kermesse déconcertante, où chacun semble mener son jeu à sa guise, un ordre strict se reconnaît pourtant. Il impose aux différents groupes ethniques leur lieu de réjouissance en évitant, grâce à une surveillance constante, les empiètements. Il ménage les préséances : au centre, se dresse l'habitation provisoire du chef batéké, patron de ce campement négrille; dans les divers quartiers, les notables placides se tiennent en dehors de la foule et trônent sur des fauteuils indigènes transportés par leur escorte. Les richesses données à consommer – vin de palme, viande séchée et manioc préparé – obéissent, bien que chacun en ait une part, à un système de répartition qui tient compte du statut social en même temps que de l'importance des contre-dons apportés à l'occasion du *malaki*. C'est que ce dernier, qui implique échange de biens et tout autant compétition dans l'échange, exige une minutieuse comptabilité. Un jeune commis, insolitement coiffé d'une sorte de chapeau tyrolien et flanqué d'une sacoche à bandoulière, enregistre le montant des cadeaux et encaisse les contributions monétaires. Je l'imagine sous la forme d'un de ces employés communaux qui prélèvent les droits exigés des commerçants, sur les marchés parisiens, au milieu de l'agitation et des étalages de produits mis en vente. Les deux « chefs du *malaki* », le maître batéké et son dépendant babinga, le surveillent de près.

Mon arrivée a simplifié ou faussé le protocole de réception. Je suis un élément de trouble, en apparence inattendu bien que le « télégraphe de brousse » ait vite transmis l'annonce de mon déplacement. J'apporte mon cadeau aux responsables de la fête; mais c'est un don sans contrepartie à venir qui me situe hors du système et, d'une certaine manière, me donne une victoire sans combat sur le plan du prestige puisqu'il exclut la possibilité d'une réplique. Le chef batéké est gêné par cette situation qui, selon son optique, le met en position d'infériorité irrémédiable. Il me fait apporter en abondance nourritures et vin de palme. Kouka Nganga, soucieux d'atteindre son rival, me chuchote :

– Il y a trop d'eau dans le *malufou*. Tu vois toi-même que c'est un avare et un mauvais maître pour les Babinga.

Les invités continuent à arriver, en famille, par bandes distendues. Ils saluent les deux « chefs du *malaki* », font enregistrer leurs dons avec une insistance soupçonneuse. Puis les hommes vont présenter leurs femmes aux joueurs des orchestres, avant même que celles-ci se soient débarrassées de leur charge. La foule hétéroclite, riche de la couleur des cotonnades, bruyante de cris d'appel et de chants, s'anime de mouvements toujours localisés qui donnent l'impression d'un montage scénique par lequel des tableaux divers seraient tous saisis dans le même instant. Ici l'on mange dans un décor de repas sur l'herbe. Ici l'on danse.

Seuls les Babinga se divertissent « sans rire, sans parler, sans chanter ». Ils composent une circonférence, formée moitié de femmes, moitié d'hommes, au milieu de laquelle un instrumentiste joue de la harpe à quatre cordes de rotin. Ils dansent par piétinements et en battant des mains. A un moment donné, un des hommes entre dans le cercle, et tous les participants se mettent à pousser un long cri bouleversant. Je ne peux saisir le sens de cette chorégraphie. Je m'attache, pour me dissimuler ma carence, à y voir la forme originelle de l'un de ces jeux dont nos enfants sont devenus les héritiers inconscients.

Quelques jeunes Babinga, dans une parodie maladroite, se risquent à l'imitation des danses particulières à leurs voisins Basoundi. Ceux-ci accompagnent leurs mouvements d'un chant monotone, insidieux, à motif bref continuellement répété. La danse, sans fin, lance les sexes l'un vers l'autre, dans un geste violent tôt suivi de recul. Les joueurs de tambour occupent un emplacement latéral. Hommes et femmes sont séparés en deux rangées qui se font face. Ils s'observent tout en marquant le rythme sur place par un piétinement à trois temps. Et soudain, chaque homme se précipite vers sa partenaire, se colle à elle en simulant l'acte de l'accouplement. Fuite. Piétinements. La femme à son tour vient se jeter sur son vis-à-vis pour lui imposer le coït fictif. Fuite encore. Et cette double attaque recommence. Gardons-nous de voir en ces jeux une simple technique d'exaspération de la sexualité. Ils témoignent de la condition de sociétés où toute efficacité de l'action humaine reste plus d'ordre biologique que d'ordre technique, de cultures où, selon l'expression d'Engels, la « reproduction des êtres humains » l'emporte de beaucoup sur la « production des moyens d'existence ». Dans un tel contexte, le prototype de tout acte efficace est le geste qui accouple les sexes. Simuler ce dernier manifeste la reconnaissance d'une loi fondamentale – condition même de la permanence du monde naturel vivant – et donne la certitude d'une action féconde et accordée.

Dans leur quartier, les Batéké demeurent calmes. Ils sont assis sur le sol par petits groupes et écoutent les chants que leurs « griotes » reprennent d'une voix rude. Un notable se dresse, réajuste son pagne drapé, se fait servir un grand verre de *malafou* et commence à boire lentement. Une femme se lève, s'approche de lui dans une attitude d'humble soumission. Elle cambre la taille d'un mouvement brusque et adresse à l'homme son chant de louange : « Tu es plus fort que le lion du Plateau... Tes ancêtres sont parmi les plus grands de ceux qu'ait connus notre peuple... » Le notable écoute en poursuivant son interminable dégustation. La femme l'entoure de ses gestes, met en scène les hauts faits évoqués à la gloire de ce maître incontesté, guide son chant sur le rythme d'un bruiteur. Elle ne s'abattra, épuisée par sa pantomime exaltante, que lorsque l'homme aura bien voulu, satisfait, boire la dernière gorgée de vin de palme.

La nuit soudaine, humide et lourde, entraîne d'abord un arrêt partiel de la fête. Les familles se reforment autour du repas composé de victuailles données à consommer par les deux chefs. Quelques jeunes gens s'attardent encore sur les emplacements de danse. Les lumières des lampes-tempête doublent la scène d'un jeu d'ombres mouvantes et déformées. Un couple disparaît vers la forêt pour aller faire l'amour, puis un autre. A l'abri de sa case, une mère babinga gave son jeune enfant de miel. Les bruits se sont assourdis.

Dans un recoin discret, Kouka Nganga, parvenu à ses fins, a attiré le chef babinga qu'il harcèle de questions :

– Pourquoi n'es-tu pas venu me parler? Qu'est-ce que tu as? Veux-tu déjà renoncer à mon amitié?...

Le petit homme essaie de se dérober. Il est inquiet, craignant d'être surpris par son maître batéké. Je me retrouve en face du problème qui motivait ma recherche : celui que pose l'évolution des Négrilles soucieux, par un difficile jeu de bascule, de mettre fin à leur trop longue servitude.

Le procès est facile à instruire. Kouka Nganga m'en a présenté tous les éléments. Et je ne crois pas que son énumération ait exagéré. Les Batéké dérobent une partie des impôts prélevés sur leurs campements babinga. Les Batéké volent la viande abattue pour la vendre à leur bénéfice. Les Batéké se servent des Négrilles pour défricher et exploiter les plantations. Les Batéké ne traitent pas ces derniers comme des hommes : la case du Babinga, la place où il s'est assis, l'aliment qu'il a tenu en ses mains portent une souillure. Les Babinga sont suffisamment intouchables pour que soit maintenue une distance qui leur donne un sentiment d'infériorité, mais pas assez pour se trouver économiquement inutilisables.

La situation ne diffère pas sensiblement dans la partie septentrionale du Haut-Congo, en particulier dans la région de la Likouala, où A. Hauser enquêta de février à mai 1951. Les mêmes relations de servitude s'imposent, mais sur une plus grande échelle puisque, dans le district de Dongou, 10 500 Noirs possèdent au moins 5 000 Négrilles. La même impatience de bouleverser les rapports inégaux s'y retrouve, bien qu'en ce pays d'extrême pauvreté l'écart entre les deux civilisations soit beaucoup moins marqué et que les mariages mixtes commencent à se multiplier. En fait, l'inégalité s'est développée à mesure qu'a progressé l'économie de marché, repoussant toujours plus avant dans le passé le contrat tacite qui avait déterminé la symbiose initiale entre Noirs et Négrilles. Le copal, les palmistes et l'huile de palme, que ceux-ci produisent, ne sont pas vendus à leur profit. Ils se laissent pourtant tenter par les marchandises que la traite introduit; plus ils prennent le désir de ces biens, plus ils ont conscience d'une exploitation qui se renforce et continue à les laisser nus et démunis. A. Hauser a calculé que la vente des produits rapporte annuellement 12 000 francs africains, en moyenne, pour un patron disposant d'une dizaine de Babinga. Revenu modeste qui paraît néanmoins considérable aux yeux d'hommes sortis depuis peu de leur nomadisme forestier, et dont la liberté a été sacrifiée aux dieux des marchés.

Les Babinga voudraient briser l'écran que leurs maîtres nègres ont dressé entre eux et l'administration. Ils souhaitent établir un contact direct avec des autorités impartiales. Ils cherchent à s'approcher des centres commerciaux. Ils se risquent au-delà des limites de la forêt, jusqu'aux abords des dispensaires et, pour quelques-uns d'entre eux, des écoles. Certaines individualités plus fortes ont réussi, mais souvent au prix d'une rupture totale avec le milieu d'origine (qui entraîne jusqu'au changement de nom), à conquérir une amélioration de leur sort. Tel est le cas d'un Babinga de la région de Brazzaville qui, sous un patronyme d'adoption, s'était constitué, en tant que « féticheur », une large clientèle dans la capitale et au-delà du fleuve. Plusieurs de ses clients, sauvés par son intervention, l'appelaient Babinga-Miracle.

Toute société humaine présente, si nous voulons l'examiner en fonction d'un dualisme très simplifié, une lutte entre deux principes; celui d'hétérogénéité (que manifestent les différenciations sociales et les antagonismes liés à ces dernières) et celui d'homogénéité (que révèlent les facteurs d'unité, qu'il s'agisse de croyances et de comportements ou d'intérêts communs). Toute société, à son échelle propre, est viable si le second de ces principes l'emporte sur le premier ou l'équilibre. Et cette remarque nous rapproche du problème évoqué au cours de ces pages. On repère facilement, au sein des sociétés africaines actuelles, la position privilégiée que détiennent les éléments de division. L'implantation européenne, en même temps qu'elle introduisait un nouveau partenaire, a suscité des relations plus intenses entre les diverses cultures nègres, accentué leurs différences profondes et accusé l'écart qui les sépare. Les particularismes, bien qu'ils ne s'expriment plus par le jeu des guerres tribales (et peut-être surtout à cause de cela), restent fort vifs. Il est beaucoup plus difficile de constater l'influence de facteurs d'unité efficaces. La structure économique de type moderne, commune à tous, introduit des causes d'exploitation qui, comme on l'observe d'une manière grossière dans le cas des Babinga, tendent à s'appuyer sur les anciens rapports inégaux. Les religions noires n'ont pas un caractère unitaire, et le christianisme, chargé de prescriptions incompatibles avec le vieux fonds africain, paraît par ailleurs suspect en raison de son association avec le système colonial. La civilisation nouvelle, qui cherche à se construire sous l'action de la nôtre, reste pour l'instant si pauvre qu'elle ne peut guère contribuer à l'effacement de l'extrême diversité culturelle du monde noir. Dans quels ensembles, par quelles forces serait-il possible d'intégrer ces fragments, afin d'édifier une société moderne relativement homogène et suffisamment créatrice pour qu'elle ajoutât son accent propre au concert des grandes civilisations?

Sur les places de danse, l'animation a repris. Jusqu'au petit matin, les mêmes partenaires répéteront les mêmes figures. Je me sens las et j'aspire à retrouver quelque calme en marchant dans la nuit. Un neveu de Kouka Nganga décide de m'accompagner pour m'aider à retrouver le chemin de son village. A peine sommes-nous dans la forêt que les bruits de la fête s'étouffent comme s'ils tombaient dans de l'ouate. Un froissement de feuillage nous révèle un couple qui s'échappe. Mon guide éclate de rire et raille les deux jeunes gens qu'il a pu reconnaître. Puis, il n'y a plus à entendre que le crissement des insectes. J'éprouve le besoin de poser une question :

– Qu'est-ce que tu penses des Babinga?

– Oh! tu sais, ces gens-là c'est la sauvagerie. Ils sentent tous mauvais... Tu as bien vu, pour le *malaki* du Babinga on donne seulement 25 francs. Si l'homme avait été un nègre, il aurait fallu donner 500 francs, peut-être plus...

GABON, ZÉRO ÉQUATORIAL

Venant de Brazzaville par la route, j'eus seulement à Lambaréné le sentiment d'avoir accédé au Gabon de mon imagination. L'étape avait été longue. Je dus rouler durant une partie de la nuit avant d'entrevoir les lumières pauvres qui, reflétées dans l'Ogooué, me révélèrent la proximité de ce centre, connu par l'activité des exploitations forestières dispersées dans la région. Je ne pus que l'entrevoir. En raison de l'heure tardive, il me fut impossible d'obtenir non seulement la remise en marche du bac, mais même une pirogue me permettant de passer le fleuve. Sur cette rive, je ne parvins à repérer aucun signe de présence humaine. L'obscurité, si complète, absorbait en elle toute forme distincte. Seul l'Ogooué, que je devinai large et d'un calme à peine clapotant, projetait quelques scintillements. La chaleur restait pesante. L'atmosphère se chargeait de cette humidité qui donne à chaque instant la sensation de vivre dans un univers devenu poisseux. Quelques palmiers se trouvaient aux abords de la route, les branches pendantes, sans que leur feuillage manifestât le moindre frémissement. Dans un pareil cadre, des mots tels que sommeil et torpeur me vinrent à l'esprit et trouvèrent d'un coup une résonance presque cosmique.

Je découvre un hangar vide; derrière, se trouve une maison de bois, construite dans le vieux style colonial, avec une montée d'escalier et une galerie qui branlent dangereusement. Les lieux sont désertés, mais l'habitation reste ouverte conformément à une tacite et alors fréquente pratique d'hospitalité. La demeure est indigente, à peine meublée, envahie par la poussière. Je m'installe dans une chambre, équipée d'un vieux lit de bois, à matelas crevé, surmonté d'une moustiquaire vétuste, hors d'usage, et d'une chaise paillée, rafistolée. La pièce est sinistre, de misère, d'abandon. Quel homme peut supporter un tel dénuement, pire que celui connu par les indigènes dans leurs cases traditionnelles? J'appris le lendemain que j'occupais l'habitation d'Isaac, le métis, qui subsiste grâce aux maigres revenus d'une exploitation artisanale de bois d'okoumé. Je n'eus pas l'occasion de rencontrer ce personnage, mais il s'imposa d'emblée à moi par sa légende. Je sus alors qu'il était initié à la société religieuse dite *Bwiti*, dont j'aurai à parler, qu'il en avait accepté toutes les obligations, qu'il y avait acquis une position éminente. Ainsi, au-delà de cette misère, qui m'avait tant impressionné, se découvrait un homme plus soucieux de son adhésion spirituelle à la vieille Afrique que des règles comptables assurant la prospérité dans le commerce des bois coloniaux.

Le site de Lambaréné reste l'un des plus accablants que j'aie fréquentés. Ciel plombé, fleuve aux rives sans couleur, demeures africaines disséminées dans un espace trop vaste et maintenant dépouillées de leur cachet original. Tout conspire à inquiéter autant qu'à décevoir. On pressent vite que les civilisations, les peuples se sont ici corrodés et usés en moins d'un siècle, au contact de nos impératifs économiques, administratifs et religieux. La traite déjà, si avantageuse aux roitelets négriers établis dans la région côtière, les avait épuisés. En débarquant du bac, on aborde une route de rive, sorte de *marina* où s'échelonnent les baraques des commerçants indigènes. On n'y remarque point d'animation, de cris, de longs marchandages. Les hommes vivent au ralenti, en dehors des foules grouillantes qui surprennent dès le premier contact avec les agglomérations de l'Ouest africain. La pauvreté subsiste, d'autant plus frappante et affligeante que le pittoresque des décors exotiques ne l'atténue plus. A l'arrière des habitations et bâtiments « européens » se maintient un petit village peuplé de Galwa. Il dresse ses cases sans style, montées en planches sur un modèle commun qui nous est emprunté, aux murs couverts de chromos et d'images arrachées aux publications illustrées. Il révèle, par les portes entrouvertes, des intérieurs d'autant plus miséreux qu'ils se voudraient bourgeois à notre manière. Les derniers survivants de cette ethnie très diminuée vivent dans un faux cadre de modernisme indigent qui a ses répliques jusqu'en Haïti.

Les hommes, Fang ou Galwa, sont petits, ramassés sur eux-mêmes, de traits souvent grossiers. Ils ne fournissent guère prétexte à de belles images. Aussi comprend-on les inquiétudes du metteur en scène Claude Vermorel qui s'installa dans cette région pour tourner son film consacré aux coupeurs de bois. On me précisa qu'il dut emprunter à l'armée quelques tirailleurs originaires d'autres pays; la figuration locale décevait par trop les exigences de l'esthétique cinématographique.

Le Gabon, zéro équatorial, se présente terne, en grisaille, ou en clair-obscur à l'abri de la forêt. Et pourtant, il n'a jamais été atteint sans risques par les Européens qui venaient s'y implanter : il eut un rôle de révélateur, comme si, par réaction contre l'environnement, les hommes avaient à exaspérer leur originalité jusqu'à la caricature. Ce pays reste riche en personnages. Nombre d'exploitants forestiers ont leur légende. L'administration elle-même parvient à prendre un relief qui tranche sur la coutume. Je revois encore, avec une amicale tendresse, cette figure de chef de district que la passion naturaliste transforme : un homme qui ne saisissait le Gabon que par la magnificence de ses papillons ou de ses oiseaux et s'acharnait à la prise d'une pièce rare, l'indicateur à queue en lyre. Nous sommes allés en forêt pour surprendre, avec un raffinement savant, le bruit caractéristique que cet oiseau, dit-on, fait avec sa queue : « Nyété! nyété!

nyété! » repris une douzaine de fois avec une tonalité croissante, puis décroissante.

Le jour de mon établissement dans Lambaréné le temps est particulièrement instable, menaçant, suffoquant. Cela ne contribue guère à rendre supportables les chambres de l'unique hôtel où je suis installé : ces sortes de *box*, sous couverture de tôle, équipés de meubles vétustes qui font penser à d'anciens laissés-pour-compte de salles des ventes. Je connais une impression qui s'imposera souvent à moi durant mon séjour au Gabon; il me semble qu'un capital ancien s'est continuellement dégradé, jusqu'à acquérir ce visage désuet et usé que je découvre en ce moment. Toute chose y paraît émerger d'autres temps, fatiguée d'avoir trop servi, corrodée par un climat nullement propice à une conservation en bon état. Je saisis ainsi deux éléments sur trois du problème gabonais : l'illusion, caractéristique de certains groupements africains comme de la colonie européenne, qui consiste à vivre sur un passé dont les richesses sont depuis longtemps consommées; la difficulté de lutter avec une nature qui se nourrit avidement de la corruption de toutes les œuvres humaines. Le troisième élément, c'est la dispersion des groupements humains, leur éclatement à travers un pays beaucoup trop vaste qui les engloutit (1).

Je me sens mal à l'aise – l'estomac délabré, la peau envahie par des champignons qui se développent en petits atolls rougeoyants – tout autant qu'accablé par ces sentiments déprimants. Je décide de rendre visite au médecin de l'hôpital administratif avant qu'éclate la tornade. On m'avait dit que c'était un nouveau venu, un « civil contractuel » originaire du nord de la France. Je désirais le rencontrer autant par nécessité que par curiosité. Le ciel s'assombrit d'un coup; j'ai à peine le temps d'arriver que la pluie et l'orage se déchaînent. Le médecin me reçoit dans son bureau encombré de

(1) Depuis cette decription, l'argent des mines et du pétrole a engendré une modernité affairiste.

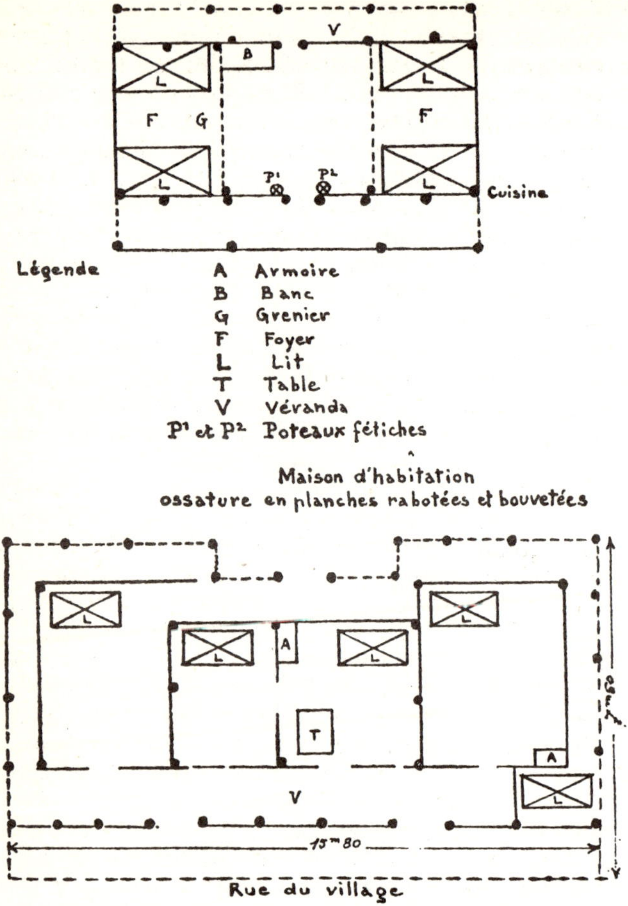

Fig. 42. – *Plan d'anciennes habitations (aisées et riches) fang de la région de Libreville.*

papiers et d'échantillons pharmaceutiques. Une seule lampe-tempête à la flamme dansante nous éclaire en projetant des ombres démesurées. L'homme a le visage large et rond, la blondeur, l'intonation des gens du Nord. Il fait masse avec son fauteuil, soudain muet après s'être minutieusement enquis de mes attributions et des raisons de mon séjour. Je le distingue mal, sauf lorsque la lumière des éclairs enveloppe un instant son visage. Brutalement, il se met à parler sans s'interrompre, à formuler le plus extraordinaire des monologues qu'accompagne le tohu-bohu du tonnerre :

– Moi aussi, monsieur, j'ai fait de la philosophie. La reine des sciences, notre mère à tous. Rappelez-vous l'*Ethique* de Baruch Spinoza. Ceci par exemple : « L'objet de l'idée qui constitue l'esprit humain, « c'est le corps, c'est-à-dire un certain mode « d'extension. » Eh! oui, le corps. Pourtant, monsieur, de la philosophie à la médecine, quelle déchéance! Dans ce pays, l'esprit s'égare et le corps se dégrade sans qu'on puisse rien faire pour lui... Regardez, on m'a laissé venir dans un hôpital sans équipement. Ce que vous voyez là est fictif, hors d'état de servir. L'autoclave est de fondation, on pourrait en faire un garde-manger. Vous prenez vos repas à l'hôtel? Alors vous risquez l'appendicite. Je vous opérerai, vous aurez toutes les chances d'y rester par manque d'asepsie. *Dies iræ, dies illa*... Non, je vous enverrai chez Schweitzer. Voilà à quoi j'en suis réduit! Je deviens un rabatteur, alors qu'on m'a imposé d'être un concurrent... Vous vous plaignez de l'estomac, ne traitez pas cela à la légère. Ulcère de la petite courbure, vous êtes emporté en un clin d'œil. Rentrez vous soigner, exigez une radiographie... Ce pays n'est pas fait pour des chrétiens!

Je sortis de là abasourdi, moins par les menaces catastrophiques auxquelles je ne croyais guère que par le désarroi total dont je venais d'être témoin. En l'espace de quelques semaines, cet homme, dans sa lutte contre la torpeur et la vétusté gabonaises, dans son combat pour accomplir une tâche vite découverte démesurée, s'est trouvé réduit à un état d'exaltation délirante. A l'occasion d'un second séjour au Gabon, je désirai savoir ce qu'il était advenu de mon étrange médecin : l'administration l'avait renvoyé en France. Il avait fini, dans un jeu inspiré du geste de Guillaume Tell, par passer son temps à tirer au pistolet des bouteilles vides d'eau Perrier placées sur la tête de ses serviteurs noirs. Ce cas, dans son acuité, demeure exceptionnel, mais il porte enseignement par l'effet de grossissement qu'il révèle. Il montre avec quelle rapidité le Gabon peut user les hommes mis à son service. Il faut une personnalité singulièrement armée, ou de puissants intérêts matériels, pour s'insurger sans déraison devant un milieu naturel et humain qui dispose d'une étonnante capacité d'annihilation et a en outre l'avantage de la démesure.

Il me serait facile de multiplier les portraits pittoresques. Je n'en ajouterai qu'un seul, parce qu'il apporte une suite à l'un de ceux que Marcel Sauvage esquissa dans son livre : les *Secrets de l'Afrique Noire.* Il s'agit de « Totor le bagnard » que je rencontrai dans son campement, établi à une quarantaine de kilomètres de Lambaréné, au voisinage même de la route qui conduit à Libreville. Voici l'image que fixa Marcel Sauvage, il y a quelques décennies : « Un homme de petite taille, le corps d'un gamin chétif, osseux, la peau écaillée par le soleil, avec une face noire, des yeux noirs, cernés, comme charbonneux sous un vieux chapeau de feutre. » L'homme s'est encore amenuisé, desséché; son visage creusé, ridé, donne une impression d'épuisement et les yeux enfoncés y occupent une place dévorante. Une barbe ample, un vêtement plus classique et un casque colonial blanc composent une silhouette moins surprenante; ce pourrait être celle d'un vieux missionnaire que le soleil équatorial a consumé. J'ai la certitude que Totor est devenu le porteur d'une sagesse qui reste son secret et son bien le plus cher. Elle lui vient des épreuves, de son mépris pour la fortune qu'il a plusieurs fois saisie et dilapidée, de son existence de traqueur de la forêt équatoriale où il s'est construit un monde à sa convenance. Cette sagesse a fait de lui un homme rangé. Celui qu'évoquait l'administrateur en me le décrivant, tout endimanché pour la circonstance, comme le plus ponctuel de ses contribuables. Un homme que l'on peut désormais se permettre de critiquer car ses réactions de violence se sont apaisées.

J'entends sa voix cassée, éraillée, venue de l'intérieur de la case, avant de le découvrir.

– Qui c'est, ce type?

Il apparaît, suivi de jeunes négresses vêtues de belles cotonnades à fleurs et de quelques-uns de ses chasseurs indigènes. Souverain d'un petit royaume oublié, il compose lui aussi une scène du temps passé. Il me tend la main; je la sens osseuse, rugueuse comme un cuir.

– Salut! Tu viens voir Totor?

– J'ai lu votre histoire dans le livre de Marcel Sauvage. J'ai eu envie de vous rencontrer.

Il marque un temps de réflexion, puis ajoute simplement avec un accent de douceur dans la voix :

– Ah! oui, Sauvage... Entre boire un canon.

L'habitation est une vaste case fang d'écorce martelée, à larges ouvertures. Sur la porte, une grande croix blanche est tracée à la craie. A l'intérieur, un mobilier neuf mais très rudimentaire, des fusils accrochés aux murs, des bouteilles d'alcool rangées sur une caisse, des marchandises destinées au commerce local. Devant nous, des femmes et des enfants s'enfuient. Il les chasse en criant.

– Dehors! Dehors! Voilà la schtrasse...

Puis se tournant vers moi, il ajoute en montrant les enfants :

– Y a de la semence à Totor, là-dedans.

Nous commençons à boire. Il se lance dans un récit où se mêlent avec complaisance des lambeaux de rêve éveillé, des réflexions d'un cynisme désabusé et les inquiétudes d'une vie bouleversée qui arrive à son terme.

– Tu as parlé de Sauvage. Je lui ai fait manger de la côtelette et de la salade. Tu ne te rends pas compte, mais dans le Gabon du temps, tout ça c'était du bonheur... Mon histoire, tu la connais. J'ai tué une femme... J'ai pas volé. C'est un autre courage, tu entends?... Les « pieds-de-biche », c'est des gars de rien, sans moralité. Du temps de la France libre y en a qui sont passés par ici. J'en ai gardé un chez moi, je l'ai régalé, je l'ai fait boire. Quand il est parti, il avait embarqué mes économies... Tu vois le genre...

Il emplit les verres, d'une main tremblante. Je me demande comment il parvient encore à chasser. Je me rappelle ce que l'on dit à ce sujet : « Il en raconte plus qu'il n'en peut faire. Ce sont ses Noirs qui abattent tout le gibier. » Il reprend son propos, recherchant certains effets qui révèlent le cabotinage :

– Ceux de la schtrasse ne sont pas mauvais. Ils ont de la considération pour moi... Les autres me prennent pour un type fini, cuit. Toi, t'as été au collège; moi, je sors du grand collège de la vie... J'en saurai toujours plus que toi sur cette garce-là... Tu veux étudier les nègres, eux aussi ils en sauront toujours plus que toi... Je suis un doux maintenant, j'attends la Grande Faucheuse...

Au moment où je sors pour reprendre la route, toute sa « clientèle », ses femmes, ses enfants, et ceux des autres, se rassemblent en criant. Il fait un geste pour les disperser. Puis il me les montre :

– Regarde comme ils sont gras... Quand je descends un éléphant, tout ce monde-là grouille dans la viande, comme des vers...

Il disparaît d'un coup dans la case, englouti, sans un signe d'adieu.

C'est encore un cas qui peut sembler excessif, mais qui, autant que le précédent, apporte une leçon. Au-delà des apparences aventurières d'une telle existence, il montre l'ascèse que l'Afrique finit par imposer à ceux qu'elle conquiert. M. Sauvage transcrit, dans son portrait de « Totor le bagnard », une réflexion révélatrice : « Au Gabon, lui dit ce dernier, je mis le nez à la fenêtre. » D'autres horizons s'ouvraient d'un coup et cet homme défait pressent, si l'on me permet l'emploi de la formule rimbaldienne, qu'il reste possible de « changer la vie ». Mais il importe peu aux Africains que leur pays soit propice aux aventures personnelles et rédemptrices. Ce n'est pas le salut d'une poignée d'Européens hors série qui les guide, mais le leur et au sens le plus matériel de l'expression. De ce point de vue, aussi, quelques remarques s'imposent. Les relations que Totor entretient avec ses « fidèles indigènes » ne furent en rien exceptionnelles. Sur les exploitations forestières et minières de moyenne importance, un paternalisme autoritaire se développa. L'assurance de la protection, de la sécurité alimentaire s'échange contre du travail et une fidélité sans réticence et sans détours. La dépendance reste absolue, associée à une familiarité qui n'exclut pas la brutalité. Ainsi, dans le cadre d'unités d'exploitation où intervient une économie rudimentaire (coupe de bois, chasse, traite d'ancien style) se reconstituent, mais sous une forme simplifiée, de vieux rapports sociaux rappelant la féodalité – et où l'on retrouve notamment, complétant la facile adoption de la coutume polygamique, l'équivalent du « droit de cuissage ». Le Gabon a été recouvert, comme d'un réseau relâché, de ces sociétés d'un autre âge. On ne doit pourtant pas penser que les pionniers à « clientèles » aient pu contribuer à mettre en place les bases d'un nouveau Brésil. Ils furent trop peu nombreux et trop en retard sur la marche de l'histoire.

Je n'ai jamais parcouru ce pays, durant mes premiers séjours, sans me laisser obséder par le thème de l'isolement. Trop peu de routes, et mauvaises, qui traversent des régions à peuplement distendu. Trop d'eau et de forêts qui multiplient les impasses. Les groupements humains y paraissent bouleversés, émiettés, repliés sur eux-mêmes – sans que ce réflexe de défense ait empêché la totale disparition de peuples ayant eu les honneurs des premières chroniques d'exploration. Cette colonisation ancienne, bien plus que centenaire, mais quantitativement et qualitativement déficiente, devint vite marginale et désuète dès l'instant où Brazzaville se transforma en capitale de l'Afrique Equatoriale. Environné de pays plus dynamiques, le Moyen-Congo, le Cameroun et même la Guinée dite espagnole, ce territoire est écartelé par les attractions qui s'exercent sur ses habitants. Sur le plan des civilisations, comme sur celui des activités économiques et des influences politiques, le Gabon se manifeste d'une déconcertante multiplicité. Son unité, en dépit de la fiction administrative, n'existe guère que dans la région côtière qui reçoit parfois le nom d'Ancien Gabon – le Gabâo des navigateurs portugais.

C'est dans l'isolement que se sont construites ou maintenues les personnalités non communes. Je pense précisément à cela en attendant de passer à bac pour revenir à Lambaréné. Le fleuve enserre le centre administratif. Sur cette rive, où la forêt marque un léger recul, j'aperçois de loin les bâtiments clairs de la mission protestante. Quelques mauvaises cases, où demeurent les « passeurs », annoncent de loin la rupture de la route. Les hommes reprennent en chœur un refrain alterné, destiné à mon édification :

« Qui vole le manioc?
C'est le milicien! C'est le milicien!
Qui donne le cadeau?
Le Blanc! Le Blanc! »

On me répète la leçon sans fin. Sur l'Ogooué, le vieux pélican d'Albert Schweitzer glisse lentement, seul et insolite, à la recherche de quelque proie. Je sais que l'hôpital est proche, ayant taillé dans la forêt et constitué un monde à part.

Je songe à la totale solitude d'Albert Schweitzer. J'aurais souhaité le rencontrer et pouvoir lui rendre justice, mais en cette époque il se trouve retenu en Europe. Quel homme étonnant à qui tous les appuis matériels, tous les encouragements, et la gloire, vinrent toujours du dehors! Ici, il reste prisonnier de son univers de malades et de machines à soigner, de son splendide isolement, de ses humaines faiblesses. Le personnage est d'autant plus grand qu'on le considère plus loin des rives de l'Ogooué. Il y apparaît d'une certaine manière comme sacré, avant même d'avoir été consacré homme d'exception au cours des dernières années de sa vie, alors qu'en marge de Lambaréné je le découvre singulièrement vulnérable.

Personne ne conteste le long effort de volonté et d'abnégation qui permit l'édification d'un centre hospitalier moderne « à l'orée de la forêt vierge », mais chacun juge l'homme. Il suffit de prononcer son nom pour susciter de vives réactions. Sans accorder crédit à des griefs anciens, qui rappellent les incidences africaines de la Première Guerre mondiale, il est curieux de remarquer l'unanimité qui lui reproche son incapacité à sortir du cercle de son devoir et de ses hautes passions. Je le devine enfermé dans sa tâche obstinée, son système métaphysique, sa royauté musicale, devenu distant et étranger. Tout cela n'avait aucune chance de lui être pardonné dans les limites d'un petit poste colonial où l'intensité des relations sociales s'efforce d'escamoter les servitudes de l'éloignement, où la chaleur des « dégagements » (réunions et festivités par lesquelles les Européens s'efforcent de retrouver une cohésion élémentaire) ne pouvait entraîner qu'intolérance pour son austérité. Mais ce manque de cordialité, pour quiconque reste extérieur à son domaine, on l'interprète aussi comme un signe de la dureté intervenant vis-à-vis de ceux qui vivent sous sa loi. On me conte à ce propos les difficultés qu'éprouva un de ses assistants, démonté par la sévérité d'une telle règle et la frugalité des conditions d'existence, à retrouver sa liberté. Cet homme, dont le dévouement n'était pas totale soumission, dut s'enfuir avec la complicité d'un piroguier indigène. Certains critiquent Albert Schweitzer de n'avoir guère eu de curiosité pour les civilisations gabonaises, recherchant toujours sa nourriture spirituelle hors de l'Afrique, et de n'avoir guère fait porter sa réflexion sur les problèmes que posent des sociétés au destin bouleversé. L'attaque se justifie, si elle ne vient pas toujours de ceux qui auraient le plus de droit à la diriger. Les maux physiques des hommes, tellement énormes, ont caché les maux sociaux, bien que ces derniers comportent un égal danger de mort. Il est incontestable qu'Albert Schweitzer n'a pas employé son extraordinaire talent à considérer, au-delà de réflexions antimodernistes qui s'accommodent de l'idée de salut par retour aux traditions rurales et artisanales, les solutions propres à rendre la santé sociale aux peuples du Gabon. Il reste un homme tourné avec nostalgie vers le passé. Cela explique peut-être, outre que le dévouement reçoive rarement le contre-don de reconnaissance, l'apparente ingratitude de ceux-ci à son égard. Ils réagissent contre son comportement autoritaire et lui tiennent rigueur d'avoir eu à payer en corvées la guérison de leurs plaies. Ils pensent, si je m'en tiens aux réflexions de quelques Africains, que cet homme ne les a pas abordés, bien que voyant en eux la machine humaine à remettre en état et l'âme à sauver, de la manière qu'ils auraient souhaitée.

Je n'ai en rien voulu alimenter une polémique hâtive et qui a déjà trouvé ses propagandistes. Mais il m'a semblé que ce jugement indirect, puisqu'il procède des regards qui convergent à Lambaréné sur cette personnalité exceptionnelle, met en évidence des problèmes d'un caractère plus général. Il montre comment l'expérience gabonaise accuse les traits contrastés qui marquent des individualités peu communes. Est-il vraiment impossible de tenir l'équilibre? Ne peut-on agir, selon l'expression même d'amis proches d'Albert Schweitzer, autrement que « pour le meilleur et pour le pire »? Les vicissitudes de la passion qui monte vers Dieu sont d'une certaine manière augmentées par la démesure africaine, par le jeu colonial, et un de mes compagnons me le fait alors remarquer. Il me demande de dépasser ces apparences mesquines, d'élever le jugement à son véritable niveau : celui de la grâce. Il n'en reste pas moins que la gloire du médecin de Lambaréné s'est construite par rapport à l'Afrique et aux Noirs. Ces derniers restent les inévitables termes de référence, si l'on apprécie les actions de l'homme et non seulement la grande aventure spirituelle dont il reste le promoteur. A raisonner autrement, on tomberait dans la facilité de ceux qui n'envisagent jamais l'Afrique que comme un prétexte.

Dans un milieu humain tel que celui-ci, où les rapports sociaux prennent un aspect souvent élémentaire, le rayonnement individuel bute à d'étroites mais résistantes limites. Les interférences d'intérêts et les antagonismes s'y font plus brutaux. Les heurts entre individus, dans la mesure même où la population européenne se trouve à la fois réduite et divisée dans ses buts, y acquièrent une particulière violence. L'influence exercée tend à devenir exclusive; elle multiplie, de cette manière, le phénomène des « clientèles » que j'ai déjà évoqué. Les Blancs ont d'autant plus facilement fait prévaloir ce type de relations que les indigènes eux-mêmes répugnaient aux engagements multiples. Cela explique le foisonnement des rivalités et le manque d'unité dans la diffusion des apports propres à l'Europe. Des divisions nouvelles se superposent aux anciennes; elles s'expriment dans les luttes électorales maintenant, après avoir eu, dès les premiers temps de la colonisation, l'aspect de conflits pour la prééminence économique ou la prépondérance spirituelle.

La poursuite de mes recherches au Gabon devait confirmer cette impression de division et de cloisonnement. Les grandes régions qui constituent le territoire, mal reliées entre elles, apparaissent pour la plupart comme des mosaïques de populations, encore affaiblies par leurs particularismes, recouvrant d'une manière grossière les zones d'isolement que la géographie dessine. Le phénomène reste d'autant plus net que l'histoire locale ne révèle, à aucun moment, la présence de peuples ayant eu par la contrainte et le prestige un rôle unificateur. Bien au contraire, la dispersion dans un cadre naturel démesuré, et où existent de larges vides humains, a offert le plus constant des moyens de défense – à l'époque de la traite négrière et au moment des recrutements de main-d'œuvre, lors de la mise en place de l'appareil administratif et des périodes de crise dans les rapports avec les Européens. L'émiettement des groupes, l'instabilité restent les techniques de protection employées par des peuples ayant conçu des structures sociales capables de se segmenter sans se détruire.

On devine les difficultés qu'une telle situation oppose aux programmes de modernisation et d'équipement. Le coût de ces entreprises, en un pays où les établissements humains sont dissous dans l'espace et où les distances en sont d'autant multipliées, reste sans commune mesure avec les résultats escomptés. En 1950, des sociétés métropolitaines construisaient, avec les procédés mécaniques les plus modernes, les premiers kilomètres de route (méritant pour la première fois le qualificatif de carrossable) qui assuraient la liaison de Libreville avec son arrière-pays. L'essai se révéla ruineux et imposa l'abandon de projets qui auraient tracé sur le territoire le réseau de communications indispensable à sa difficile unité.

A la même époque, un jeune agent du service de l'Agriculture, qui tomba d'épuisement par la suite, s'acharnait à ouvrir la voie qui pourrait relier une des plus belles palmeraies naturelles du Bas-Gabon aux modestes marchés régionaux. Il le faisait selon des techniques rappelant la période des pionniers : la pelle et la machette, les armées de villageois transformés en manœuvres, la méthode forte. Il se grisait du sentiment d'agir en instrument du progrès, du pouvoir qu'il se découvrait sur une multitude de travailleurs dont il était devenu l'animateur et le héros-chasseur – car il approvisionnait « ses hommes » en gibier abattu.

Je ne connais rien de plus émouvant en ces pays qu'une route neuve taillée à travers la forêt puissante. Nous nous sommes engagés avec exaltation sur les premiers kilomètres utilisables. Ils gravissent un massif montagneux, d'où se découvre la large plaine qui porte le poste administratif de Tchibanga, en dessinant comme deux rails écrasés les bandes de roulement que le camion suit en cahotant. La coupure est nette, fraîche; des racines tranchées dressent çà et là leurs pièges. Il est facile d'imaginer les peines qui resteront nécessaires pour lutter contre les ravages de l'érosion, contre l'exubérance d'un monde végétal capable d'abolir en quelques mois cette voie fragile et rudimentaire. La mobilisation contre la nature doit être permanente; elle exige un effort collectif de tous les instants, que pourraient seuls soutenir des avantages incontestables. Mais lorsque cette palmeraie naturelle, dite de Moabi, sera parcourue par 70 kilomètres de pistes et de routes, elle pourra produire annuellement 500 tonnes d'huile de palme et une égale quantité de palmistes. Prévisions optimistes qui signifieraient pour les 10 500 villageois, sur la base des cours de l'année 1950, un revenu de dix millions de francs africains; à peine mille francs par tête. Le progrès serait apparemment considérable : de l'ordre de 1 à 10. Mais ce gain ne suffit pas à maintenir la tension de travail nécessaire à de nouvelles conquêtes.

On saisit d'une manière dramatique les impasses auxquelles semblent conduire les entreprises modernes, ou « de fortune », visant à l'équipement du territoire. Elles ne sont rentables ni pour l'ancienne métropole, qui doit admettre que son aide financière reste un don pur et simple, ni pour les autochtones qui, dans l'immédiat, ont le sentiment d'un lourd effort aboutissant à des résultats disproportionnés. De part et d'autre, la tentation se fait grande de renoncer en rejetant sur le partenaire la responsabilité des maux subis. La persévérance en de telles tâches ne sera pas soutenue si les bénéfices matériels escomptés à court terme (et nous venons de voir combien ces derniers sont souvent différés) restent seuls en cause. Il faut que les Gabonais soient stimulés par un « *New Deal* des émotions » capable de les orienter avec vigueur vers l'avenir. L'indépendance peut créer le choc salutaire.

Ces remarques m'ont fait abandonner la route de Moabi. Mais il s'agit de quelque chose de plus qu'une figure de style : le tronçon utilisable s'arrête au bout d'une vingtaine de kilomètres et nous laissons le camion aux abords d'une paisible rivière. Au-delà, une tranchée récente ouvre la forêt; des souches énormes se dressent partout; des arbres abattus, portant à leur base les traces du feu qui servit à les saper, barrent le passage; des bandes de manœuvres s'acharnent à un travail que la dimension des outils fait paraître dérisoire. Très vite, nous perdons de vue ce paysage d'une Afrique où les hommes commencent à briser les obstacles. La piste seule constitue un réseau complexe, comme un diagramme des relations sociales, à travers la partie la plus massive de la palmeraie. Les arbres au fût sombre, souvent couvert de mousse et chargé de branches mortes, disposés en un peuplement touffu, donnent une impression de tristesse. Les bruits n'ont plus de portée. Des villages surgissent, assez nombreux, où nos convoyeurs s'amusent à faire des tours d'honneur en agitant les *tipoyes* vides, avec des pitreries qui provoquent d'énormes rires en chaîne. A partir de groupes de migration, venus les uns de la savane où s'étale la rivière Ngounié, les autres de la région côtière, s'est constitué un essaimage qui a permis la domestication partielle de la forêt et favorisé une étonnante invasion par le palmier. Les groupements humains se sont répandus en élargissant les frontières des terres claniques, en projetant sur le sol le réseau des relations de parenté et d'affinité. Ils ont tenté avec acharnement de maîtriser un espace trop vaste; toujours la forêt les emprisonnait, les isolait et les maintenait confinés dans une solitude qu'aggravaient des conflits sans grandeur.

Plus nous progressons en cette difficile région, plus ces réflexions s'imposent avec une sorte d'évidence banale. Les chemins étroits, accidentés, se déroulent par tronçons; ils se couvrent par moments d'une terre visqueuse qui fait glisser notre colonne en l'animant de mouvements grotesques; ils s'arrêtent à des ruisseaux encaissés qu'un maigre tronc d'arbre franchit. Les villlages deviennent plus rares, précaires et solitaires. Dans l'un d'eux, un ingénieur européen provisoirement attaché à la palmeraie apparaît emprisonné, vaincu par la conscience de ses moyens ridicules et par son cafard. Loin de lui, au centre d'une zone plus clairsemée découverte comme un bout du monde, une famille de missionnaires américains est insolitement enfermée dans son confort – auquel ne manque pas le monumental frigidaire transporté à dos d'hommes – et domine une poignée d'indigènes, autant « clients » du pasteur qu'adeptes de sa foi.

Dans un tel cadre naturel, toutes les œuvres humaines semblent devoir tourner court. Symbole, à mes yeux, de cette menace qui pèse continuellement sur l'individu et ses sociétés, une jeune folle n'a cessé d'accompagner notre caravane durant les dernières étapes. Elle est belle malgré son regard égaré et ses grimaces, vêtue d'une robe imprimée qu'elle a serrée haut sur la taille afin de découvrir ses cuisses. Elle précède notre marche, égrenant des chants incohérents, en brandissant et jetant en l'air un bâton qu'elle saisit au vol; et cette gesticulation fait songer à un tambour-major surgi d'un univers fantastique. Elle bondit par-dessus les obstacles, se contorsionne en risquant à tous moments la chute, esquive puis reparaît dans un éclaboussement de boue. Dans un des villages, où nous nous sommes arrêtés pour la nuit, elle s'est agenouillée au milieu de la place, immobile sous la pluie. Durant des heures, elle a hurlé des prières et des confessions à thème de culpabilité sexuelle. Un motif revient continuellement, que mes guides traduisent en riant : « Le long pénis des dieux a fait des enfants dans ma tête. » Personne ne lui prête attention, personne non plus ne s'avise de la chasser ou de la bousculer. Tard dans la nuit, alors que je ne parviens pas à m'endormir, ses hurlements sans fin, qui continuent à dominer le bruit de la pluie, m'envahissent et m'obsèdent.

Je devais retrouver la passion d'ouvrir des tronçons de route dans une tout autre région, coincée entre les frontières de la Guinée voisine et du Cameroun, dans le pays cacaoyer du Woleu-Ntem. Sans aide administrative autre qu'un prêt de pelles, des villageois organisés en « sociétés de travail » aménageaient un accès aux voies commerciales où s'échelonnent les marchés. Pour eux, la « civilisation » (c'est le mot qu'ils emploient avec respect et envie) commence dès le moment où les camions des transporteurs parviennent jusqu'à l'unique rue au long de laquelle les cases s'alignent. Ces paysans fang, de qui j'ai évoqué l'art magnifique maintenant disparu, ne s'en tenaient pas à l'espoir d'une activité économique devenue plus rentable grâce à un meilleur réseau de communications. Ils avaient de plus complètes ambitions. Ils devenaient non seulement les constructeurs de villages mieux conçus et moins enclos dans leurs limites séculaires, mais encore les organisateurs d'une société se voulant adaptée aux exigences modernes. Ils tentaient, dans une agitation révélatrice de leur désir de transformation, de rendre vie aux larges ensembles claniques, de regrouper les agglomérations trop disparates en les dotant de meilleurs équipements matériels.

Peu de temps après mon arrivée, dans le chef-lieu de la région, je reçus la visite de nombreux dignitaires animant ce mouvement. Avec maladresse, mais non sans obstination, ils me prenaient à témoin de leurs efforts et de leur besoin de progrès. L'un d'entre eux, Pierre Afouganou, qui se parait du

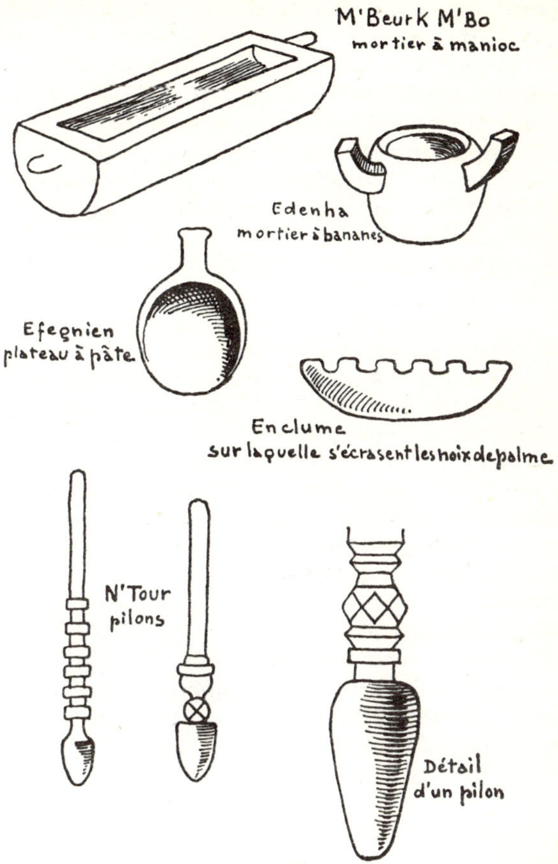

Fig. 43. – *Mortiers et pilons fang (objets anciens).*

titre d'« inspecteur » d'une tribu importante, me frappa particulièrement. Je lui accordai d'autant plus d'attention qu'il m'avait été présenté comme un illuminé. Il fallait en effet que cet homme fût porteur d'une grande passion : il avait pris le risque de se rendre en Guinée alors espagnole, auprès des clans apparentés, pour y implanter cette agitation en faveur de la modernisation. Son prosélytisme risquait de lui coûter cher dans un pays qui ne tolère pas les initiatives indigènes et où le recours aux « grands moyens » ne s'embarrasse guère de précautions superflues.

Pierre Afouganou a revêtu, pour plaider sa cause, une tenue kaki qui porte en écusson brodé les insignes de sa nouvelle dignité. Il s'y montre engoncé, mal à l'aise, et sans doute inquiet de ne pas parvenir à me convaincre. Il découvre, malgré ses difficultés à s'exprimer en français, les ressources d'une éloquence d'autant plus agissante qu'elle déconcerte par des tournures insolites. Tout en suivant l'enchaînement de son argumentation, j'ai consigné sur le moment même des fragments de son propos. Je les retrouve maintenant dans mes carnets d'enquête :

– Les manières des Blancs, c'est bon pour la vie. Nous voulons qu'elles deviennent celles de notre race fang... Nous devons nous regrouper entre frères de la tribu, sinon nous resterons sans forces comme des enfants... Les vieux disent que c'est bien. C'est comme dans le temps passé, alors que nous étions des hommes redoutés. Les jeunes disent que c'est le chemin de la civilisation... Il faudrait nous rassembler tous dessous un seul chef... Nous empêcher de réunir les tribus, c'est nous laisser dans la sauvagerie. Si on pouvait le faire, tout serait changé; jusqu'à maintenant, rien n'a été changé...

Ainsi s'enchaînent les éléments d'une doctrine que les administrateurs considèrent en 1950 comme « un mythe de plus », et dangereux. Il y apparaît pourtant la reconnaissance du problème fondamental qui s'impose à tous les peuples gabonais : l'obligation de constituer de grands ensembles suffisamment unifiés pour recouvrer vitalité et capacité d'adaptation. Sans avoir conscience des raisons profondes qui les poussent à agir, les paysans fang ont acquis la certitude que l'émiettement de leur société est la cause de leurs faiblesses, du maintien de rivalités venues d'un autre âge et de leur aliénation. Ils veulent retrouver des forces nouvelles; mais devant ce désir de renforcement les autorités locales s'insurgent, inquiètes et hésitantes.

Les fondateurs du mouvement ne manquent ni de passion ni d'habileté. Ils recourent aux moyens de propagande qui leur semblent les plus efficaces. Ils créent une idéologie qui, s'adaptant au niveau culturel des villageois fang, associe aux justifications rationnelles des thèmes d'ordre mythique. Ils utilisent des procédés d'enseignement imitant ceux des missionnaires. La diffusion des préceptes se réalise en effet par un curieux système de questions et réponses évoquant, jusque dans le ton, la pédagogie du catéchisme. Je relève dans le cahier de Ndon Mba Joseph, dignitaire de la tribu Yémisèm, les premiers de ces impératifs catégoriques tous exprimés en langue française.

CE QUE CHAQUE YEMISEM DOIT SAVOIR

Q. – Qu'est-ce qui gâte notre religion (*sic*) de la tribu?

R. – Ce qui gâte notre religion de la tribu, c'est la désobéissance.

Q. – De quelle tribu sommes-nous?

R. – Nous sommes de la tribu Yémisèm parce que nous avons un même sang.

Q. – Où avons-nous été mis au monde?

R. – C'est à Missam Mivoro que nous devons fêter notre naissance.

Q. – Quels sont nos premiers devoirs après avoir célébré notre naissance?

R. – La reconnaissance et l'entente.

Q. – Quelle vie devons-nous suivre?

R. – Nous devons suivre la vie européenne.

Q. – Quel est l'exemple que nous devons donner pour suivre la vie européenne?

R. – Nous devons travailler pour gagner de l'argent...

Ces affirmations, qui recommandent sur le plan des réalisations matérielles de se mettre à l'école du colonisateur, orientent surtout vers les buts de reconstruction sociale. Pour cela, elles ont recours à la force émotive que recèlent les notions de fraternité tribale, de communauté d'origine, d'identité de sang, de respect « religieux » pour l'unité que crée la tribu. Elles font appel à un passé idéalisé, sans mesurer les risques que comporte cette manipulation de forces confuses et génératrices de réactions élémentaires, pour accéder d'un coup, par une sorte de mouvement dialectique niant au passage l'aliénation coloniale, au stade de la civilisation moderne. Il y a discordance entre la fin et les moyens. Une ambiguïté intervient, reflet de celle existant dans la réalité, qui a pu conduire les observateurs de ces initiatives à voir en elles des phénomènes d'essence réactionnaire ou, au contraire, d'essence « révolutionnaire. Tous ont raison dans la mesure où les deux tendances coexistent, se renforçant avant de s'opposer, à l'intérieur de cette entreprise que les Fang conduisent afin de reprendre en main leurs destinées.

Les règles que chacune des tribus essaie de définir – dans les domaines les plus divers, puisqu'elles concernent aussi bien la lutte contre l'adultère et les dots abusives que la réglementation du petit commerce – présentent la même ambivalence. Les légendes tribales, qui constituent l'acte de fondation des regroupements actuels, donnent lieu à un véritable truquage. Elles sont remaniées, marquées d'inspirations bibliques, désordonnées dans leur expression. Elles apparaissent comme une image de cette société bouleversée et comme une projection, au sens psychanalytique, des angoisses de leurs rédacteurs. Je crois nécessaire d'apporter la copie partielle de l'un de ces textes qui ont d'un autre côté, pour les villageois fang, l'importance de nos archives historiques.

LEGENDE DE LA TRIBU NDON

« Nous allons vous faire savoir comment la tribu Ndon a été créée ainsi que les clans qui s'y rattachent.

« David n'était pas en désaccord avec Jésus-Christ. Dieu aimait David parce qu'il travaillait bien. En ce temps-là, tous les hommes étaient polygames; ils aimaient trop les femmes. Avant le christianisme, David avait 800 femmes. La plupart des gens ne voulaient pas obéir à Dieu. Ils habitaient un village nommé Sidon; c'était un village de malfaiteurs. Ils commettaient de nombreux péchés. Les jeunes hommes se mêlaient entre eux sans en avoir de honte. Dieu a fini par envoyer David et ses miliciens détruire ce village maudit. Ces derniers étaient au nombre de 600.

« Voici ce qui est arrivé. Le roi David, dès l'aurore, sortit de sa maison et se tint sous sa véranda. Une gracieuse jeune fille sortit de sa demeure, toute nue, pour aller se cacher derrière les bananiers. David la vit, poussa un cri d'étonnement et dit : « Depuis ma naissance, je n'ai jamais rencontré « une femme aussi belle que celle-ci! » Cette femme appartenait à un milicien qui se trouvait en tournée et qui l'avait laissée au village. David envoya un soldat dire à la femme qu'il désirait la voir...

« Quand elle sut que le roi était seul, et que ses serviteurs n'étaient plus là (ils sont allés, bien entendu, récolter le riz), elle se présenta à sa demeure. Il la prit et la fit coucher sur son lit. Après quoi, l'adultère a été consommé. La femme fut enceinte.

« Le roi David, content de sa bonne journée, sortit de sa maison pour aller se promener à l'autre bout du village. Il trouva là certains hommes qui savaient expliquer les rêves. Un homme nommé Isane posa cette question au roi David : « Est-ce « que ceci peut arriver : un homme qui possède « 800 moutons abandonne les siens et va en em- « prunter un à celui qui n'en a qu'un seul? » David répondit : « Ce genre d'homme, si vous le rencon- « trez, sur la route ou n'importe où, saisissez-le et « amenez-le-moi. » Alors David poussa un cri et murmura : « Ces hommes ont su ce que je viens de « faire!... »

« Lorque le milicien rentra, David lui offrit un lit. Il appela la femme pour lui annoncer la nouvelle. La femme voulait se réjouir de son mari. Son mari lui répondit : « En temps de guerre, le règlement dit « qu'un soldat ne doit jamais rendre hommage à « une femme. » Pour adoucir le cœur du brave milicien, David fut obligé de balayer la chambre dans laquelle celui-ci devait passer la nuit avec sa femme. Le milicien répondit toujours la même chose : « Donne-moi seulement une natte, je coucherai « par terre. » David a recherché tous les moyens de réussir. David écrivit une lettre au chef de la troupe, en ordonnant de placer le milicien en tête des combats. Dès le premier jour, le milicien fut frappé d'une balle au front. Il mourut. Soudain, Dieu ouvrit le ciel, prit l'homme dans sa main droite et un grand pagne blanc descendit entre David et lui. Dieu dit à David : « Pourquoi as-tu agi ainsi? » David répondit : « Ayez pitié de moi! » C'est à ce moment-là que Dieu a ordonné d'avoir une seule femme.

« Après Adam, il n'est resté que deux femmes. L'une s'appelait Yé et l'autre Esa. Toutes les tribus dont le nom commence par Yé, comme Yéngwi et Yémedzit, sont issues de Yé; toutes les autres, comme Esakotame et Esèngi, sont issues de Esa. Adam engendra Mvon-Adam, Mvon-Adam engendra un fils nommé Nsouno Evo; fils de Evo-Mvon et de Adam-Nzame, Nsouno Evo engendra Nguèné Nsouno. Ils s'habillaient comme les gens du Nord. Ces hommes ont construit une grande tour pour glorifier Dieu. Mais Dieu envoya l'Ange détruire cette tour sans les en avertir. Revenant de leurs travaux, ils trouvèrent cette tour démolie. Ces hommes se sont dispersés par tribus. L'un a crié : *Ndzo!* et il s'est enfui; un autre a dit : *Ayé!* et il s'est enfui; le Blanc a dit : Mon Dieu! et il s'est enfui; les Fang ont dit : *Na ako!* et ils se sont enfuis. Ils se sont alors dispersés en parlant leurs différentes langues.

« Nguèné Nsouno engendra Mbo Nguèné. Ce dernier avait deux frères. Il commit l'adultère avec la femme d'un de ses frères. Nguèné Nsouno voulut le tuer et il dut s'enfuir. Il trouva un homme de la tribu Byèngo qui lui dit : « Reste avec moi. » Puis il lui donna une femme. Peu de temps après, l'homme mourut et lui laissa le commandement de son village... Tout ce qu'il recevait de son travail, il le gardait pour constituer une dot. Il épousa une femme appelée Boulasse. Il l'emmena chez lui. Pendant les noces, on lui donna le surnom de Ndon. La femme fut aussitôt enceinte. Elle engendra un premier fils Ekar Mbo, puis Akougme Mbo, Ekagne Mbo, Eviame Mbo, Ovougne Mbo, Etone Mbo, Médjima Mbo, Mémbo Mbo, Evangue Mbo, Afome Mbo. Akougme Mbo traversa la limite et vint s'installer ici, au Gabon... »

Ce texte, on le voit, a peu récupéré d'éléments provenant des anciennes légendes tribales. On reconnaît par contre les séquences bibliques qui ont servi à son organisation : l'épisode de « David adultère et meurtrier » dans le *Second livre de Samuel,* celui de la « Tour de Babel » dans la *Genèse.* Les généalogies, rattachées à Adam, révèlent au départ une interprétation des origines humaines qui fait intervenir trois géniteurs : un fils du premier homme (*Mvon-Adam*), Eve (*Evo-Mvon*) et le premier homme en tant que fils de Dieu (*Adam-Nzame,* dans lequel *Nzame* est le mot fang désignant l'Etre suprême). Il ne manque même pas une conception de la Trinité, tirée de la Genèse et de l'histoire du Christ, obéissant à la contrainte de l'impératif généalogique. Tout cela a un sens que nous devons découvrir au-delà de notre étonnement. Il se crée, grâce à la Bible qui présente aux yeux des Africains une société comparable à la leur, une possibilité de transcender l'infériorité subie, de nier l'état de « sauvagerie ». En se rattachant au peuple du Livre, ils rétablissent une égalité qui reste à leurs yeux la condition de tous les progrès à venir. Et qui se trouve précisément évoquée dans un autre fragment de la légende : « Cela arrivera un jour; un Blanc et un Noir seront semblables. Nous voulons justement connaître ce miracle. » Cette démarche reste banale pour une large partie de l'Afrique christianisée, de l'équateur jusqu'au Cap. Dans ce cas, la référence au type de société biblique joue le même rôle que la référence à l'Egypte antique dans certains milieux intellectuels nègres. Ce procédé permet de participer, dès l'origine, à la grandeur des civilisations incontestées. Il apparaît aussi que les thèmes retenus évoquent des problèmes actuels; notamment ceux que posent la polygamie et l'expansion de l'adultère.

Cette légende remaniée, dont le but est d'abord de restaurer la confiance des Fang en eux-mêmes, à l'inverse des créations littéraires datant de la première période coloniale qui affirmaient le sentiment de malédiction, apporte, plus qu'un récit des anciennes migrations, le rappel de la parenté existant entre tous les clans. Elle fait prévaloir les éléments ayant puissance unificatrice. Elle vise à justifier les efforts de remembrement. Pour en bien comprendre la portée et la signification, il faut la considérer comme une manifestation idéologique, à buts modernes précis, dont la formule s'adapte à une société paysanne peu marquée par notre enseignement rationnel.

Toutes les manifestations caractérisant cette initiative fang, diffusée aux environs de 1948, déconcertent quiconque se satisfait des seules apparences. Il en va ainsi avec les dignités mises en place, qui étonnent par les « grades » retenus, empruntés aux organisations administratives et militaires ayant assuré l'emprise du colonisateur, et par la multiplicité des fonctions prévues. En dehors du « président-en-tête » et du « président-vice », ayant autorité sur tous les membres de la tribu qui résident dans un même district, il s'est établi une hiérarchie de « gouverneurs », « commandants », « assesseurs », « commissaires », « inspecteurs du commerce », etc., qui possèdent des attributions plus ou moins définies dans les domaines politiques, judiciaires et économiques. Ces innovations, dont les uns se sont moqués en les envisageant comme une parodie puérile, dont les autres se sont inquiétés en les considérant comme les signes d'une intention subversive, ont une composante psychologique de grand intérêt. Elles montrent l'attachement nouveau aux termes qui expriment fortement l'idée de pouvoir et, par une sorte de démarche magique de la pensée, le besoin de posséder ceux-là pour accéder à celui-ci. Elles révèlent le souci de présenter le mouvement clanique sous l'aspect d'une entreprise qui, tout en rendant leur vigueur aux structures sociales anciennes, assure un progrès en dotant les Fang d'institutions « civilisées ». Et la multiplicité des dignités établies paraît, elle-même, significative du besoin de prestige et de responsabilité d'un nombre toujours croissant de villageois.

Les organisateurs provoquent des émotions collectives intenses à l'occasion de réunions (les *ésoulan*) où les tribus affirment ou recréent leur unité. La place du village choisi pour la circonstance s'orne de nombreux arcs en feuillage tressé, de slogans et symboles, de drapeaux et flammes de couleur. Au centre se dresse, monté en branches de palmier, l'abri où siègent les dignitaires, vêtus de neuf et munis de leurs insignes distinctifs. L'atmosphère évoque autant celle des 14 juillet que celle des festivités africaines traditionnelles. Les bandes de paysans endimanchés arrivent, bruyantes et chargées de provisions, aussitôt contrôlées par des « commissaires » qui prennent très au sérieux leur service d'ordre, harcelées par des « trésoriers » qui prélèvent les cotisations alimentant la caisse de solidarité tribale. Tous les adultes valides sont présents – car leur abstention pourrait entraîner une amende monétaire et en cas de rédicive une mise hors la tribu – entourés d'enfants chahuteurs et curieux.

La fête s'ouvre par une manifestation hautement symbolique. Tous les participants, dans une extraordinaire confusion, s'embrassent pour exprimer, en même temps que leur fraternité, l'absence de toute « mauvaise pensée ». Puis commence la danse *ényèngué*. L'innovation a entraîné, fait banal déjà signalé, la mise en place d'une chorégraphie spécifique qui donne sa chaleur aux relations sociales et maintient une ferveur certaine. La danse, bien que complètement mixte, s'est dépouillée de sa symbolique sexuelle sous l'influence puritaine des missionnaires. Elle est, selon la définition donnée par ses inventeurs, une suite de figures à l'occasion desquelles « les femmes ne se dépouillent plus ». Elle m'apparaît monotone, peu rythmée, ne prenant du relief que par les mouvements ondoyants des femmes qui agitent des mouchoirs de couleur. Elle apporte plus qu'un prétexte à communion dans la joie; elle a valeur d'hommage et exprime publiquement une reconnaissance d'autorité – servant à saluer les dignitaires et les hôtes influents; elle impose une réelle solennité en précédant les délibérations par lesquelles on règle les « affaires » concernant la tribu. En plusieurs régions, où l'action du christianisme reste plus profonde, des chants religieux succèdent aux danses initiales. Ces derniers, qui font alterner chœurs catholiques et protestants, montent, nasillards et contraints, après une proclamation de fidélité à cette trinité insolite que constituent Dieu, l'Administration et la Tribu. Les Yémisèm ont fait avec ostentation, de cette triple soumission, leur devise :

« Le plus haut, au-dessus de la tête : Dieu trois [fois Saint.

« Au milieu, au niveau du cœur : l'Administration [et le Gouvernement français.
« En bas, au niveau des genoux : la Tribu. »

Mais une telle reconnaissance demeure ambiguë en dépit de sa formulation impérative. Dieu n'a pas ce visage chrétien exclusif qui serait propre à laisser dans l'opposition les tenants des cultes traditionnels ou des cultes syncrétiques modernes. L'ad-

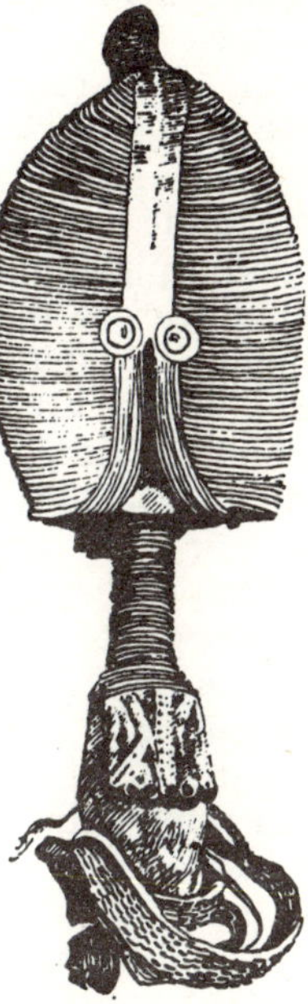

Fig. 44. – *Objet rituel fang, copie des figures bakota.*

ministration se méfie d'une affirmation que contredit, d'ailleurs, la mise en place d'autorités nouvelles hostiles aux chefs officiels. La tribu, reconstituée après une longue période de dégradation, impose des regroupements aberrants si l'on s'en tient aux critères traditionnels. Le mouvement clanique veut rassurer en se présentant comme soumis; mais il ne peut échapper à cette dialectique qui fait que les peuples colonisés ne se réorganisent qu'en s'opposant, en tentant de retrouver une plus grande marge d'autonomie politique et culturelle.

Pendant que la fête se poursuit, et que les femmes préparent le repas assurant par communion alimentaire le mélange symbolique « des sangs », les dignitaires travaillent à fixer les lois « modernes » de la tribu. Ils sont entourés de jeunes lettrés qui forment un embryon de bureaucratie. Ils ordonnent, en matière d'activités agricoles et de commerce, d'hygiène et d'enseignement, de répartition des attributions et de tactique à l'égard des pouvoirs établis, de réglementation matrimoniale surtout. Si le mouvement clanique concède à la femme fang, en lui accordant des responsabilités, une place qui n'était pas la sienne dans la société traditionnelle, il n'en subsiste pas moins un antiféminisme diffus. Les désordres les plus graves sont censés venir des femmes et l'adultère, considéré comme la première des plaies qui se soient abattues sur le pays, semble ne s'expliquer que par la complaisance d'épouses avides d'aventures impunies. Aussi la réglementation nouvelle, qui intervient avec un esprit progressiste quant au problème de la dot et des « héritages de femmes », ne craint-elle pas de restaurer les châtiments réprimant l'infidélité.

Les dignitaires décident aujourd'hui de faire un exemple. Les danses cessent. La victime est une jeune femme demeurant dans un village proche du chef-lieu qui, trop sensible au prestige des uniformes, ne sait guère résister aux avances des miliciens désœuvrés. Elle est conduite au centre de la place, bousculée, entourée de vieilles paysannes qui l'injurient. Des hommes s'affairent à creuser une sorte de fosse dans un endroit boueux. La femme, malgré sa résistance, est dépouillée de ses pagnes. Elle se retrouve nue, tremblante. Elle se cache la tête dans les bras. On la laisse ainsi quelque temps, sous les regards et les quolibets. Puis, sur un ordre, on l'entraîne vers le bourbier. Elle y est poussée. Elle s'enfonce jusqu'à la ceinture dans la terre gluante. Elle se débat par gestes maladroits et des paquets de boue l'atteignent, tombant de tous côtés. Souillée, grimaçante, la bouche envahie par la terre, elle demande grâce et promet de s'amender. Elle ne sortira de là que bien plus tard, la nuit venue, hébétée et vaincue par une loi élémentaire, prompte à surgir dans toute société aux prises avec la tâche difficile des recommencements...

Je devais, lors d'une seconde tournée, à un an de distance, retrouver cette passion de construire une société viable, plus libre de maîtriser son avenir et mieux adaptée à ses obligations présentes. Le mouvement clanique, déçu par les réserves et les oppositions officielles, trop tôt usé, s'est métamorphosé en une action assurant le regroupement des villages parents. Mais le dynamisme n'a pas disparu; dans la confusion et l'ambiguïté, les Fang cherchaient obstinément à sortir de l'impasse.

Sous les arcs de palmes tressées, devant les défilés d'écoliers et les compositions gymniques, devant les assemblées de notables, chacun me demandait de juger et témoigner quant à cette ferme volonté d'adaptation et de progrès. Je l'ai fait, en espérant que la torpeur équatoriale finirait par être vaincue, que cet exemple inciterait d'autres peuples gabonais à rechercher, même dans l'erreur et les abus, des ajustements propices à une nouvelle floraison de civilisations autrefois riches en produits originaux.

VI

VILLES

Images noires et blanches

Mes rencontres avec les villes africaines, Dakar, Conakry, Brazzaville et Léopoldville(1), Lagos et Ibadan, Douala, Libreville, Abidjan, et puis Saint-Louis figée dans sa gloire lointaine, m'ont conduit à une exploration nouvelle que l'ethnologue ne peut plus éluder aujourd'hui. Il y a peu de décennies, on pouvait encore penser que ces cités étaient un phénomène aberrant, une sorte d'élément étranger qui s'intégrait mal dans le corps de civilisations rebelles aux grandes concentrations humaines. Mais voilà que tout a changé! Les villageois se lancent à leur conquête avec une obstination calculée qui, par étapes, les achemine vers les plus peuplées d'entre elles. En une dizaine d'années, les villes du Sénégal et celles de Côte-d'Ivoire ont doublé leur volume et la même augmentation intervient, en sept ans seulement, dans le plus important des « centres africains » qui constituent Brazzaville. Les cités s'étendent en absorbant d'anciens terrains de culture, en digérant à la hâte les villages voisins de leurs frontières mouvantes. Les photographies aériennes témoignent de cette voracité urbaine.

La poussée progresse si vite que, dans le meilleur des cas, les quartiers indigènes donnent l'impression de villages soudain frappés de gigantisme et, le plus souvent, de campements où s'installent sans fin

(1) Maintenant Kinshasa.

de nouveaux arrivants. Un urbanisme hâtif et inquiet met en place çà et là les répliques de nos banlieues pauvres à l'usage des Africains riches. Des sociétés immobilières, assurées de garanties officielles, importent le système des locations-ventes et cherchent à rendre rentables les avances consenties à des salariés mal payés. La spéculation blanche et noire trouve chaque jour à s'employer et fait des placements à court terme : elle joue sur cet échiquier où se découpent les « blocs » dans le dessin des rues ravinées, ensablées ou embourbées.

Cette croissance accélérée des villes s'effectue désormais sur de larges pans de la surface du globe. Elle suscite en tous lieux les mêmes établissements provisoires et précaires, décors d'une misère qui, elle, menace d'être durable : faubourgs de Calcutta où s'étalent au repos, se grisant de la chaleur du sol, les sans-abri; bidonvilles de l'Afrique du Nord où s'entassent des hommes nourris de colère plus que de pain; « nattevilles » des grandes agglomérations chinoises où les nouveaux venus ont attendu d'édifier, de leurs mains encore nues, les cités futures. Partout les villes surgissent, atteignent d'un coup les dimensions des nôtres, qui avaient crû par une sorte de poussée organique, puis les dépassent sans avoir eu le temps de s'enrichir au passage des monuments d'un passé trop bref. S'il n'est pas vrai que toute civilisation digne de ce nom soit nécessairement urbaine, on peut dire que toute ville offre d'une certaine manière, à un étranger, l'image de la civilisation qui l'a édifiée. Les gratte-ciel de Manhattan donnent à distance l'échelle de New York, mais ils figurent aussi le dynamisme vertigineux d'une société qui n'a encore trouvé ni ses limites ni ses échecs. Et l'urbanisme soviétique, si l'on en croit les commentaires qu'il provoque, révèle une société tellement tendue vers son avenir, qu'il sacrifie à ce dernier les obligations, déjà désuètes, du présent.

Mais que dire de ces villes africaines où, à l'écart des bâtisses officielles et des zones résidentielles, se développent indéfiniment les quartiers noirs plus construits de cases dépaysées et de bicoques que de demeures « bourgeoisement » habitables? Elles témoignent moins d'une civilisation que de son absence. Dans la confusion et la précarité, les groupes ethniques se heurtent et les coutumes tendent à s'abolir mutuellement comme les ondes interfèrent. Les citadins noirs campent dans l'attente d'accéder à des richesses que les puissances industrielles ne diffusent qu'avec parcimonie, et beaucoup d'entre eux se contentent d'attraper au hasard miettes et déchets. J. Dresch a remarqué d'une manière fort expressive : « Les villes, créations des Blancs, se peuplent de Noirs. » Il faut voir là, en effet, la première des révolutions africaines : l'investissement des positions occupées par les colonisateurs. Ceux-ci réagissent de manière contradictoire, à la fois satisfaits d'avoir sous la main une large réserve de travailleurs et inquiets de se trouver entourés de masses humaines d'autant plus disponibles qu'elles ne se trouvent enserrées ni par les organisations administratives, ni par les contraintes traditionnelles. Les autorités sud-africaines, par un véritable système de filtrage, ont très tôt montré qu'elles faisaient passer leur crainte avant leur intérêt immédiat. Elles ont choisi de freiner le développement économique plutôt que de laisser s'accroître la pression exercée sur les villes blanches.

Dans le même temps où l'émigration africaine s'accélère vers les centres urbains, l'implantation européenne se renforce. Enfermés dans leurs familles et dans le champ limité de leurs rapports sociaux, leurs « cercles » et leurs « clubs », les Blancs se trouvent davantage repliés sur eux-mêmes et en même temps plus vulnérables aux revendications qui montent des quartiers nègres. Ils affirment leur style de vie, sans concessions à un exotisme d'ailleurs dénaturé. Ils se protègent; ils restent sur leurs gardes sans vouloir se laisser entamer par le voisinage africain – sauf en de rares circonstances permettant à la « bonne société » d'échapper à son ennui.

Ce repli a des raisons, arithmétiques, qui sont toujours celles d'une minorité étrangère dominante. Une telle défense me devenait plus sensible, par contraste, lorsque j'eus séjourné quelque temps dans les îles Hawaï, à Honolulu. Après la quasi-disparition des Hawaïens (300 00 en 1778, 40 000 en 1884, et 12 000 environ en 1950), et la substitution de populations qui font des îles le lieu de rencontre de l'Extrême-Occident et de l'Extrême-Orient, il devenait inoffensif d'exalter à l'excès la civilisation autochtone. Chacun pouvait sans risques se délecter de saveurs passées et se fleurir de ces guirlandes, à odeur tenace et insidieuse, que les hôtesses de l'air conservent fraîches, sur le chemin du retour, afin de ménager les chances de succès du voyageur débarquant à San Francisco. Devant les bâtiments officiels, la statue dorée du roi Kaméhaméha se tient, drapée de splendeur, le bras tendu dans un geste d'accueil. Au Bishop Museum, les trésors de la dynastie sont exposés sous des lumières savantes, protégés par un dispositif d'alerte qui, tant il est prompt à se déclencher, empêche le visiteur d'avoir la tentation d'avancer la main vers les manteaux de plumes pourpres. Et dans une institution, rappelant notre Maison de la Légion d'honneur, les enfants des survivants reçoivent une éducation raffinée qui ne craint plus de les nourrir des grandeurs disparues. Cette passion pour la civilisation dominée conduit à d'étonnantes consécrations universitaires, comme ces cours d'été de danse *hula* qui acheminent, chaque matin, vers le campus, des bandes de jeunes filles portant sous le bras le faisceau de baguettes nécessaire pour régler leurs mouvements. Elle s'intensifie d'autant plus que la société qui l'a suscitée s'affaiblit davantage.

En Afrique Noire, la situation n'est en rien comparable; inversée, elle conduit au repli défensif des « étrangers » et renforce leur refus de comprendre les réalités autochtones. Dans l'inégalité, toujours précaire et menacée, il n'y a pas d'issue permettant d'aboutir à la coopération ou plus simplement à l'acceptation sans arrière-pensées des cultures estimées exotiques. Celle-ci ne reparaît qu'au-delà, lorsque les rapports inégaux sont dépassés, ou en deçà, lorsque le plus faible a définitivement rejoint le passé. Nul ne saurait de propos délibéré choisir cette dernière possibilité.

En ce moment, où je m'abandonne aux impressions que me laissèrent les villes africaines, c'est Ibadan, la grand cité nègre du Nigeria, qui surgit d'abord du fond de ma mémoire. Située à environ 60 milles de la région côtière, entre forêt et savane, comme l'indique son nom : « *Eba-Odan* = près de la savane », elle rassemble alors plus de 400 000 Noirs. Ibadan naquit d'un repaire de voleurs et de hors-la-loi. L'un de ces derniers, Lagelou, sut imposer son autorité, tirer avantage de cette position carrefour au point d'édifier une agglomération que la tradition disait fière de « ses 16 portes et 70 échoppes de forgerons ». Des guerres tribales ont effacé ce premier dessin, mais la ville s'est reconstruite, puissante, prestigieuse par son rôle de capitale nègre qui ne doit pas sa naissance à l'accident de la colonisation.

Du petit avion où je me suis embarqué à Lagos, je la découvre soudain : étalée, sans contours nets, mais massive dans une plaine assez dénudée que domine la colline Mapo. Le quartier résidentiel européen ne régit plus ici la configuration de la cité, il paraît en marge comme pour mieux se faire tolérer. J'entrevois un enchevêtrement d'habitations d'autant plus resserrées et imbriquées qu'elles annoncent le cœur de la ville : quartier des clans yorouba les plus anciens, puissants par cela et par le nombre de leurs représentants. Mais c'est de la terrasse de Mapo Hall, centre de la vie administrative, que je devais le mieux ressentir cette impression de puissance inquiétante que donne Ibadan. Une brume ensoleillée estompe ses formes en les colorant; il monte une rumeur confuse, étrange parce qu'étrangère à mon habitude des bruits de la ville, insidieuse et émouvante. Je me demande par quelles tricheries Mapo Hall, ce monument solennel à hautes colonnes classiques, parvient à s'inscrire dans ce déconcertant paysage urbain. Et ma question se pose avec une force nouvelle dès que je visite la salle de réunion du Conseil de la cité : une galerie de portraits, ceux des *Olubadan* ayant eu la charge de la ville, domine le sombre et puissant mobilier des assemblées anglaises. Il n'y a point en ce cas de dépaysement flagrant, d'effet insolite. Le cadre du cérémonial britannique s'accommode fort bien du cérémonial yorouba. Je retrouve à ce propos l'image de la manifestation officielle à laquelle j'assistai dans l'enceinte de l'université d'Ibadan; une rencontre sans discordance entre les chefs de la cité, droits et fiers dans leurs robes de couleur, suivis du porteur des insignes de leur autorité, et les professeurs revêtus de leur robe à symbolisme disciplinaire. C'est là plus qu'une conjonction due au hasard, la manifestation d'un accord quant à un point au moins : le respect sacré des traditions.

Des impressions s'amassent, plus ou moins durables, au fil des rues. L'une d'entre elles survit, tenace et impérieuse. Ibadan, plus que la capitale de la fierté nègre, reste une capitale religieuse – mais construite sous le signe du pluralisme. Les inventaires des sociétés secrètes font apparaître, à côté de l'ancien culte initiatique *Ogboni,* les formes multiples de la fraternité maçonnique qui rappellent leurs homologues de la République libérienne. L'Islam, colporté par les Haoussa – commerçants, magiciens et occultistes – a dressé plus de 600 mosquées sans abolir les anciennes croyances. Le christianisme, implanté depuis plus d'un siècle, a suscité de multiples déviations et ouvert la voie aux prophètes qui, comme Joseph Babalola, ont la réputation d'accomplir des miracles sur les malades et les morts. Des milliers de disciples viennent ici espérer la guérison ou le salut, par la foi, la prière, les onctions. L'action sacrée continue à imposer sa marque sur la vieille cité yorouba; elle provoque un foisonnement de mystiques qui coexistent, sans doute de manière précaire, après s'être durement combattues.

Mes souvenirs restent encore vifs, à cause des contrastes qu'ils révèlent. On a ouvert un large boulevard qui, par sa percée, a mordu, en le mutilant, sur un temple élevé en l'honneur de Shango, dieu du tonnerre. Dans la partie qui subsiste – les restes d'une modeste cabane tout étalée en longueur – une foule sans cesse changeante continue à adorer avec ferveur. Mais Shango sut résister à d'autres vicissitudes : il continue à dominer les croyances et l'agitation sacrée des Brésiliens et des Haïtiens descendant des esclaves déportés. Ailleurs, devant le temple d'un dieu secondaire, un jeune crieur de journaux hurle en secouant ses haillons les titres du *West African Pilot.* « Emeutes à Enugu. Les « Forces » tirent sur les mineurs ». Ibadan, capitale nègre, cité sainte, est l'un des foyers du nationalisme nigérian – d'une revendication qui trouve ici de glorieuses références africaines. Celles que présentait à l'époque une exposition organisée dans les locaux de l'université. A l'étalage des librairies, des ouvrages ou brochures consacrés à l'histoire locale, et aux problèmes syndicaux ou politiques, se proposent aux regards des badauds.

J'ai tenté un soir, grâce aux relations de mon ami P. Mercier, d'entrer en contact avec quelques-uns des *leaders* qui animaient le mouvement national. Ce fut un autre voyage au bout de la nuit, à l'occasion duquel nous nous donnions l'illusion de déjouer la surveillance des autorités britanniques. Nous sautions de quartier en quartier dans un dédale de rues toutes semblables. A chaque fois, notre interlocuteur supposé nous échappait et ne nous laissait en présence que de quelques comparses. A une heure très tardive, nous finîmes par « saisir » l'un des chefs responsables de la direction politique. Il nous reçut en pyjama, encore ensommeillé, dans le salon d'une confortable maison bourgeoise saturée de cretonnes à fleurs. Par toutes les issues de la pièce, des têtes surgissaient, de femmes, de parents, de serviteurs. Curiosité, méfiance, ou habitude de se tenir sur ses gardes acquise au temps de l'action clandestine? L'homme se révéla évasif, d'une prudence extrême, mais je ne pouvais douter ni de sa passion d'indépendance, ni de sa maturité politique.

Une dernière impression ne doit pas être portée au compte des effets contrastés. Le vieil Ibadan se manifeste dans l'enchevêtrement des maisons de terre séchée à toit de tôle ondulée, ouvertes sur des cours surpeuplées et encombrées, foisonnantes de boutiques et d'échoppes où les artisans reprodui-

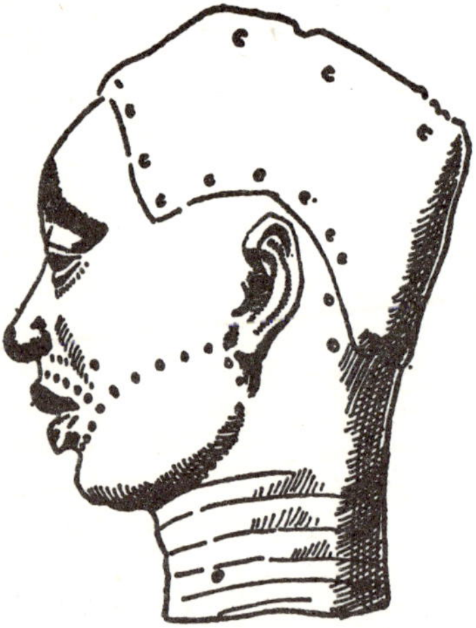

Fig. 45. – *Tête en bronze d'Ifé.*

sent des gestes séculaires. C'est une suite d'énormes villages indissociables les uns des autres. A l'intérieur de chacun, les marchés, grouillants et riches, servent de régulateurs à une économie agricole animée par des hommes tout aussi paysans que citadins. Le nouvel Ibadan étale ses maisons isolées, aux façades et persiennes peintes, à balcons et vérandas, le long des rues principales qui traversent les quartiers nord et ouest. Il regroupe les commerçants aisés, la plus grande partie des membres de l'*intelligentsia* et, solidaires de la bourgeoisie yorouba qu'ils s'efforcent de se concilier en tirant une traite sur un avenir proche, les négociants syriens. La coupure n'est pas aussi nette que le ferait croire la topographie. Il existe, pour les citadins d'ancien style et les bourgeois modernes, un héritage culturel prestigieux qui reste l'objet de leur fierté et nourrit leurs réactions contre les pressions étrangères. Nombreux sont les prétextes à exalter cette volonté commune; elle trouve son expression publicitaire dans les devises que portent les camions de transporteurs tout autant que les cars desservant la ville et ses faubourgs.

Ibadan ne trompe pas par un insidieux effet de mirage. Le pays dans lequel elle s'inscrit donne une même impression d'humanité dense, vigoureuse, sûre de sa maîtrise. Il suffit de jeter un coup d'œil par le hublot des petits avions sautillants de la « West African Airways ». Je suis frappé par la complexité du paysage qui se déroule. Des routes, des voies ferrées, et une succession de villages pris dans le réseau des pistes. C'est non seulement l'économie moderne qui impose sa marque, mais encore l'activité des villageois yorouba créant un aspect familier de campagne prospère. Cette région du Nigeria a été, du XIIIe au XVIIe siècle, le lieu d'émergence de civilisations puissantes, créatrices à Ifé, puis par contagion à Bénin, d'œuvres artistiques qui constituent sans conteste l'un des plus riches héritages. L'effacement ne signifie pas la mort. L'avenir africain se modèle toujours avec cette même sûreté de la main et de l'esprit qui a façonné, autrefois, les bronzes magnifiques dont s'enorgueillissent nos musées.

Par contraste avec la capitale yorouba, Lagos est une ville britannique, du moins si l'on s'arrête à l'image qu'en donne Ikoyi. Le quartier résidentiel est coupé du centre commercial, et des rues qu'occupent les Africains, par une sorte de zone neutre où s'étalent les baraquements de la police et la prairie du terrain de golf. Celle-ci évoque la campagne anglaise, et c'est elle en effet que l'on retrouve avec chacune des villas de grosses pierres taillées, entourées de parcs ou de pelouses où tournent les tondeuses à gazon. Chaque jour, un avion s'envole pour Londres : c'est un lien significatif. L'Angleterre se devine partout avec sa volonté d'organiser le paysage. La ville reste sa création, construite selon ses besoins et ses désirs. Entrons dans une banque : les commis nigérians, à la suite d'une véritable opération de mimétisme, ont acquis le calme et la distinction vestimentaire des agents britanniques qui les dirigent. La *Marina*, boulevard du bord de mer, dresse ses façades compassées. Et les monuments caractéristiques des activités occidentales dominent la cité : les bâtiments officiels, les immeubles solennels des banques ou des maisons de commerce, les hôtels, puis les buildings fastueux des grands magasins Kingsway. A leur ombre s'étendent les étroites rues populeuses où s'alignent les boutiques indigènes : bric-à-brac où les objets faussement exotiques se mêlent aux produits de pacotille, magasins hurlants des marchands de musique, étalages colorés des petits détaillants... L'un de mes compagnons de voyage me dit : « Je ne saisis pas bien le rapport, mais tout cela me rappelle Hong-Kong. » Le rapprochement s'explique. Ce sont deux des portes ouvertes par l'Angleterre sur l'Asie et sur l'Afrique, avec le même type d'hommes poursuivant les mêmes buts. A Lagos, cette vocation britannique qui se voulait mondiale trouve son symbole dans le poteau indicateur planté aux abords de l'aéroport; il tend ses flèches et ses chiffres dans toutes les directions, vers Londres et Paris, vers New York et Vladivostok. Je me surprends à rêver devant cette brusque irruption du monde, sur les traces de la colonisation anglaise, dans une Afrique longtemps définie par les géographes sous les aspects d'un « continent marginal ».

Lagos, malgré la présence des services administratifs et des consulats, n'apparaît pas comme la capitale de l'une des plus puissantes nations africaines qui se construisent. Elle demeure une ville-port, enserrée dans ce réseau des circuits économiques et des influences politiques que l'Angleterre tissa au cours du XIXe siècle. Les indigènes se casent là où ils peuvent. Proche de la zone portuaire, le quartier d'Appapa, aux maisons bariolées, regroupe de vrais citadins attachés à la ville et bénéficiant de revenus modestes mais réguliers. Le long de la lagune s'étale l'inévitable bidonville. Des cases fragiles, couvertes de tôles récupérées, plantées pêle-mêle, ménagent des ruelles et des courettes où grouille une humanité mélangée et divisée, instable, végétative. Le pittoresque n'existe que pour le voyageur : centaines de micro-étalages, femmes occupées à préparer la cuisine, groupes mêlant le chatoiement des étoffes à ramages aux défroques crasseuses. Prétexte à images.

Dans Lagos même, les bourgeois nigérians ont réussi à s'insinuer; certains d'entre eux n'ont plus d'yeux pour l'Afrique, dépouillée de biens matériels et de richesses culturelles, qui campe en marge des beaux quartiers. Ils ont pris goût au genre de vie anglais, dont leurs salons d'allure provinciale constituent comme le symbole. Ils se sont policés à l'exemple de leurs éducateurs, ayant tué en eux cette part précieuse des manières d'être nègres, la spontanéité. Ils ont acquis le maniement des jeux et des arts distingués. Ils ont accès aux manifestations officielles. Leurs aspirations politiques vont à une démocratie qui aurait la tiédeur de leurs intérieurs douillets; ils seront sans doute déçus.

Je sais bien que c'est dans la bourgeoisie que se recrutent les animateurs du mouvement national. On mobilise les foules citadines pour demander la liberté. Au moment où je me trouve à Lagos, en 1949, des pétitions circulent pour protester contre la rigoureuse répression dont furent victimes les grévistes des charbonnages; des collectes s'organisent afin dc secourir les familles des mineurs. Il est impossible de nier une certaine unité d'opposition en face du pouvoir britannique. Mais le mot liberté n'a pas le même sens pour les *leaders* bourgeois et pour les masses qu'ils entraînent. Il suffit de « sentir » la ville pour découvrir une coupure en classes sociales, que ne manifeste pas Ibadan, et pour deviner la nécessité prochaine d'une collaboration entre bourgeoisies africaine et européenne, alors que la capitale yorouba révèle plutôt sur ce plan une coexistence alourdie de méfiance.

Il me faut accélérer le défilé des souvenirs. Les villes coloniales d'Afrique présentent des visages aux multiples traits communs. Pour la plupart, chantiers de construction, elles imposent à courts intervalles de nouvelles reconnaissances. Elles portent toutes de frappantes discordances : entre le dynamisme de leurs beaux quartiers et le retard, plus accusé par contraste, des « villes africaines » qu'elles enclosent; entre le style colonial désuet, fané, souvent laid, des immeubles de l'ancienne époque et le modernisme audacieux des constructions récentes; entre l'étalement dans l'espace qui les caractérisait il y a quelques décennies et la montée verticale d'aujourd'hui, à Dakar, Abidjan ou Léopoldville (1). Dans cette poussée en hauteur, on peut voir l'expression d'une sorte d'orgueil constructeur et le résultat des pressions qu'exercent, sur la périphérie des quartiers résidentiels, les citadins noirschaque année plus nombreux. La ville, sous son aspect matériel comme sous son aspect humain, cherche sa forme dans la confusion.

J'ai découvert Dakar, en 1946, avec un regard pressé de se rassasier d'images africaines. J'arrive dans un aéroport de fortune : Yof. Un long trajet me sépare de la ville; il reste marqué d'impressions campagnardes et de fuites de femmes qui s'écartent rapidement de la route. On me désigne un baobab comme arbre sacré des villageois lébou. Dans la médina, des habitations précaires, échouées sur le

(1) Maintenant Kinshasa.

sable, se pressent le long des rues sinistres et anonymes. Marché de Santiaga avec ses foules et ses étalages, ses cars à l'attente bondés de voyageurs et fléchissant sous la charge – tout cela est envahi par le vacarme d'une radio publique qui diffuse les informations officielles. Avenues où baguenaudent les belles Africaines, puissantes et solennelles, à la coiffure savante, ornées de bijoux en or, enveloppées d'étoffes somptueuses et de désirs. Les terrasses des cafés et des restaurants sont assiégées par des nuées de trafiquants; avec leurs amples boubous flanqués de vastes manches, ils ont l'allure d'escamoteurs; des mendiants psalmodient; des infirmes se traînent, en exhibant leurs membres ravagés et difformes, sur de petits chariots de planches récupérées. Rues de traitants syriens, mesurés dans l'étalage de leurs richesses, soucieux d'esquiver un racisme qui les transforme en boucs émissaires mais qu'un journaliste maître-chanteur devait pourtant réveiller peu de temps après en organisant « l'opération quinacrine ». (La quinacrine est un médicament employé comme préventif contre le paludisme. Sa teinte est jaune. Le jeu de mots repose sur la couleur et révèle un racisme recourant aux moyens les plus grossiers.) Puis quelques longues rues monotones, encadrées de maisons vétustes et sales, conduisent vers le « Plateau ». De vieux bourgeois nègres s'y sont établis; ils usent leur temps à jouer sur des damiers grands comme une table. Des métis et leurs femmes, les plantureuses « Portugaises », rappellent d'un coup, par leur présence, la vieille histoire d'un Sénégal très tôt ouvert à l'Europe. Le « Plateau » est un haut lieu, pour des causes autres que géographiques. Le Pouvoir, l'Eglise, le Savoir y ont leurs établissements, et les résidences européennes s'y dispersent alors derrière les buissons d'hibiscus, la fantaisie des bougainvillées. Salubrité et isolement. Abidjan, Douala et Brazzaville ont aussi leur quartier du plateau, pour les mêmes raisons, avec la même configuration.

Mais, dans mon souvenir, le Dakar de 1946, c'est surtout l'image de la demeure où Alioune Diop, l'écrivain sénégalais, et Christiane Diop, m'accordèrent l'hospitalité alors que l'administration me renvoyait vers quelque baraquement. Tout était simple, droit et cordial dans nos rapports. Une fraternité naissait, malgré les grises mines alentour. Nous étions riches d'illusions et d'enthousiasme. Tout nous semblait encore possible. Nous recherchions les moyens de créer une grande revue du monde noir; elle se fit par la suite à Paris, avec *Présence africaine*.

J'ai retrouvé Dakar à l'automne 1954, durant une courte escale. Tout cela n'est pas aboli, mais les transformations sont telles que je reconnais un sens à l'expression devenue habituelle : « Dakar, ce n'est pas l'Afrique ». Toutes les perspectives semblent bouleversées. Certains monuments de l'avant-guerre, tellement présents par leur silhouette insolite de laideur, comme le « presse-citron » abritant le syndicat d'initiative, ont disparu.

Je suis, à mon arrivée, surpris par le modernisme du nouvel aéroport qui recrée le paysage devenu banal des grandes escales, n'importe où dans le monde. Est-ce bien Dakar? ou Casablanca? ou San Francisco? Une autoroute impose sa géométrie dès la sortie; des indigènes la franchissent par passerelles; on atteint la ville d'un coup. Disparues les impressions de campagne africaine. Les lotissements ont surimposé leurs quadrillages : cases demi-sphériques constituant avec d'étranges accouplements le quartier connu sous le nom de « nichonville » qui, d'abord destinées aux Africains (pour donner le goût et le respect sacré de la propriété), ont été accaparées par les Blancs de petite condition; maisons de fonctionnaires, édifiées au lieu-dit « point E », comme si l'on avait effacé la vieille toponymie pour ne point gêner le dessein des urbanistes. A travers la médina, de nouvelles artères ont coupé vif, ouvrant les voies du progrès et celles de l'ordre. L'administration a dressé sa « cathédrale » afin d'y centraliser les Services. Les grands hôtels se sont multipliés en accentuant les caractères de ville-relais plus que ceux de cité-capitale. A la sortie de Dakar, en direction de Rufisque, là où j'avais connu une belle route abritée par le feuillage sombre et gracile des filao, s'échappe un tronçon d'autoroute où les compétitions automobiles se disputent; et où les jeunes ivres de vitesse se tuent déjà.

Mais il ne s'agit point de choyer les regrets. La métamorphose éclate aux yeux : elle intervient dans le sens du *blanchiment.* L'*urbs occidentalis* renforce son extension horizontale et verticale, sa puissance matérielle, augmente sa population. Elle rassemble plus de 20 000 Européens, peu enracinés, plus hiérarchisés à mesure qu'ils deviennent plus nombreux, repliés sur leurs doutes et leur obsession des économies, enfermés dans leurs coteries, soucieux de contrôler tous les services nécessaires à leur existence. Les placards publicitaires des journaux se chargent de mentions significatives : « Service pour Européens. Travail exécuté par des ouvriers européens... » La configuration, qui caractérise le Dakar moderne, manifeste l'amenuisement des quartiers de peuplement mixte, la poussée, au-delà de la médina, des lotissements où les Blancs tentent de s'isoler dans un cadre factice de banlieue exotique. Ultime repli.

Malgré mon séjour trop bref, une autre transformation, de plus humble apparence, me frappe cependant à l'occasion d'une flânerie sans but. Devant une vieille bâtisse, délabrée et sale, vestige des premiers temps de la colonisation, une foule agitée s'accumule. C'est la Bourse africaine du travail où se discute en ce moment une revendication de salaires. Un prolétariat, organisé à l'intérieur de grandes centrales syndicales, découvre sa force. Il pèse sur la vie politique et inquiète. Il dispose de *leaders* qui s'interrogent, recherchent sans fin un mode d'action adapté à cette situation toujours changeante que présente toute ville africaine en expansion. Un de mes anciens collaborateurs de l'Institut d'Afrique, actif au sein de la C.F.T.C., curieusement implantée en ce pays d'Islam sous le nom de « Confédération française des travailleurs croyants », me dit avec un sérieux marqué d'accablement :

– Nous devons tout apprendre, être toujours sur nos gardes... Nous ne pouvons pas agir comme des sauvages ou des naïfs et nous n'avons pas le droit de nous tromper. Je me suis mis à la sociologie et à l'économie politique. Tout seul, c'est dur...

Chacune de mes nouvelles étapes dans les villes de l'Ouest africain m'a laissé une impression ambiguë, jusqu'au temps des libérations : les cités se métamorphosent, mais cette poussée du progrès soulève autant d'inquiétudes que d'espoirs. D'un côté, la peur que le renforcement matériel ne serve en fin de compte la tentation conservatrice du colonisateur. De l'autre, la peur de se laisser emporter par le déferlement des masses citadines. Les relations raciales d'abord fondées sur la méfiance, liées à de fragiles équilibres, peuvent se reconstruire au-delà des indépendances réussies. En Abidjan, où émerge la nouvelle bourgeoisie urbaine, la collaboration des Blancs et des Noirs s'est rétablie. Cependant, les Européens fondent leurs nouveaux quartiers à distance, sur le plateau de Cocodi qui domine la lagune. Là se dressent, dans le quadrillage des rues ébauchées, les bâtiments modernes du Collège, les premières villas et un étonnant château d'eau en forme de champignon peint. A Douala, le jour même où l'on inaugurait le pont du Wouri, ouvrage d'art long de 1 800 mètres, planté en arc de cercle dans l'estuaire envasé, se produisaient des manifestations nationalistes qui entraînèrent des émeutes en ville, puis la répression. Il n'y avait pas communion dans l'orgueil que suscitait, chez les Européens, cette impressionnante réussite technique. Soyons sans illusion sur les effets réputés spectaculaires. Il en va du pont du Wouri comme du canal de Vridi qui a relié Abidjan à l'Océan. Une question, exprimée ou implicite, nous revient à leur propos : « A quel prix de peines nègres et avec quels profits pour les Noirs? » Nos réalisations furent souvent suspectes.

Seule Libreville s'étend encore alanguie parmi les cocotiers et les palmiers, désuète, si typiquement coloniale qu'on s'attend à voir surgir dans la cour du palais gouvernemental un administrateur de vieux style, engoncé dans son dolman et la mine fière sous son « casque obus ». Les autochtones eux-mêmes, dans leurs quartiers d'où l'exotisme a été proscrit, savourent les fruits passés d'une civilisation française 1900. Chaque fois que j'ai pu séjourner ici, dans le modeste hôtel planté au bord de l'Océan, construction d'un modernisme pauvre que la nonchalance de son propriétaire et l'indolence provocante du personnel font vite oublier, j'ai songé à la douceur paresseuse des « Iles ». Les passions, fidèles à une solide coutume, restent autant celles du cœur que celles de la politique. On répète encore le slogan : « Libreville, capitale de la vie libre. » Les intrigues des fines et fragiles métisses remplacent celles des belles Gabonaises, mais l'on observe toujours ce « mariage des couleurs » qui inspira M. Bedel. Les archives témoignent quant à cette tradition : en 1918, un rapport précise que sur « 935 femmes indigènes, mariées ou en âge de l'être, plus de 400 restent en quelque sorte vouées au célibat » et que, parmi ces dernières, « 65 vivent maritalement avec des Européens cependant qu'une centaine vivent réellement de la prostitution. » Cette ville ne semble se maintenir, chef-lieu administratif de situation excentrique, faux port sans emploi, que pour affirmer la fidélité à un passé chargé de souvenirs encore prestigieux. Les véritables autochtones, les Mpongwé, réduits à quelques milliers de personnes, fiers d'une aristocratie aux noms débonnaires – Prince Félix, Prince Berre, etc. – se laissent prendre aux mêmes mirages. Ils gardent la nostalgie de leurs minuscules royautés disparues et s'abandonnent aux rêves de grandeur. Cependant, des richesses minérales fabuleuses imposeront à la capitale, quelques années plus tard, réveil économique et ambitions modernistes.

REGARDS SUR LES BRAZZAVILLES NOIRES

A Brazzaville, je connus ma plus complète expérience de la ville africaine. J'ai d'abord été plus sensible à la beauté du site qu'aux sociétés qu'il porte, au pittoresque de la foule indigène qu'à ses problèmes. Durant les premiers temps de mon installation, j'aimais me rendre au bord du Stanley Pool pour contempler le fleuve, pour reconnaître à distance sur l'autre rive la capitale du Congo encore belge, puissant et moderne – si bien qu'il me semblait voir se dessiner une autre frontière du Vieux Monde et du Nouveau Monde. J'ai conservé avec mes notes d'enquête les pages de carnet où je consignais en vrac mes observations. Elles ont le seul intérêt de la spontanéité. Elles montrent comment une sorte d'abandon à l'impressionnisme, de soumission au paysage naturel et sociologique, représente une étape préalable à toute recherche. L'expression populaire « se mettre dans le bain », sans mauvais jeu de mots en l'occurrence, exprime assez bien cette nécessité. Pourquoi ne pas retourner en ce moment à ces quelques phrases de départ?

Décembre 1948.

« Le fleuve charrie des îlots de végétation arrachés par la tornade nocturne; des herbes qui glissent follement vers les rapides, rendues solidaires par leur enchevêtrement. De temps à autre, comme piqués dans le courant, surgissent de splendides papyrus à la longue tige moelleuse.

« Un bateau passe, appareillant pour Bangui; il donne de la sirène, sans fin, avec les prétentions d'un navire de haute mer. Il a des proportions de paquebot en réduction; un appendice étrange le prolonge : hangar naviguant couvert de tôles. Deux roues à aubes battent l'eau. Des giclées brunâtres l'accompagnent; toutes les eaux du Congo paraissent nécessaires à ce brassage. Emergeant d'un amas de touques et de sacs, le pont supérieur où quelques passagers « flottent », ainsi qu'en des nacelles, dans leurs fauteuils d'osier. Cette scène n'a plus d'âge tellement elle est vieille. Un glissement lent, sans à-coups, monotone, et le bateau se cache derrière l'île de Mbamou survolée par une bande de perroquets hurleurs. Le Stanley Pool reste contraint de jouer les lacs de Genève avec des moyens pauvres. Confins bleuâtres, étranglements, coulées de verdure. Ici, le simulacre d'un port, d'une douane, d'une frontière. Le grouillement noir et bigarré des porteurs, des marchands d'argent belge, des curieux et des contemplatifs. Ils regardent, nombreux, couler le fleuve, sans accorder d'importance au temps qu'ils usent.

« En face », selon l'expression consacrée, une vraie ville. Léopoldville s'étire dans une brume ténue et dresse un building isolé, insolite. De loin, la comparaison avec la capitale française reste un jeu sans danger... Sur place, on comprend aisément le complexe d'infériorité de certains Brazzavillois. Chaussées cimentées, nombreux immeubles et bâtiments commerciaux, hôtels modernes à domestiques silencieux et mécaniques d'obéissance; puis la course étouffée des voitures de marque américaine. Impression d'opulence, de spéculation, de dureté audacieuse d'un capitalisme qui retrouve de nouveaux départs; contraste avec le capitalisme colonial français qui a abandonné les risques aux pouvoirs publics. Les Belges congolais affirment une certaine suffisance de parvenus : optimisme et sentiment de supériorité, ferme confiance en l'avenir de leur système... Inscriptions en langue indigène, mais on maintient à l'écart les citadins noirs. Pour l'instant, leur royaume n'est pas de ce monde. Cela ne signifie pas qu'ils y aient renoncé, comme le montre la permanence clandestine des mouvements politico-religieux...

« Léopoldville manque d'une animation qui ne soit pas exclusivement celle des affaires; elle a étouffé toute spontanéité nègre à son contact. On dirait une cité provinciale riche, avec ronds-points-pelouses et sens giratoires, quartiers commerçants et boulevards à maisons ou villas défendues contre l'intrusion étrangère. La vie sociale s'y trouve réduite, confinée dans d'étroites limites par le jeu de la ségrégation, des sélections exclusives, des coteries... »

Ces impressions initiales se transformèrent à l'avantage de Brazzaville. Le défi étant relevé, la capitale française se trouvait à son tour bouleversée par la passion moderniste, par un besoin de grandeur que la précarité économique faisait paraître dissonant. Avec trois quarts de siècle de retard, la ville naissait : nouvel aérodrome, nouvel hôpital, deux instituts scientifiques, deux cercles culturels, cathédrale en image de proue pour le plus grand des centres indigènes, lycée, hôtels, immeubles et villas, quelques maisons pour Africains « évolués », premières usines et, enfin, centrale hydro-électrique. On avait brutalement le sentiment qu'il n'existait avant qu'une illusion dc ville; ce qui est presque vrai. Mais alors chacun se demande : « Pourquoi cette explosion urbaine ? » La mise en valeur de l'arrière-pays semble aléatoire, car la population autochtone reste trop peu nombreuse, dispersée et les ressources de la fédération demeurent médiocres. Cette cité à nouvelle figure semble issue d'un pari; jusqu'à présent, elle n'a pu que « vivre au-dessus de ses moyens ». De 1948 à 1950, dans la confusion des chantiers en création, à la faveur des compétitions pour la main-d'œuvre, les villageois envahissaient sans fin les deux centres africains, avec le but de recueillir quelques miettes sous forme de salaires. Une flambée d'espoirs. En 1952, les décors des bâtisseurs une fois enlevés, le chômage faisait son apparition dans les Brazzavilles noires.

La configuration nouvelle n'a pas effacé les

anciens contours. Distendue sur plus de 10 kilomètres, bordant le Congo puis le surplombant, la ville porte à ses extrémités les deux grands quartiers noirs qu'elle tient comme à bout de bras : Poto-Poto et Bacongo. Elle illustre avec le principe élémentaire de séparation – chacun à sa place – le goût des découpages simples. Dans la région voisine du fleuve, la « Plaine », se sont implantées les maisons de commerce et les entreprises. Un rebord du plateau la domine, où la mission catholique s'établit très tôt, flanquée d'un village aujourd'hui disparu qui avait reçu le tendre nom de « Mariage ». Dans une zone intermédiaire, le « Tchad », ce sont les militaires qui se fixèrent. Enfin, le « Plateau » proprement dit constitue le quartier administratif et résidentiel. Ce schéma souligne le caractère incomplet de ces sociétés urbaines coloniales, qui paraissent pendant longtemps comme des scènes à quatre personnages : le traitant, le fonctionnaire, le soldat et le missionnaire. Mais à l'intérieur de ces divisions grossières se devinent d'autres cloisonnements : les services et les entreprises ont leurs « concessions » où résident le personnel et les familles, où se tissent, pour la plus large part, des relations sociales à la fois exclusives et hiérarchisées.

La ville « blanche », en dépit des apparences matérielles, ne manifeste pas plus de fantaisie que les centres africains. Son compartimentage, moins visible dans l'ordre social que dans le domaine de l'urbanisme, n'en est pas moins réel. Les éléments qui la composent ne semblent pouvoir communiquer entre eux que par l'intermédiaire de la « voie hiérarchique ». Aussi le développement urbain, qui a pu tendre dans certaines de nos cités à constituer des quartiers ou des banlieues coïncidant avec des classes sociales précises, prend-il ici un aspect caricatural. Il est d'ailleurs curieux de constater que les rapports humains qui n'obéissent pas à ce formalisme et visent à élargir le nombre des individus en contact, se concentrent à l'intérieur des associations d'originaires : amicale des Corses, amicale des Bre-

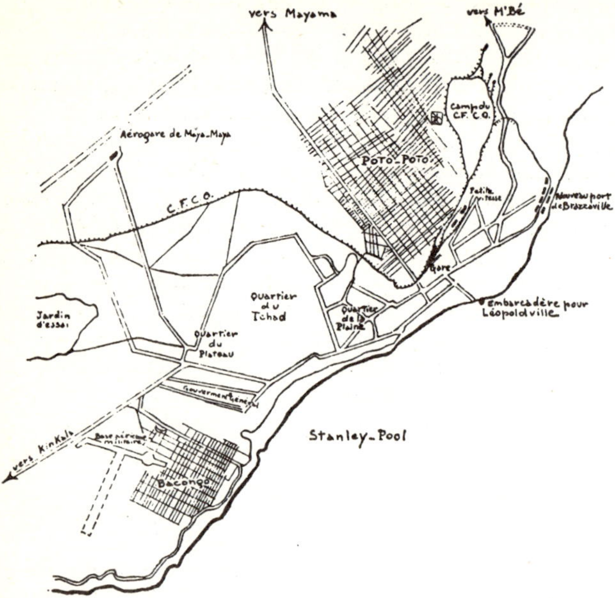

Fig. 46. – *Quartiers blancs et Brazzavilles noires.*

tons, etc. Les citadins africains utilisent eux-mêmes ce procédé, afin de résoudre des problèmes différents et d'une certaine manière contraires. Ils cherchent ainsi à se donner des cadres d'organisation que la ville ne leur propose pas, alors que les Européens veulent échapper aux contraintes sociales qui les enferment dans des limites étouffantes.

Poto-Poto et Bacongo, ce sont des damiers où ni les cases ni les pions n'ont de particularités distinctives. La confusion matérielle n'a pourtant guère favorisé la fusion des groupements et des individus : certaines des campagnes électorales ont trop montré, par leurs incidents payés de mort d'hommes, la violence des antagonismes ethniques qu'une monotonie apparente fait oublier. Une géométrie sommaire a découpé les centres en quartiers – sans personnalité, puisque les dénominations officielles recourent à l'ordre alphabétique-numérique pour les désigner : A/1, B/2, C/3, etc.; – ces quartiers eux-mêmes se partagent en « blocs » et « lots » numérotés. La fantaisie retrouve ses droits sur les franges de ces villes noires qui, en 1950, rassemblaient 80 000 personnes : dans les zones provisoirement pionnières.

Dans ces dernières demeurent les nouveaux venus et les individus soucieux d'échapper au conformisme, aux servitudes d'une existence banalisée. Les magiciens s'y établissent, sous le prétexte d'être aux abords de la « brousse » où résident les « esprits » qui sont leurs alliés et leurs instruments. J'ai souvent erré dans ces quartiers en désordre qu'illumine la blancheur d'une argile où Poto-Poto semble, tout doucement, s'enliser. Je me tenais à l'affût de l'insolite, de l'incident qui parviendrait à me tirer de l'accablement qu'impose à la longue la fréquentation des faubourgs indigènes. Je rencontrai là Albert W., nouvellement installé à la suite d'un rêve qui, disait-il, l'avait contraint à exercer la profession de guérisseur. En fait, un homme las d'avoir pendant une vingtaine d'années servi les Blancs comme « boy » puis comme cuisinier. Après avoir été soumis aux ordres d'autrui, il renversait les perspectives et soumettait autrui à ses ordres. C'était plus rentable et de meilleur prestige.

L'homme me reçoit sur le seuil de sa « concession ». Maigre, ridé, sale, il paraît prématurément usé – « la chaleur des fourneaux m'a affaibli », m'explique-t-il plus tard. Il a abandonné le vêtement de type européen pour le pagne traditionnel, noué à la ceinture, car il importe que les ancêtres et les « esprits » puissent le reconnaître, être sûrs de sa fidélité aux « vraies croyances » et « aux vraies règles de vie ». Il dérobe son regard, hésite quelque temps avant de m'inviter à entrer.

Dans la cour de sable tassé poussent des ficus,

des euphorbes qui, liés de quelque manière aux puissances du feu et de la foudre, jouent le rôle de paratonnerres. Deux cases occupent la plus grande partie de l'emplacement : l'une de vieux style, toute en paille, sert de cuisine et d'habitation pour la femme d'Albert; l'autre, construite en torchis, se divise en deux pièces de séjour réservées aux malades et en deux chambres – mais mon hôte m'indique qu'il va bâtir, afin d'agrandir son « hôpital ». Une jeune fille s'échappe, au bruit de nos voix, le visage grimaçant et les bras secoués de tremblements.

– Qu'est-ce qu'elle a? Elle a peur de moi?

– Rien... Je la soigne. Une femme jalouse lui fait manger le dedans de la tête.

La pièce de réception, pauvre, contient un lit de bois, quatre chaises, une table, un fauteuil d'osier chargé d'objets dissimulés sous un torchon de cuisine crasseux. Un jeune garçon apporte des bouteilles de bière et des verres. Albert lance vers le sol une giclée mousseuse en guise d'offrande à ses ancêtres. Nous restons silencieux, doutant d'arriver à nous comprendre l'un l'autre. Par l'entrebâillement de la porte, un militaire indigène se risque timidement, salue puis s'esquive en me découvrant. Je profite de l'occasion pour commencer à questionner.

– Il s'en va, lui aussi?

– Il t'a vu, c'est tout.

– Qu'est-ce qu'il voulait?

– Je dois l'aider à passer caporal. Je lui fais un traitement.

– Par quels moyens?

Mon hôte ne répond pas sur le moment. Il se dirige vers le fauteuil d'osier et retire le torchon qui le recouvrait. Il me montre d'un geste tous ses instruments de travail rassemblés : deux statuettes, d'un style commercial récent, qui figurent les ancêtres masculins et féminins; une souche de bois sombre, portant deux appendices semblables à des cornes, qui symbolisent les deux lignées et la force fécondante du chiffre 2; une gousse tachée des traces sèches de la cola mâchée; un vieux flacon de parfumeur empli d'une macération douteuse. Albert me tend ce dernier.

– Tu vois, c'est avec ça que je donne la force aux militaires qui veulent des galons. Je leur frictionne la figure, ils prennent une tête et une intelligence de chef... Celui que tu as vu tout à l'heure est généreux, alors j'ajoute au liquide la fumée des cigarettes *Albert*. C'est plus fort...

J'apprends encore que ce matériel peut s'enrichir à mesure que les ancêtres expriment, lors des rêves ou des séances de recueillement, le désir de tel ou tel objet particulier. Albert me regarde bien en face, puis ajoute :

– Les ancêtres voudraient une bicyclette. Mais je suis trop pauvre.

Je feins de ne pas comprendre. Il sourit avec malice et m'entraîne dans la cour.

– Tu vois, c'est là que j'offre les poulets et les noix de cola.

Les autels sont deux modèles réduits de paillottes, l'une quadrangulaire, l'autre circulaire. Ils s'ornent de touffes de paille où se piquent les plumes des poulets donnés en sacrifice, et l'un d'eux présente sur le seuil un trou creusé dans le sol où le magicien verse le contenu des canettes de bière apportées en offrande. Agenouillé ou assis sur une peau de chèvre, celui-ci attend pendant de longues heures, au contact des puissances fixées dans ces autels, les révélations qui orientent sa thérapeutique.

– Que soignes-tu?

– Tout. Les femmes qui veulent un enfant et les maladies qu'apportent les femmes. Les gens qui sont mangés par un esprit violent... Je suis devin. Je donne la confiance à ceux qui me demandent conseil. J'aide à la réussite...

Médecin, directeur de conscience, intercesseur auprès du sacré, toutes ces attributions ont leur tarif précis. Des prix, portés sur une petite feuille de papier froissé, qui s'alignent sur ceux pratiqués à cette époque (1950) par la profession : première séance, 100 francs (africains); friction pour réussir, 200 francs; maladie grave, 500 francs, etc.; plus les frais de pension et de sacrifices obligatoires. Albert W. consulte à domicile.

– Tu m'emmènes dans ton auto? Je vais voir des malades.

Mon hôte se prépare pour sa tournée de visites. Il se munit d'une vieille lance à fer rouillé, d'un couteau de parade à large lame. Il range, dans une petite sacoche d'épaule en raphia tressé, ses instruments rituels. Le voilà redevenu d'un coup le villageois typique d'une très vieille Afrique. En cours de route, il me demande soudain de le laisser descendre. Il se précipite vers un taxi à l'arrêt et s'y engouffre.

Cet exemple a un double intérêt. Il révèle comment des activités religieuses (en ce cas, le culte des ancêtres qui se devine en arrière-plan) se dégradent, puis se commercialisent dans un but de magie; il manifeste surtout quelle place tiennent dans la vie en ville les thérapeutiques conçues par les magiciens professionnels. Albert et ses collègues sont avant tout des donneurs de confiance. Ils opèrent à faux sur le plan de l'intervention physique, mais ils ont une efficacité psychologique auprès de citadins que l'insécurité, les conflits nouveaux et la relative solitude plongent dans le désarroi. On ne saurait les accuser de malhonnêteté flagrante. Aucun de leurs clients ne se plaint d'ailleurs d'avoir été dupé : en analysant les archives du tribunal coutumier, je n'ai trouvé qu'un seul procès provoqué par l'inefficacité d'un traitement de magicien. Les victimes de cet illusionnisme ne recourent guère à la procédure judiciaire; mais si elles le faisaient, à supposer qu'elles soient aussi nombreuses que l'imagine notre scepticisme, les magiciens trouveraient autant de témoins pour les défendre que nos guérisseurs s'en découvrent lors de leurs démêlés avec l'Ordre des médecins. J'ai revu Albert à diverses reprises. J'ai pu remarquer combien il se soumet à des règles strictes et à une sorte d'ascèse; il montre assez qu'il reste lui-même dupeur et dupe, impressionné par les quelques succès qui ont élargi sa renommée.

Dans une ville improvisée, parce que construite pour sa plus large part dans la hâte, les conditions matérielles et sociales de l'existence ne peuvent être que précaires. Le plus grand nombre des hommes est salarié, mais le salariat reste surtout celui des manœuvres. Venus avec des illusions d'épargne, souvent dans le but d'économiser le coût d'une dot, les jeunes travailleurs subissent vite le poids des contraintes quotidiennes et de l'usure, particulièrement lourde dans une société où tout se paie. La définition officielle de leur salaire, correspondant aux « besoins incompressibles de l'individu isolé », constitue une énumération tragiquement absurde, beaucoup plus affligeante que celle dont souffre M. Dupont, notre « manœuvre léger ». Reportons-nous à la liste des biens d'ameublement qu'on leur concède, dans le compte d'un budget type annuel : « 1/3 lampe-tempête, 1/5 cantine, 2/5 tabouret ou chaise, 2/3 cuvette ou bassine, 2/3 casserole, 2/3 assiette, 3/5 couvert et couteau, 1/5 table (1). » Cette liste donne la mesure de l'écart entre les espoirs et la réalité!

Mal payé, le travailleur citadin ne manque pas d'être exploité par les logeurs et les commerçants africains, qui cherchent à grappiller sur son pauvre salaire. Il vit dans des pièces édifiées avec des moyens de fortune, presque sans meubles, en s'associant avec des camarades qui lui permettent de réduire la charge de la location. Il s'approvisionne auprès des boutiquiers qui, par le système des « bons pour », c'est-à-dire des avances de produits, savent l'endetter. Et le prêt usuraire court avec un intérêt de 25 à 30 pour 100 par mois! Venu, avec une certaine image des rapports sociaux, de son village où la nourriture et le gîte ne sont pas

(1) Définition officielle au cours des années 50.

évalués monétairement, où les relations de solidarité et la réciprocité jouent encore, il découvre à ses dépens la loi de l'offre et de la demande et les servitudes du travail rétribué. Il s'ouvre au ressentiment. Il s'enracine cependant en ville, retenu par ses dettes et la honte de son échec.

Mais il souffre encore plus de l'uniformité et de la relative solitude qu'impose le centre urbain. Il est devenu un individu anonyme, trop disponible – bien que restant toujours sur ses gardes. Il habite souvent là en célibataire, fragilement accroché à un lambeau de parenté ou à un groupe de camarades. Il vit perdu parmi les étrangers, désorienté par la confusion des coutumes, la nouveauté des usages et des tentations. Il manque de points de repère, ne découvre qu'une seule règle infaillible : « se débrouiller ». C'est d'ailleurs ce que lui conseillent, en termes plus expressifs, les Européens auxquels il confie ses soucis. Il est désorienté, en ayant rarement souhaité de se perdre.

Quelques hommes dynamiques ont pris l'initiative de constituer des associations ethniques qui se proposaient de remédier au dépaysement : en redonnant vie à la « fraternité de race », en agissant au temps des deuils pour ne point laisser le mort en des mains étrangères. Ce fut un quasi-échec. Les « lettrés », qui contrôlaient ces groupements nouveaux, restaient trop séparés de l'ensemble des citadins non éduqués, trop formalistes. J'ai assisté à la relance de l'une de ces associations qui, sous le nom de *Mbongui* désignant le lieu du village où se rassemblent les hommes d'une même « famille étendue », s'adressait aux ressortissants kongo. La séance inaugurale eut lieu dans la grande salle du Cercle culturel, devant une assistance clairsemée, mais en présence d'un représentant de l'administration. L'animateur de cette entreprise, un commis des P.T.T., guindé dans son complet blanc, a des allures professorales, mais d'un professeur plus satisfait de soi que de son auditoire. Il lit d'une voix monotone, mal assurée, un discours apprêté, tout en froissant ses feuillets. Le public est figé, comme à l'école. Ce rituel de pion ne saurait soulever l'enthousiasme d'hommes déçus et se rappelant les cérémonies autrefois exaltantes.

J'ai reçu une copie de ce propos inaugural et je ne crois pas inutile de rapporter ici quelques citations, révélatrices quant au peu d'effet obtenu :

« Mesdames, Messieurs,

« En l'honneur de M. le chef du Bureau politique, représentant du Haut-Commissaire, je voudrais mettre à la portée de tous l'organisation de notre « Association Mbongui », en fonction de ses origines coutumières et dans la ligne de sa tradition... »

(Suit la présentation de quelques aspects de la coutume kongo.)

« Avant de terminer :

« Je remercie largement nos aïeux et nos grands-parents qui ont voulu nous créer les lois, les statuts et les rites précités qui formaient chez nous de bons éléments très intelligents, laborieux, travailleurs...

« Je remercie également l'Européen qui nous a appliqué ses lois, ses statuts et ses rites et qui nous a appris à lire et à écrire, et les métiers qui ont formé les intellectuels et les bons ouvriers...

« D'autre part, sachez que nos aïeux et nos grands-parents sont tous morts, bien que leurs lois, statuts et rites règnent encore, mais un proverbe français dit : « morte la bête, mort le venin. » Pour revenir à la place où nous recevions tant de louanges, il nous faudrait des personnalités très qualifiées.

« Consciente de son devoir, la jeunesse de la génération actuelle a jugé utile de revenir dans son foyer primitif, pour y recueillir les conseils de fusion avec les bonnes habitudes des Européens, pour s'élancer ensuite avec ferme confiance et sûreté dans la collaboration de l'Union française.

« Mesdames, Messieurs, mes civilités. »

En dehors de la soumission au point de vue officiel, qui est pour une part d'ordre tactique, un tel discours, dont la pauvreté et le schématisme contrastent avec l'exubérance imagée des argumentations de style traditionnel, n'a aucune chance d'obtenir les engagements espérés. Il n'établit plus cette communication efficace à laquelle se montraient habiles les vieux chefs ou les orateurs villageois. Il ne révèle plus qu'une rhétorique indigente, sans résonance. Cette remarque pose un problème qui engage notre responsabilité. Ces propos nous apportent un écho de notre enseignement; ils nous manifestent ses insuffisances jusqu'à une époque récente. Avec des écoles « de fortune », nous avons fait des lettrés « de fortune » qui, privés de leurs très anciens et très vivants moyens d'expression, paraissent souvent des machines à parler tournant à vide.

On ne saurait pourtant contester la passion de savoir. Chaque mois d'octobre, les écoles laissent devant leurs portes des files d'enfants qui attendent d'y pouvoir pénétrer. Mes enquêtes à travers les quartiers de Poto-Poto m'ont prouvé qu'il s'y trouve beaucoup d'autodidactes passionnés. Ils deviennent victimes de lectures disparates : les livres leur tombent entre les mains au hasard d'insuffisantes informations ou des pressions qu'exercent, de Paris et d'ailleurs, les marchands de science hâtive et les commerçants d'occultisme qui voient en tout Nègre un client facile. Les conditions de formation intellectuelle sont désastreuses. Il n'existe guère de grandes œuvres écrites, nées du génie africain traditionnel, auxquelles se reporter. D'autre part, où trouver une préparation à la lecture des ouvrages représentatifs des civilisations étrangères? Pendant longtemps, les œuvres sacrées, que vulgarise l'action missionnaire, ont fourni les principales sources d'inspiration. L'analyse des textes que les lettrés ont fait circuler souligne l'influence formelle de ces modèles.

Il n'y a pas seulement ce précaire apprentissage intellectuel. Personne ne peut s'installer dans une langue et une pensée étrangères comme dans un habit d'emprunt. L'inadaptation est flagrante; il faut du temps, des conditions favorables, pour que s'accomplisse la transposition. Si elle ne se réalise pas, cette espèce de vide intellectuel se produit, dont s'amusent certains coloniaux malveillants qui collectionnent les écrits pittoresques pour se donner une illusion de supériorité. Je ne peux m'empêcher de songer à la chanson du « décervelage » d'Alfred Jarry. C'est à cela que conduit le déracinement d'un individu qui, expulsé d'une civilisation devenue « attardée » ou « primitive » à ses yeux, ne peut pas accéder autrement qu'en contrebande à *la* civilisation.

Le rappel de Jarry et des expressions littéraires dont il fut l'inspirateur n'a, ici, rien d'artificiel. Certains des textes à intentions politiques, dont j'eus l'occasion de prendre connaissance, donnent l'impression d'un pur exercice verbal. Ils abondent particulièrement, tous stéréotypés, dans les mouvements fondés par les leaders et prophètes congolais, Simon Kimbangou et André Matswa. Ils expriment, avec une formulation déroutante qui manifeste les séquelles d'un enseignement missionnaire librement assimilé, les premières réactions d'opposition à l'emprise religieuse et administrative. Avant de revenir à celles-ci, il me semble indispensable de citer un document significatif de ce procédé d'expression et de ces intentions de libération : un des tracts qui circulaient dans les Brazzavilles noires en 1946.

A Monsieur le Haut-Commissaire de l'A.E.F.

« Grands remerciements au Gouverneur de Brazzaville!

« J'ai été très touché par cette grande joie rencontrée à Brazzaville, car vous avez dû laisser le chemin à mes enfants qui prient le Dieu Tout-Puissant.

« Lors de mon arrivée à Brazzaville, personne n'a pu me connaître, chez les Blancs comme chez les Noirs. Je vais envahir Brazzaville d'un grand feu. Je veux l'embaumer avec des larmes de feu.

« Bonnes congratulations et salutations cordiales aux Balali qui, avec une volonté ferme, louent Dieu, le vrai Dieu, et qui se sont soumis en entier aux ordres de l'Eternel, le Dieu de bonté... Gouverneur de Brazzaville, si tu étais aussi puissant, intelligent, savant, pourquoi mon arrivée t'a-t-elle resté insue? Pourquoi ne m'as-tu pas connu?

« Quand je reviendrai ici, c'est pour ne plus voir toutes les missions issues de vos nations, protestantes, catholiques et Armée du Salut. La seule religion qui régnera, c'est la mienne, qui doit partout étendre ses ailes. Sachez que la terre appartenait à nous, Simon Kambangou et Matswa André. »

Le manque de *leaders* préparés à concevoir leur action d'une manière moderne, le niveau culturel, économique et social des centres urbains et de l'arrière-pays expliquent de semblables manifestations. Durant les années 1949 et 1950, les partis politiques ou les syndicats de travailleurs apparaissaient encore à beaucoup de jeunes hommes comme des duperies importées par le colonisateur; le mot syndicat – sous la forme *sinedikate* – devint synonyme de « collaboration » et de « collaborateur ». Par contre, les mouvements politico-religieux auxquels je viens de faire allusion recevaient de nombreuses adhésions chez les Bakongo.

Un jour où mon enquête s'était poursuivie, à Poto-Poto, jusqu'aux premières heures de la nuit, je surpris soudain une rumeur montant au-dessus de la ville. En prêtant l'oreille, je perçus comme une lamentation, un insolite et triste cantique entonné par une foule que j'imaginais en marche. D'un coup, une comparaison me vint à l'esprit : je revoyais la petite baraque en planches disjointes, toute penchée au-dessus du marché aux puces de la porte des Lilas, où une troupe de miséreux venait chaque dimanche chanter sa peine immense et son espoir d'un instant : certains des assistants sortaient de cette masure aux cantiques en poursuivant encore, mêlés à la cohue des promeneurs indifférents, le chant qui venait de les aider à oublier leur condition. Je me mis à rechercher cette procession africaine qui avait transformé en un instant l'atmosphère de la ville. Plus d'un millier de personnes, hommes, femmes et enfants, avançaient en tenant des bougies allumées, en chantant les souffrances des « prophètes » congolais et en affirmant une fidélité qu'aucune épreuve ne saurait abattre. En tête du cortège, des jeunes gens portaient une grande croix de bois. Auprès d'eux, se trouvait un homme drapé de blanc, la poitrine couverte d'insignes, qui gesticulait sous l'effet d'une véritable possession sacrée : le nouveau « conducteur » de l'église. Un peu en arrière, suivant la marche saccadée du pontife, un jeune garçon tenait comme un emblème une pancarte recouverte d'une de ces affiches, l'image d'un Christ assailli par les bombes allemandes, qui servirent un temps à dénoncer la cruauté nazie. Cette foule, animée par une foi créée à sa mesure et à la mesure de ses besoins, utilisant certains des symboles chrétiens dont elle refait des instruments d'opposition à l'ordre établi, donnait une étonnante impression de puissance. Mais où allait-elle? Vers des illusions, qui ne seraient qu'une apparente libération, ou vers un progrès qui pourrait se saisir au-delà de ces démarches déconcertantes? C'est cependant à un Congo nouveau, sorte de terre promise, qu'elle aspirait confusément. Par moments, je voyais s'écrouler sur le sol l'un des processionnaires, sa bougie projetée au hasard comme une étincelle; il se débattait dans la poussière de la rue, envahi par cette frénésie sacrée qui assure une liberté d'expression plusieurs fois millénaire.

Dans une société où les relations humaines restent changeantes et par là même menaçantes, comme l'est toute ville noire nouvelle, les faiseurs d'illusions ainsi que les donneurs de confiance maintiennent une incontestable emprise. Ils apportent des satisfactions à court terme, par des voies qui ne déroutent pas. Ce phénomène se laisse rapidement remarquer. Il a pour contrepartie la réticence vis-à-vis d'une minorité éduquée, mais malhabile à briser son isolement. L'un de mes informateurs ne parlait jamais des membres de cette catégorie sociale sans les désigner autrement que par l'expression : les *gentlemen.* Le langage populaire, lui, les évoque comme des *moundélé ndoumbé* – des « créatures du Blanc ». Ces hommes ont pourtant, la plupart, le sens de leurs devoirs; mais englués dans un relatif confort matériel et intellectuel, ils ont perdu cette chaleur communicative qui demeure le test exclusif par lequel l'Africain distingue ses vrais et ses faux amis. Ils sont souvent « pris » dans cette morale petite-bourgeoise, importée par certains coloniaux de l'époque récente, précautionneux, timorés et économes, qui ne vise qu'à justifier la sécheresse du cœur et de l'intelligence. J'ai eu l'occasion d'analyser cette tournure d'esprit, lors de mes entretiens avec des citadins qui se jugeaient porteurs d'une « évolution intellectuelle et morale au-dessus de la moyenne ». Leurs propos s'enchaînaient pour composer une image de l'homme du peuple simplement caricaturale :

– Il ne sait pas garder ses biens. Il est trop soumis aux exemples des mauvais films. Il ne veut pas participer à une religion civilisée. Il n'éduque pas ses enfants, mais se laisse dominer par eux. Il encourage le dévergondage des femmes pour en tirer de l'argent. Il n'aime que se divertir, etc.

C'était comme un monotone refrain de censeurs.

Le problème que pose la jeune femme dite évoluée est le moins contestable de ceux qu'évoquaient mes interlocuteurs. Trop peu nombreuses, plus libres, parce que moins soumises aux tâches que la tradition leur imposait dans le cadre villageois, les citadines connaissent un avantage et un état de disponibilité auxquels elles se trouvent mal, ou trop bien, préparées. Beaucoup d'entre elles, en général les plus âgées, se contentent, bien que moins craintives et dociles, d'accomplir les travaux domestiques. Quelques-unes recherchent une relative indépendance économique en tenant un petit commerce qui leur apporte, en même temps que des revenus personnels, ces relations occasionnelles dont elles sont avides. Les autres, dont le nombre s'accroît, « se débrouillent »; elles spéculent sur leur coquetterie tant qu'elles peuvent se permettre d'être coquettes. Et les conflits que provoque l'adultère, avec cet étonnant pêle-mêle juridique où les demandes d'indemnités (traditionnelles) se joignent aux exigences de pension alimentaire (empruntées à notre droit), accaparent les activités du tribunal coutumier. Un anti féminisme certain apparaît dans la presse africaine. J'en donne pour preuve cet extrait d'un journal local : « La femme mal éduquée, prétendue *évoluée*, accoutumée à une vie de dévergondage, est devenue une plaie de la société. Jalouse de sa « neuve liberté », son labeur consiste à faire la navette entre la maison du Blanc et la case du féticheur, entre le marché et le dancing. »

Le moraliste s'affirme sans pitié.

En diverses occasions, j'ai dû donner rendez-vous à mes informateurs dans un bar-dancing de Poto-Poto. Nous y trouvions plus de liberté pour parler. Ce lieu à foules mélangées restait un excellent poste d'observation.

Quelques tables et chaises de bistrot pauvre, de la bière et du vin. Sur les murs, les affiches publicitaires du cinéma adjoint à l'établissement composent une guirlande inattendue : *Tarzan l'invincible, Démon noir, Cavalier Miracle, Justiciers du Far West, Apache cheval de la mort, Terreur au Ranch.* Toute une mythologie nouvelle à portée de regard attire donc, partout dans le monde, le même public affamé d'impossible et de héros nouveaux. Un haut-parleur diffuse les chants enregistrés d'une vedette locale; l'un d'eux revient comme une scie : il conte, avec un net démarquage des procédés propres à Tino Rossi, les amours inconstantes et malheureuses d'une fille prénommée Marie-Louise.

Dans un coin de la salle, des jeunes femmes autour d'une table composent un groupe bruyant; elles boivent de la bière et croquent des cacahuètes grillées; elles fument. Elles portent de longues robes de cotonnade à feuillages et volutes imprimés, se coiffent d'un foulard de même étoffe. Les ongles de leurs pieds sont couverts d'un vernis rouge sombre, comme ceux de leurs mains qui s'ouvrent par moments ainsi qu'éclorait une fleur inquiétante, la tulipe noire. Quelques hommes les entourent, d'une élégance trop appuyée, dédaigneux, en apparence indifférents à leur bavardage. Dans la conversation revient fréquemment l'expression : « étoile brillante. » Je demande à Apollinaire, un jeune Mbochi qui était devenu mon collaborateur occasionnel, le sens de ces mots.

– Vous savez, c'est le nom d'une association de femmes. Il y a beaucoup d'organisations comme celle-ci dans la ville : « La Rose », « Violette », « Lolita », « Dollar », « Elégance »... En ce moment, les femmes discutent pour préparer leur fête annuelle.

– A quoi servent ces associations? Si je comprends bien, les hommes ne peuvent pas en faire partie?

Apollinaire hésite à répondre. Il m'observe avec un sourire plein de sous-entendus, comme s'il me trouvait naïf ou maladroitement retors.

– Vous savez, ce sont des femmes qui se rassemblent pour s'entraider en cas de besoin. Mais elles aiment aussi donner de jolies fêtes avec des danses et des chants. Elles sont toutes belles, ces jours-là, parce qu'elles portent les mêmes vêtements neufs et s'ornent de bijoux... Il y a un homme qui est leur président. Vous voyez le grand type en costume bleu, c'est lui qui s'occupe d'« Etoile Brillante »...

Sa voix restait suspendue. Il semblait retenir une réflexion que je pouvais aisément imaginer.

– Est-ce qu'il y a encore d'autres titres qui reviennent à des femmes de l'association?

– Vous savez, elles élisent une Présidente qui doit être déjà riche et avoir une présentation imposante. C'est une *mama mokonzi.* Elles choisissent une Caissière, puis une Commissaire chargée d'accepter ou de refuser les adhésions nouvelles. Elles ont aussi une Préchantre, la plus charmante d'entre elles et avec la meilleure voix, qui compose les chants ou les fait répéter... Ces femmes savent séduire et beaucoup d'hommes les désirent. Mais elles se font payer trop cher!

– Les parents poussent-ils les jeunes filles dans ces « amicales » de prostituées élégantes?

– Oh! vous savez, ils n'ont plus d'autorité. Et puis ils sont bien contents d'accepter les cadeaux. Certains d'entre eux reçoivent chaque mois 4000 ou 5000 francs. Ils pensent que leurs enfants les aiment bien puisqu'ils sont aussi généreux. Ça leur suffit...

L'argument prêté à la parenté, complice d'une telle prostitution à façade honorable, ne correspond guère à la réalité. Les jeunes filles ne se font pas violence pour devenir ces hétaïres seulement soucieuses de coquetterie et de divertissement, mais elles admettent mal les pressions spéculatives dont elles sont l'objet. L'un de leurs chants le dit – une complainte reprise dans les rues, les soirs où le clair de lune permet de jouer au *kèbo :*

« Ecoutez, mes amies!
Dieu nous a donné des mères,
des mères qui nous tuent,
pour de l'argent.
Un jour comment nous trouverons-nous
devant Dieu,
le Tout-Puissant? »

Ainsi cette soumission à l'amour mercantile ne

va-t-elle pas sans amertume. Les jeunes femmes ne s'attardent cependant guère à ces inquiétudes. Elles se vêtent d'étoffes coûteuses et rivalisent en achats de bijoux. Elles dansent. Elles chantent. Leur mouvement est un appel qui donne à l'érotisme vénal une parure dont nos sociétés n'ont même plus le souci :

> « Viens! De qui as-tu peur?
> Je n'ai plus d'alliance.
> Très tôt, j'ai été mariée,
> Croyant qu'il n'y avait plus d'hommes.
> Si seulement j'avais su!
> . . . .
> Laisse-moi t'aimer. Tu me conviens telle-
> [ment! »

Partout en Afrique, jadis, par excellence, la terre de la générosité et du don, au point que ce dernier paraissait abandon à la facilité indolente et sensuelle, une telle commercialisation des rapports amoureux constitue un autre fait révolutionnaire. Elle révèle jusqu'à quelles limites extrêmes de la liberté ont pu accéder ces jeunes femmes, aussi nombreuses dans les villes des pays voisins qu'à Brazzaville; mais pour retomber aussitôt dans les servitudes qu'imposent des relations sociales régies par l'appât du gain. On imagine mal à distance les incidences sur l'individu d'une situation qui implique, en même temps que le désordre d'une société en transformation, les compétitions du mercantilisme élémentaire et brutal.

Cette société urbaine reste entièrement à bâtir. Elle a besoin de chefs nouveaux, de valeurs nouvelles, de liberté d'expression et de création. En attendant que se réalisent ces conditions, la ville noire demeure le lieu où nombre d'hommes se débattent dans la misère, la soumission à la dure loi du travail sans joie ou la futilité des illusions. Le tissu social reste trop distendu pour que le citadin y trouve cette chaleur humaine à laquelle son passé l'avait accoutumé. Il continue à la rechercher; moins chez lui qu'au-dehors, car rien ne le prépare à un repli qui supposerait plus d'égoïsme de sa part et un minimum de confort.

Les cafés, des cases comme les autres où l'on a planté dans le sol quelques bancs et tables de bois, deviennent les lieux de rencontre – remplaçant ces « abris des hommes » qui dominent la vie des villages – où se réunissent camarades et amis. La bouteille de bière et le verre de vin rouge ont remplacé la calebasse à vin de palme, mais le même besoin d'être ensemble, dans la confiance, se reconnaît. Cependant, le samedi soir et le dimanche, toutes contraintes relâchées, les citadins noirs donnent libre cours à leur faim de joie, de détente corporelle, de communication avec autrui. Dans tous les quartiers, autour des « tam-tam » qui maintiennent les thèmes folkloriques ou des orchestres de fortune, les danses ne s'interrompent plus. Le bruit des battements de tambour s'élève par-dessus la ville, porteur par instants de lambeaux de refrains. Au-delà, dans les quartiers européens, l'ennui des dimanches s'installe.

Je n'ai voulu présenter que quelques images et quelques impressions. J'ajouterai une dernière scène, parce qu'elle reste nette dans mon souvenir. Sur la route qui mène au cimetière indigène, une foule distendue, clairsemée, avance à vive allure. En tête, un homme conduit une bicyclette sur laquelle repose, mal campé, un cercueil d'enfant. Près de lui, un adolescent tient une croix de bois qu'il brandit par gestes saccadés tant la marche est rapide. Ceux qui suivent, gênés par leurs vêtements apprêtés, leurs coiffures mal plantées, s'essoufflent et chantent par intervalles des fragments de cantiques. Cette hâte me reste inexplicable. Alors, je me permets d'y voir un signe : l'annonce de la précipitation avec laquelle une petite troupe d'Africains cherchera bientôt à se débarrasser d'un autre cadavre, celui d'une civilisation d'allure moderne jusqu'alors mal venue en leur pays, parce que trop construite à notre imitation et à notre convenance.

VII

MOUVEMENTS CONTRAIRES

Ayant abandonné Brazzaville pour étudier en milieu rural les dissidences religieuses et politiques, je séjournai quelque temps dans un district voisin, celui de Mayama. A une quarantaine de kilomètres au-delà du poste administratif la route se partage. D'un côté, elle s'enfonce vers des régions que l'Européen a délaissées; de l'autre, elle dessine une large boucle qui, après avoir dépassé la Mission catholique de Kindamba, va rejoindre la grande voie de communication traversant le Congo méridional ainsi que le chemin de fer. Ce « carrefour » modeste, enserrant entre ses branches une case de passage où je m'établis, est celui du choix : ou la fuite vers des zones refuges que la vieille Afrique utilise à fin de dérobade, ou l'accès à un pays qui se veut d'un modernisme encore précaire et discret, que les villageois conçoivent à leur manière. La distinction n'est pas si nette et il existe un trait commun : dans les deux régions, on a jugé notre tutelle trop exigeante pour ses résultats estimés insuffisants – ou dangereux.

Un « village commandant », selon l'expression kongo, s'est implanté autour de cet embranchement. Loukouo est alors une agglomération disparate, constituée d'éléments hétéroclites, bâtie au centre d'une terre qui n'appartient pas aux occupants actuels. Construite sur ordre, elle servit d'appui à un marché ensuite déserté et à une école. Les groupements rassemblés n'ont pu voisiner longtemps, par manque d'entente, par insuffisance de terrains fertiles. Il ne reste plus que quelques poignées de paysans, des commerçants sans pratique et, aberrant, un petit groupe d'anciens « tirailleurs » réunis autour d'un adjudant retraité. Il n'y a pas, à Loukouo, de ruelles, de foyers communs où se rassemblent les hommes apparentés. Rien que la dispersion dans un espace communal mal délimité, comme si l'on attendait qu'un véritable village ait la complaisance de pousser. Cet établissement provisoire, où campent des individus que les anciens liens sociaux n'attachent plus guère les uns aux autres, offre d'une certaine manière l'image du « chantier africain ». Où trouver le principe d'unité?

J'ai erré de case en case en me posant précisément cette question. L'autorité politique s'est affaissée : le chef de Loukouo a perdu tout crédit et son rival, le sous-officier, étranger au pays, reste sans prestige. Les intérêts économiques, efficaces durant un temps, ont disparu. Mon informateur improvisé, Gabriel Mayéla, se plaint de la difficulté à vivre en cet endroit. Il évoque, avec une déconcertante douceur dans la voix, une étonnante onctuosité dans les gestes, ses déboires d'ancien instituteur « revenu à la terre », ses échecs de commerçant qui parvient tout juste à payer la patente. L'homme, âgé d'une quarantaine d'années, a une distinction attachante et supporte, sans être annihilé, des difficultés bien significatives. Il déroule sans complaisance, avec le seul souci de m'aider à comprendre les « affaires du pays », le film de ses dernières mésaventures.

– J'ai enseigné dans les écoles des missions catholiques, en brousse, puis à Poto-Poto et Bacongo. Ancien élève du petit séminaire de Brazzaville, j'obtins facilement un poste. C'est un métier dur, mal payé. Surtout, je n'aime pas les habitudes des gens de la ville. Il n'y a pas de cordialité et lorsqu'on devient vieux, on y connaît le malheur... J'ai voulu m'installer au village sous l'autorité de mon parent, le « chef couronné » Bwango. Je me disais qu'un homme qui ne plante pas est semblable à un arbre sans racines. Mais la terre n'est pas bonne; il faudrait se contenter de peu, comme les Anciens. J'ai tenté de faire le commerce de détail. Le marché n'existe plus et je n'ai pas d'argent pour acheter un camion. Maintenant, je dois renoncer. J'essaierai encore, plus tard, si mes parents veulent m'aider. Tout est dur ici. Vous avez entendu ce que dit votre guide : « le pays est foutu ». Les villageois croient que c'est une affaire de religion et répètent que les Blancs ont mis le désordre partout... il y a trop d'églises nouvelles. Bwango voudrait qu'on revienne au culte des ancêtres. Mais les gens répondent que ce n'est pas ça le progrès...

– La Mission a eu beaucoup d'influence dans le pays?

– Autrefois, c'est sûr. Il y a longtemps que les choses ont changé. Les paysans pensent que les Pères n'ont pas enseigné tout ce qu'ils connaissent de Dieu. Ils imaginent que la religion des Européens sert à laisser les richesses entre les mains de ceux-ci et cache un secret que personne ne veut révéler. Alors, ils ont décidé de chercher tout seuls, de faire confiance à leurs prophètes. Vous savez bien qu'ils ont tenté d'incendier les bâtiments de Kindamba...

– Vous êtes resté catholique. On doit se méfier de vous?

– Je me sens souvent triste. Moi aussi, je ne vois plus à qui accorder ma confiance. Bwango me critique. D'autres m'accusent de ne pas contribuer à rendre puissante la nouvelle religion de notre peuple. Les Pères me reprochent d'avoir trop de prudence... Où voulez-vous que j'aille? Ce qui nous conviendrait, c'est ce qui nous diviserait le moins.

– Vous imaginez une issue?

– Oh! je n'ai pas songé à cela. D'ailleurs, je ne suis pas assez écouté pour jouer un rôle. Nous avons eu un homme qui voulait travailler pour notre avenir, c'est André Matswa. Il a souffert, puis il a fini par mourir en prison... Les villageois continuent à dire qu'il est notre Sauveur. Ils votent pour lui au moment des élections. Ils le considèrent comme notre Christ nègre... Je ne peux pas trouver une vérité qui me convienne. Je doute des hommes qui veulent édifier des nouvelles églises où nous ne serions qu'entre Noirs. Mais je suis certain qu'ils font effort pour aboutir à la seule solution : nous rendre la force, le *ngolo* comme nous disons, en nous unissant mieux...

– Mais s'ils vous dupaient simplement, en profitant des circonstances?

Mayéla se dérobe. Il s'amuse à dorloter son jeune garçon qui vient de nous rejoindre. Je n'insiste pas, m'étonnant d'avoir pu obtenir d'emblée une aussi grande confiance. Je m'attache à reprendre intérêt aux problèmes plus humbles, mais plus personnels, qui sont ceux de mon interlocuteur. Il finit par m'avouer son projet, avec une simplicité qui exclut le cynisme que nous pourrions y voir.

– Je voudrais être élu au Conseil représentatif. Si je réussis, je serai placé pour démarrer à nouveau dans la vie...

Mayéla n'a pas pensé un seul instant que cette assemblée contribuerait à répondre aux questions qu'il pose avec tant de netteté. Elle se situe dans son esprit à un tout autre niveau : celui des affaires où intervient l'Européen, c'est-à-dire le monde des biens et des réalités matériels. Les choses sérieuses, celles du pays, doivent être envisagées sur place, sans témoins étrangers, par les hommes qui ont non seulement la capacité mais encore le droit de les considérer. De l'un à l'autre de ces deux domaines, il n'y a pas de pont jeté.

Mayéla m'accompagne lors de mes visites aux chefs des familles. Devant la plupart des maisons se dresse un gros bâton, luisant à son extrémité du suif écoulé des bougies qu'il supporte.

– A quoi cela sert-il?

– Ce sont les lieux de prière établis pour les adeptes de la nouvelle religion. Lorsqu'on veut les

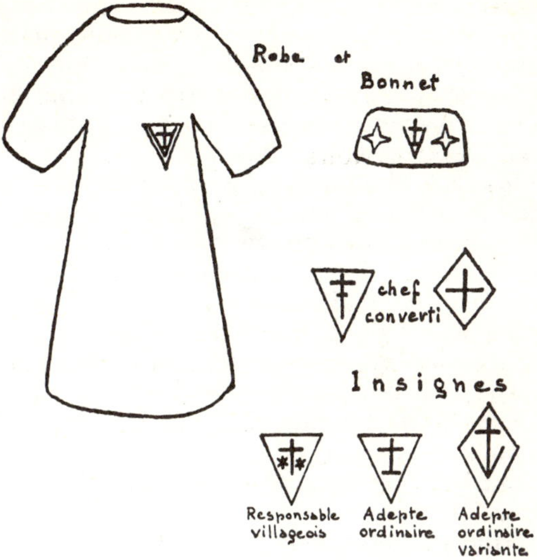

Fig. 47. – *Robe, bonnet et insignes des adeptes du mouvement messianique.*

railler, on leur dit qu'ils adorent le « Dieu aux bougies ». Ils répliquent que les catholiques agissent de la même façon à l'intérieur des chapelles...

En poursuivant mon enquête au-dehors de Loukouo, je peux remarquer combien le phénomène est répandu. Dans quelques villages, les bougies se trouvent disposées sur une sorte d'autel individuel que jonchent des fleurs sauvages. Mes guides précisent que la flamme indique à Dieu (*Nzambi Poungou*) que le fidèle se tourne vers lui pour demander conseil et assistance. L'emprunt au rituel catholique est volontiers reconnu, mais on n'y verrait à tort qu'une imitation grossière. Sans nul doute, il y a un rappel, plus ou moins direct, de toutes les significations autrefois attachées au feu; comme si la flamme vacillante maintenait en elle tout ce qui subsiste de ces anciennes fêtes du feu auxquelles j'ai pu assister dans diverses régions du Congo et du Gabon. Le culte nouveau, en excluant les sacrifices et les offrandes, le recours aux figurations matérielles, élimine cette manipulation sacrée qui assurait autrefois la communication entre l'homme et ses dieux. Le villageois imagine mal qu'il suffise de se tourner vers ceux-ci, avec ferveur, pour être entendu d'eux. Il a besoin d'un intermédiaire matériel qui établisse le contact. Selon ses vues, faire jaillir la flamme de la bougie c'est *créer* le signe qui permet cette relation en même temps qu'il affirme la puissance de l'église noire.

Nous achevons la tournée de nos premières visites. Mayéla m'abandonne brusquement, puis revient vers moi pour me confier à voix basse :

– Allez voir le tailleur, c'est un homme intéressant. Mais il est fanatisé.

Je trouve ce dernier au travail sous l'appentis qui constitue un avant-toit à la case. Il force sa machine, une vieille Singer, en la faisant trépider sous ses pieds, en la lançant à décrocher le volant. Il se hâte d'achever la confection d'une longue robe de cotonnade noire qui évoque, par sa forme, une lévite ou le « boubou » des peuples islamisés. L'homme ne lève pas la tête, comme s'il ignorait ma présence. Je l'observe un instant, puis je tente de l'interroger en simulant l'étonnement.

– Pour qui est-ce ? On ne porte pas ces robes dans le pays.

– C'est une tenue particulière à notre église.

Il n'a pas délaissé son travail au moment de me répondre. Il s'acharne sur le vêtement, avec une sorte de colère dont la machine pâtit, pour composer au fil blanc un écusson de poitrine enserrant la croix chrétienne entre les deux branches d'un V.

Un jeune homme s'approche. Il est coiffé d'un étrange calot, semblable à celui de nos pâtissiers, qui s'orne de broderies faisant alterner le même motif avec l'étoile à quatre branches. Il arbore sur son tricot de corps, fixé avec des épingles de sûreté, un bandeau de deuil et les écussons à croix et V de victoire. Il me salue et s'adosse à un poteau de soutènement. Il fume une cigarette en se donnant une allure désinvolte, peut-être provocatrice. Je devine qu'il veut éprouver mes réactions.

– Vous voyez, notre tailleur reçoit beaucoup de commandes.

– Cest très bien, cela prouve que les gens ont de l'argent pour acheter des vêtements neufs.

– Mais non! Nous sommes tous des enfants de la misère.

– Je ne comprends pas ce que vous voulez dire.

– Nous restons malheureux parce que le Dieu des Blancs ne nous aide pas à devenir riches. Il n'a pas d'alliance avec nous... Maintenant, nous avons appris à agir. Nous nous privons pour mettre les économies au service de notre église. C'est là que nous trouverons la force...

– Pourquoi? Pour vivre mieux?

– Oui, pour obtenir les bonnes choses de la civilisation. Pour une autre raison, aussi. Nous sommes fatigués de toujours obéir aux Européens. Nous voulons refaire notre pays comme nous l'aimons. Vous ne pouvez pas savoir ce que nous désirons, vous avez l'habitude de commander sans jamais vous occuper de nos idées...

– Ce n'est plus vrai. Je suis justement à Loukouo pour vous écouter et vous conseiller... Vous savez bien que j'ai appris les manières kongo, ici et dans le pays de Boko.

– Les Pères aussi connaissent nos coutumes. Ils nous ont pourtant trompés... C'est seulement aux hommes comme Nganga Emmanuel que nous donnons notre confiance. Il est le chef de notre église. Il nous mettra sur le bon chemin...

– Il ne vous guidera pas pour ouvrir des routes, construire des écoles et des dispensaires, pour enrichir les villages avec des cultures nouvelles... Toutes ces affaires-là n'ont rien à voir avec la religion. Nganga Emmanuel s'occupe seulement d'enseigner des chants sacrés et de menacer ceux qui ne le suivent pas...

Je désire, présentant mon objection sous une forme directe et aussi rudimentaire, pousser mon interlocuteur à s'expliquer davantage. Il me semble avoir atteint le point où la réserve habituelle aux Bakongo ne joue plus, où le dialogue sincère redevient possible. Je force ma pensée pour imposer ce dernier. Le jeune homme hésite; d'un geste machinal, il triture les écussons d'étoffe qui pendent sur sa poitrine; il risque une réponse inachevée.

– Vous ne comprenez pas ce que nous souhaitons. Et puis...

Il s'éloigne. Je le rappelle.

– Prenez une cigarette.

– Merci, je ne fume pas.

– Allons! vous vous moquez de moi. Vous venez de jeter un mégot à l'instant.

– Non, je ne fume pas de cette qualité-là.

C'est un refus poli. Je me trouve, d'un coup, dans cette impasse bien connue des administrateurs. Tout un peuple, avec la volonté de retrouver plus d'autonomie vis-à-vis des Européens, s'est dérobé devant les dons qu'ils lui offrent. Il n'a accepté ni les distributions gratuites de semences, ni les services des sociétés indigènes de prévoyance. Il a rejeté les cadeaux officiels. Il a repoussé l'aide des missionnaires et les femmes elles-mêmes, en un temps, se sont enfuies au moment des distributions de médailles saintes. Il a méprisé les avantages monétaires dont il pouvait bénéficier par l'intermédiaire des chefs. D'une manière régulière au cours des décennies passées, ces gestes, accompagnés parfois de manifestations moins pacifiques, ont révélé l'intention de changer les rapports sociaux imposés par la colonisation. En refusant les dons, le Bakongo gardait ses distances et exprimait sa protestation. Il rompait le contact, tout en ayant l'habileté de préserver ses positions économiques, pour ne plus se laisser enfermer dans une situation d'infériorité. Un tel repli affirmait son impatience de devenir responsable de son destin, même pour le pire.

C'est peut-être ce besoin qu'aurait évoqué mon jeune interlocuteur. Mais il s'est esquivé. Le tailleur continue à actionner sa machine avec la même violence; il demeure toujours aussi réticent et s'obstine à ne répondre qu'aux questions les plus banales. Pour les autres, il se dit ignorant.

Peu de jours après mon installation, je décidai d'aller rendre visite aux missionnaires catholiques de Kindamba, par courtoisie et souci de connaître leur jugement. Mayéla désire me suivre. Il arrive avec toute sa famille, comme pour une partie de campagne. Nous traversons quelques villages où seuls les enfants s'animent à notre passage; ils courent derrière le camion, pris dans un nuage de poussière, en criant : *Moundélé! Moundélé!* le Blanc! le Blanc!

– Quel est le nom de ce village?

– C'est Moagangouba... Il y avait plus de monde autrefois.

– Qu'est-ce que cela signifie?

– Oh! c'est simple. On pourrait dire : « jeter les arachides ». Les gens ont détruit les graines que l'administration avait données. Vous connaissez l'histoire...

La Mission, c'est une bâtisse construite en brique rouge, aux abords d'une chapelle. Elle domine légèrement la route, se dressant à l'arrière d'un jardin très ordonné. Elle constitue à elle seule un univers étranger. On pense à une enclave où se seraient implantés des moines-fermiers soucieux de pacifier et de témoigner par l'exemple. On se sent là détendu, apaisé, surpris aussi par une action tenace qui a su bâtir solidement et construire une économie paysanne familière. Le troupeau, préservé au prix de peines incessantes, le clapier et le potager donnent des points de repère et laissent imaginer qu'une vraie campagne pourrait se dessiner par-dessus la brousse monotone. On échappe à ce sentiment de fragilité et d'instabilité que provoque la civilisation kongo, peu soucieuse de se fixer et de durer par des créations matérielles. Mais ces premières impressions s'altèrent vite.

Je devine que la Mission est assiégée par des forces d'autant plus insidieuses et déprimantes que non immédiatement décelables. Elle suscite l'opposition hors de ses limites – parce que les villageois l'accusent d'être un lieu de tromperie pour l'Africain. Elle n'affirme plus la confiance sans faiblesse des fondateurs de l'Eglise congolaise. Elle se replie sur elle-même, s'isole. La paix chrétienne paraît glisser entre les mains des religieux et de leurs disciples. Quelques mois plus tard, une troupe d'adeptes de la « foi nouvelle » campa au voisinage des bâtiments, attendant toute la nuit le moment de les incendier, hésita, puis se dispersa au petit jour en ayant renoncé à son sinistre projet.

Les antagonismes qui naissent de la colonisation et des heurts entre deux civilisations, non seulement différentes mais inégales, prennent ainsi l'aspect d'une guerre de religion. Une lutte oblique se développe. Les villageois nient l'universalité de l'Eglise car ils jugent cette dernière associée aux privilèges de la race blanche. Les missionnaires contestent aux Noirs la capacité d'avoir une vie religieuse autonome qui ne soit une régression vers la « sauvagerie »; ils n'acceptent pas le dialogue avec des opposants qui leur semblent ne pouvoir accéder à la vérité que par la soumission totale.

En dehors d'une petite communauté féminine établie à l'écart, et d'un frère convers, il ne se trouve que deux missionnaires attachés à Kindamba. Le frère est d'origine alsacienne; il aime l'ordre et l'autorité; il apporte sa ténacité et son ingéniosité paysannes; il construit, plante, commande et n'admet pas que les paysans noirs aient d'autres fidélités et d'autres soucis que les siens. Le Père le plus âgé est un homme massif, d'apparence puissante, cordial et direct. J'apprends vite qu'il est physiquement diminué par une grave fatigue cardiaque. Je le découvre inquiet, capable de violences soudaines. Il a le sentiment d'un échec qui l'a conduit à la solitude, qui a fait lever la haine de ses anciens disciples kongo, qui a provoqué, dit-il, un nouveau « fétichisme ». Il montre son impuissance avec colère – et presque la tentation d'abandonner au Diable la part intraitable du Noir. Brutalement, dans un long monologue, il m'exprime ses rancœurs :

– Les gens d'ici sont menteurs et sans caractère. Ils font semblant de vous céder, puis ils vous trompent... Ils vivent sur une illusion, celle d'avoir racheté leur liberté par l'intermédiaire de leurs prophètes de malheur. Ils n'acceptent rien qui vienne de nous, par crainte que nous ne tirions prétexte de nos dons... Les faux cultes n'ont jamais autant foisonné. Ils arrivent jusqu'aux portes de la Mission. J'ai voulu les expulser et détruire les autels. J'ai failli recevoir des coups. Le plus haineux était un ancien catéchiste. Tous nos ennuis viennent d'abord d'hommes qui avaient notre confiance et qui utilisent notre enseignement pour nous évincer... Ils mélangent tout dans leurs cérémonies : leurs fétiches, leurs crises de possession, et puis les prières qu'ils nous ont volées, les gestes copiés sur ceux du prêtre, les processions organisées à l'imitation des nôtres. C'est un scandale! Ils ne veulent plus de nous pour interprètes auprès de Dieu. Ils disent que nous obtenons seuls les bénéfices de notre intercession... Vous connaissez ce pays, c'est l'anarchie à l'intérieur des villages. Il n'y a unanimité que dans l'opposition aux Blancs. Quelques canailles donnent-elles l'ordre de ne plus approvisionner la Mission, aussitôt nous sommes incapables de nous procurer le moindre produit... On sent la volonté de nous isoler, de nous affaiblir. Ces fanatiques hésitent encore à nous détruire, mais c'est par manque de courage. On ne peut plus rien pour eux. J'ai obtenu l'interdiction des manifestations collectives, mais les réunions se font par petits groupes autour d'autels élevés dans les cases... Il n'y a vraiment que Dieu qui soit capable d'y reconnaître les siens. A mes yeux, aucun d'entre eux ne vaut cher...

J'ai repris ces propos avec le souci de montrer à quel degré d'intensité, en 1949 et 1950, se trouvait portée cette guerre de religion. Le jugement est exclusivement négatif, en raison de la fatigue et du découragement. Mes enquêtes dans les districts voisins ne m'ont pas conduit à confirmer ce pessimisme radical, mais il me restait très compréhensible : en tant que réaction à l'échec d'une longue carrière missionnaire; en tant que manifestation de crainte devant une initiative qui se veut d'abord dirigée contre le christianisme. L'erreur consistait à ne rien voir au-delà de ces impressions accablantes. L'aspect religieux du mouvement kongo reste le plus apparent, il n'est pas unique. Ce que les villageois souhaitent, c'est non seulement retrouver la maîtrise des techniques sacrées, indispensables selon eux à la santé et à la richesse de toute société, mais encore recouvrer leur ancienne liberté de comportement. Ils veulent reconstruire leur civilisation, lui rendre force et unité. Ils ne peuvent le faire qu'en s'opposant à toutes les contraintes étrangères subies, en nouant les alliances qui rétablissent leur confiance en eux-mêmes.

Le second des missionnaires de Kindamba, un homme encore jeune, d'une douceur qui n'exclut pas la passion de convertir, actif dans les villages mais sans esclandre, révèle une plus fine connaissance du problème kongo. Il n'adhère guère au réquisitoire que je viens de rapporter. Il se contente d'ajouter :

– Il n'y a pas que du fétichisme en cette affaire. Les villageois agissent à faux, mais les besoins qu'ils ressentent sont très puissants...

Je sais que cet homme, entré dans un temple de la religion « nouvelle » au moment d'une cérémonie, eut la volonté de ne point céder à la colère. Il regarda et médita sur les causes d'une hérésie qui dispose d'un incontestable pouvoir d'attraction. Il décida de renoncer aux vieilles méthodes de christianisation par la contrainte. Sa tolérance parut suspecte aux autorités missionnaires – mais il ne renonça pas à sa politique de présence discrète.

Lorsque nous quittons la Mission, la nuit tombée, Mayéla reste un long moment silencieux. Je n'éprouve même pas la curiosité de lui demander comment il a usé le temps durant son attente. Je m'abandonne à la jouissance que procurent la tiédeur, le calme, l'obscurité – et la possibilité de me perdre un instant dans l'oubli de tout souci humain, de toute pensée, en m'accordant simplement à la paix de la nature. Mayéla me tire de cet état lorsque nous approchons du campement.

– Vous voilà arrivé... Vous avez vu combien les deux Pères sont des hommes différents. Mais ils auront tous deux les mêmes difficultés. Les Bakongo ne veulent plus partager Dieu avec les Blancs...

Quelques jours plus tard, alors que je me préparais à partir enquêter dans les villages éloignés, Mayéla vint m'annoncer la visite de Nganga Emmanuel – un des prêtres fondateurs du nouveau culte. Je ne m'attendais pas à une telle simplification de ma tâche; j'espérai beaucoup de cette rencontre. Je me mis à rechercher dans mes notes les renseignements dont je disposais. Quelques jalons me permettaient à peine de situer cette étonnante personnalité. Nganga est descendant d'esclaves : il ne naquit pas « dans le clan ». Cette infériorité sociale, qui ne l'a pas incliné à subir passivement toute domination, donne à son prestige actuel un caractère d'autant plus exceptionnel. Les missionnaires catholiques l'ont éduqué et il joua pendant huit années le rôle du catéchiste ayant, dans un village, la responsabilité des fidèles. C'est alors qu'il enrichit sa connaissance du christianisme et des ouvrages sacrés les plus populaires. Mais le fait déterminant de son évolution fut la fréquentation du *leader* André Matswa; il apprit par ce contact à refuser l'inégalité; il participa aux premières manifestations d'opposition et subit une déportation au Tchad. Dès qu'il devina que les serviteurs du Christ ne faisaient pas cause commune avec les Bakongo, il abandonna la mission catholique. Il venait de découvrir que le Dieu adoré dans l'enceinte de celle-ci était d'abord français. A partir de cette prise de conscience, sa revendication acquit un caractère à la fois politique et religieux.

Nganga Emmanuel, en compagnie d'un jeune garçon, se tient devant moi sans que je l'aie entendu arriver. Agé d'une cinquantaine d'années, il est petit, maigre, mal vêtu. Ses vêtements, un pantalon et une sorte de blouse flottante chargée d'insignes et de galons, sont d'un blanc douteux. Il porte un chapeau de boy-scout avec l'écusson figurant la croix chrétienne prise entre les branches du V. Son regard continuellement mobile se dérobe. Il s'appuie sur un bâton, hésite à entrer. Est-ce bien là le rival des Pères de Kindamba?

Il accepte mon invitation à s'asseoir, puis me fait cadeau d'un petit poulet déplumé et d'un œuf que son jeune compagnon me remet avec solennité. Je veux répliquer à mon tour par un autre don. Il refuse.

– Pourquoi?

– C'est impossible! Je vous ai apporté ceci pour vous montrer ma confiance. Je ne veux pas faire un échange avantageux, mais vous honorer comme un étranger accueilli avec plaisir, sans mauvaise pensée.

Sa voix est rauque, forte. Son élocution saccadée, nerveuse, témoigne d'une inquiétude mal contenue. Il s'agite continuellement sur son siège, ayant perdu cette placidité et cette infinie patience qui m'avaient surpris chez la plupart de mes interlocuteurs africains. Je l'observe, ne sachant guère comment engager une conversation qui nous permette, à l'un et à l'autre, de nous exprimer sans tricherie. Je me dis que nous commençons mal, puisqu'il vient de mentir et de me tendre un piège. En m'imposant son cadeau, il m'oblige à la loyauté et à la cordialité; au pire, il me neutralise. En refusant le mien, il conserve toute sa liberté de manœuvre; il n'a pris aucun engagement à mon égard; il ne s'est pas compromis. Ainsi le veut la logique kongo, accompagnée du souci de ne rien recevoir qui vienne de la main d'un Blanc. Je n'ai jamais ressenti autant qu'à ce moment combien ma race et mon appartenance à un système social déterminé peuvent me classer, d'une manière automatique, sans que mes intentions ou mes options aient la possibilité d'intervenir. Pour Nganga Emmanuel, je suis sans aucun doute du côté des adversaires. Mais je lui apparais plus vulnérable, parce que nouveau dans le pays et d'une certaine façon naïf à l'égard des problèmes qui s'y posent. Je ne suis que le moins mauvais des « méchants ». Ce fait et ma curiosité ethnologique expliquent qu'il ait pris la peine de venir à moi. A dire vrai, une raison toute tactique l'a aussi incité à cette visite, comme je l'apprendrai par la suite. Il tente d'obtenir une reconnaissance officielle de l' « Eglise noire ». Le Parti progressiste congolais a demandé, pendant un temps, que soit garanti « le droit à la liberté de prière »; son action a été peu convaincante et peu sincère. Aussi les appuis les plus divers sont-ils devenus nécessaires pour atteindre ce but – ou tout ou moins pour obtenir une tolérance de fait.

Notre conversation reste prudente. Elle consiste en banalités qui nous permettent de nous éviter et qui obéissent à l'usage africain; car un long prélude prépare les débats d'importance dans ces civilisations où l'art rhétorique se déploie riche d'effets et de pièges. Je décide de poser une question qui ne se conforme plus à ce jeu lassant. C'est une sorte d'attaque, comme à l'occasion des joutes oratoires traditionnelles, qui contraint à aborder le sujet de la controverse ou conduit cette dernière à tourner court.

– Je souhaiterais savoir quelles raisons vous ont poussé à fonder cette église de Galamboma?

Nganga Emmanuel répond avec une précipitation qui me surprend. C'est à peine si je parviens à saisir ses paroles. Il a choisi d'engager le dialogue et sans réticences.

– Mon cœur m'a conseillé. *Nzambi Poungou* s'adressait à moi, je devais l'écouter. Personne ne m'a préparé à cette tâche; j'ai appris à la Mission la manière de parler à Dieu. Sur la route de Vindza, Baloula a initié un ancien magicien après lui avoir fait brûler tous les fétiches. Mais cet homme reste un ignorant. Comment pourrait-il connaître les moyens d'adorer Dieu?

– Qui est Baloula? On m'a affirmé qu'il est fou.

– Oh! on dirait qu'il a perdu la tête. Il ne reste jamais à la même place; il court de tous les côtés... Il a erré dans la brousse pendant plusieurs semaines et on le croyait disparu. C'est là qu'il eut les révélations. Depuis, il n'a jamais travaillé. Il va dans tout le pays en éduquant les villageois comme faisaient les prophètes...

J'avais triché à mon tour. Je revoyais le personnage, découvert une première fois à la tête d'une procession aux bougies qui traversait le centre urbain de Bacongo, aperçu une seconde fois avec une escorte de disciples alors qu'il tentait de se dissimuler dans la savane. Cet homme d'une trentaine d'années, dont le corps ne cessait de s'agiter, dont la face se convulsait sans répit, paraissait drogué de cantiques et de révélations : un mystique sauvage, objet de scandale pour les bien-pourvus et d'enthousiasme pour les démunis, comme il en surgit lorsque les civilisations se font ou se défont. Nganga Emmanuel n'a pas cette inquiétante grandeur. Marqué par son passé chrétien, il cherche surtout à donner forme au culte nouveau, à le rationaliser en réalisant une véritable opération de démarquage du catholicisme. Je l'incite à expliquer et justifier son expérience. Il se révèle soucieux d'apporter une réponse satisfaisante sur le plan de la raison plus que sur celui de la passion. Je le provoque.

– Pourquoi ne choisissez-vous pas entre le christianisme et les cultes que pratiquaient vos ancêtres? Ce serait net.

– Les fétiches créent trop d'histoires; ils nous divisent; ils nous affaiblissent. Et puis, ce sont des choses du passé. Il n'y a plus que les vieux chefs qui les conservent, dans l'espoir de retrouver un jour l'autorité perdue par manque de courage. Ce sont les missionnaires qui ont tué notre religion. Il faut bien que nous en fassions une nouvelle... Chaque race a son langage, ses manières, ses façons de comprendre la vie. La religion catholique ne nous convient pas. Elle nous fait abandonner toutes nos habitudes. Nous ne savons plus si nous sommes encore des Bakongo, des Basoundi, des Balari...

– Et il n'y a pas d'autres causes?

– C'est tout. Nous avons des Sauveurs qui peuvent parler pour nous, puisqu'ils se trouvent auprès de Dieu. C'est André Matswa et Simon Kimbangou. Ils ont souffert pour les Noirs. Jésus-Christ n'a souffert que pour les Blancs... S'ils m'aident, la route de *Nzambi Poungou* me sera ouverte.

Partout, du Congo jusqu'au Cap, des fondateurs d'églises nouvelles, semblables pour beaucoup à mon interlocuteur, annoncent le triomphe ultime des Sauveurs nègres sur le « pâle Christ des Blancs ». Ils prédisent la subversion conjuguée des hommes et des éléments qui mettra fin à la domination coloniale, à l'oppression culturelle. Nganga Emmanuel a, lui aussi, menacé « par la tempête et le déluge ». Il a nourri l'illusion qu'une Afrique rénovée surgirait du chaos apocalyptique ayant effacé toute trace de la main blanche. Il a promis l'accès au « chemin du ciel » – *nzila ia zoulou* – pour ceux qui sauraient combattre.

Je m'étais tu un instant. Il revient indirectement à ma question.

– Il y a des hommes qui ne participent à aucune religion. Je les déteste. Ce sont des gens dangereux. Si on ne les voit pas pratiquer un culte, c'est qu'ils se cachent pour agir par sorcellerie. On devrait les détruire. Les sorciers ont trop mis de pagaille dans le pays depuis que nous ne pouvons plus les combattre... Les Noirs seuls savent lutter contre ces dangers-là, nous devons construire une grande religion à notre manière.

– Mais vous ajoutez au désordre! Les villageois ne vous suivent pas tous et certains ont peur de vous autant que des sorciers.

– Ah! on vous a raconté cela. Les missionnaires, certainement? Ils colportent des mensonges. Ils nous détestent parce que nous disons la vérité à notre peuple kongo... Lorsque je prêche dans ma chapelle, je ne donne que des bons conseils. J'ordonne aux fidèles de s'aimer et de s'aider les uns les autres, de ne pas voler, de ne pas commettre l'adultère. Je leur explique comment nous allons nous organiser pour bien vivre. Ils serviront d'exemple aux autres peuples du Congo.

– On prétend que vous mettez les paysans sur la mauvaise voie. Vous les faites prier et chanter alors qu'ils devraient travailler aux champs et au village.

– Les gens des environs viennent le dimanche, et le jeudi parce que c'est le jour où nous supplions André Matswa de nous aider... Les autres montent à Galomboma les jours de fête pour apprendre les chants et les prières. Il y a beaucoup de convertis en ces occasions. Ils ne peuvent pas tous entrer dans la chapelle... Ils ont raison d'abandonner leur travail. Si Dieu n'est pas avec eux, ils resteront quand même dans la misère. Les richesses n'iront pas jusqu'à eux.

– Tout n'est pas si parfait que vous le faites croire. Il y a dans le pays d'autres églises noires qui ne semblent pas d'accord avec la vôtre. On voit trop de prophètes, pas assez de chefs.

– Nous avons besoin d'un miracle pour redevenir forts et libres. Qui le fera? Les prêtres de notre religion sont établis jusqu'à Dolisie et Pointe-Noire... Je sais que les gens du pays de Boko se méfient de nous; ils ne croient qu'en Simon Kimbangou comme Sauveur; ils ont pris le modèle de leur culte chez les protestants... Mais nous devons finir par nous entendre et nous réunir. Et ce jour-là...

Il n'achève pas sa phrase. Le jeune homme, à l'étrange calot chargé d'insignes, vient d'apparaître soudain. Il me salue d'une manière distraite, puis s'adresse à Nganga Emmanuel avec une hâte qui ne me permet pas de suivre son discours. Tous deux se dirigent vers la porte. Mon visiteur disparaît à pas étouffés, ainsi qu'il était arrivé. Avant de s'en aller, il avait insisté pour que je vienne jusqu'à son « poste missionnaire ».

Le campement sacré de Galamboma se trouve très à l'écart de la route, sur une sorte de petit plateau dénudé. Je le découvre après une marche rapide et épuisante, tant mes deux guides, Mayéla et le « jeune homme au calot », sont également impatients de me faire accéder à ce nouveau lieu de pèlerinage. Alentour, la brousse est sèche, pauvre, inhabitée. Quelques plantations médiocres précèdent un large terre-plein où s'étale un vaste bâtiment, la chapelle, et où se dispersent des cases d'habitation. Nganga Emmanuel s'avance seul à notre rencontre. Un homme, le cou entouré d'un foulard rouge, signe distinctif d'une certaine catégorie d'adeptes, traverse la cour puis disparaît. J'ai la certitude que les gens ont fui dès l'annonce de mon arrivée; il s'est fait un vide qui témoigne de leur méfiance et de leur crainte. Je me sens un instant découragé. Je m'imagine naïvement comme un de ces fonctionnaires impériaux, curieux et pacifiques, qui aurait provoqué malgré lui la peur en faisant irruption dans une communauté chrétienne de la Rome antique. La comparaison n'est pas si fausse : il y a dans cette entreprise un retour inconscient aux commencements du christianisme.

Lorsque nous pénétrons dans la chapelle, mes compagnons font tous trois le signe de croix. Ce geste m'étonne.

– Mais que dites-vous en vous signant selon la pratique catholique?

A mon étonnement, c'est Mayéla, encore homme

de confiance des Pères de Kindamba, qui me répond.

– Nous avons changé la formule. Ça devient : Au nom du Père et de Matswa André et de Simon Kimbangou.

Le bâtiment est construit, à l'imitation des chapelles missionnaires de la brousse, en torchis. Il reste ouvert à l'une de ses extrémités, mais ne porte pas de fenêtres afin de ne laisser pénétrer qu'une lumière atténuée. Des rangées de bancs, simples planches fixées sur des piquets plantés dans la terre battue, se succèdent de part et d'autre d'une allée centrale. Dans le fond, une petite balustrade également en bois, rompue en son milieu pour ménager le passage de l'officiant, sépare les fidèles de l'autel. Lors des cérémonies, considérées comme correspondant à la messe, le prêtre s'y appuie afin de faire son prône (*nlongui*). L'autel rehaussé, auquel on accède par quelques degrés, est drapé de couvertures rouges qui servaient au troc lors des premières expéditions coloniales. Il s'y trouve, auprès du symbole de l'église, une photographie du *leader* disparu : André Matswa, un poignard provenant de l'industrie des ancêtres et une lampe à huile qui brûle en permanence à l'exemple de la veilleuse du Saint-Sacrement. En arrière-plan se dresse un V de grandes dimensions, taillé dans le bois, supportant entre ses branches la croix de Lorraine. Le motif, peint cette fois, se répète encore sur la paroi qui sert d'appui à l'autel, associé à des signes figurant l'étoile et le coq. C'est là l'essentiel de l'équipement symbolique.

On ne peut nier qu'il y ait un effort d'épuration par rapport aux rituels anciens qui exigeaient des instruments et des représentations matérielles multiples, de nombreuses manipulations. Nganga Emmanuel a d'ailleurs conduit plusieurs campagnes de destruction des « fétiches » et objets associés à ceux-là. Il a voulu imposer, en s'inspirant d'un christianisme dépouillé, celui des protestants qui furent les initiateurs involontaires des mouvements congolais, un culte débarrassé de tout aspect de « sauvagerie ». Mais ce symbolisme appauvri n'en constitue pas moins un langage qui révèle les intentions des fondateurs – et suggère les raisons de leur succès.

Le V anticipe sur la réalité et exalte la victoire remportée sur la misère et la souffrance par ces fidèles qui se reconnaissent entre eux comme *bana-bansana* (enfants orphelins). Ils ont repris le signe churchillien durant la guerre, à notre détriment,

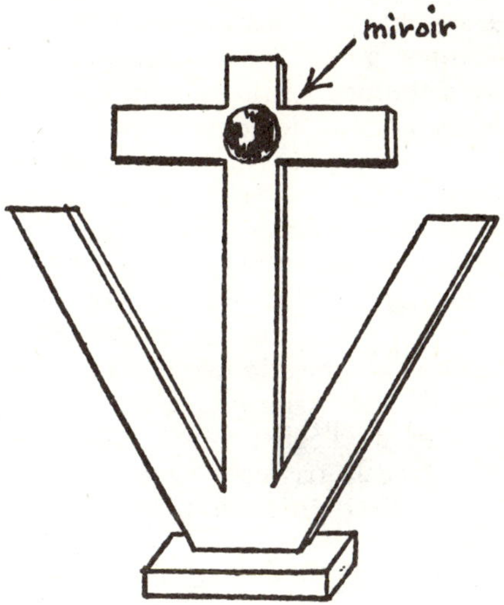

Fig. 48. – *Instrument du culte placé sur l'autel.*

pour annoncer la fin de notre domination. La croix de Lorraine apporte l'idée de puissance matérielle et celle de capacité à vaincre au-delà des défaites subies. Quant à l'étoile, Nganga Emmanuel dit qu'elle est « Dieu éclairant le monde »; elle affirme l'omniprésence divine et révèle la protection dont reste assuré, à tout instant, le véritable croyant. Le coq évoque Pierre, créateur de l'église du Christ, et rappelle aux fidèles la nécessité de ne céder à aucune menace conduisant à trahir le Sauveur noir. Le couteau-poignard d'ancienne fabrication représente la fidélité jurée aux ancêtres – et aussi la piété à l'égard de ces alliés toujours indispensables au bonheur des vivants; il exprime l'engagement de rendre aux peuples congolais leur prestige disparu. Le symbolisme du rouge, figuré par les vieilles couvertures de traite recouvrant l'autel et par certains foulards en forme de « pointe », est l'un des plus puissants; anciennement lié au sang et à la fécondité, au prestige et à l'autorité, il s'associe plus tard à l'idée de martyre des Sauveurs congolais et de leurs disciples, à celle de révolte.

Ces derniers thèmes se retrouvent fréquemment dans les « messages » et les chants élaborés dès les origines du messianisme. Au-delà de l'affirmation des souffrances subies, de la plainte concernant l'état d'isolement et de faiblesse des gens du Congo, se retrouvent le courage et l'espoir par le refus de la soumission. Pour leur plus grande part, ces textes sacrés constituent une littérature de *résistance* à motifs empruntés au christianisme. Ils annoncent la « bonne nouvelle », le triomphe définitif des messies indigènes et de l'église noire. L'exaltation de cette attente efface la tristesse exprimée, avec tant d'insistance, sur le thème de la solitude misérable.

Certaines des prophéties qui circulent dès 1930, à une époque de tension entre Européens et Congolais, formulent des intentions très nettes; mais elles apportent plus une sorte de satisfaction verbale, les événements l'ont ensuite montré, qu'une provocation à la révolte ouverte et immédiate. Et pourtant, le ton effraya et provoqua un renforcement de la surveillance policière :

« La guerre est proche. Dès le commencement de la saison des pluies, peut-être... Nous sommes sortis pour annoncer cette bonne nouvelle de Dieu au monde entier. Il est ordonné, à ceux qui font partie de notre église, de ne pas adresser la parole à ceux qui sont liés au gouvernement et aux Missions ou à ceux qui sont restés dans les ténèbres. Le temps du sang rouge est venu... Ceux qui ressusciteront entreront dans la gloire du royaume vainqueur...

« Les Blancs ne savent pas qu'ils trouveront la mort et la perdition dans le pays d'autrui. Le buffle et l'éléphant sont de puissants animaux qui peuvent faire n'importe quel travail à cause de la grosseur de leur corps. Ils sont forts comme Goliath. Mais ils n'ont pas l'intelligence de préparer les chemins et les routes par lesquels ils pourraient partir. La mort de l'éléphant et du buffle est proche. La libération sera définitive. »

Ecoutez encore. « Le lézard a pondu ses œufs, mais on l'a tué et ses œufs sont nourris par d'autres et ceux-ci les feront éclore... »

Les allusions, bien qu'elles recourent à un mode d'expression traditionnel, n'ont besoin d'aucun commentaire. Des messages comparables, par leur rédaction et leur enseignement, se sont multipliés au cours des dernières décennies. Ils expriment une vérité toujours vivante à laquelle il serait utile de prêter attention. Les apologues nous sont destinés autant qu'aux fidèles de l'église congolaise.

J'ai demandé à Nganga Emmanuel de me communiquer les plus récents de ces textes. Il s'est dérobé, m'affirmant que ces derniers circulent uniquement dans la région de Boko. Par contre, il m'a transcrit l'un des chants religieux devenu si populaire qu'on le fredonne jusque dans les quartiers des Brazzavilles noires. C'est un inquiétant et lancinant appel à l'aide :

« Nous autres qui n'avons pas de soutien.
Nous autres qui n'avons pas de défenseur.
Dieu, père tout-puissant, veille sur nous!
Père Kongo, père, qui pensera à nous?
A nous autres, qui y pensera?
Matswa, père tout-puissant, veille sur nous.
Matswa, père tout-puissant, envoie-nous un défen-
[seur... »

Le « jeune homme au calot » s'en va brusquement. Nganga Emmanuel continue à diriger ma visite. Il me montre les robes blanches, rouges et noires, en forme de lévite, qu'il revêt au moment des différents offices; chacune d'elles a un sens – joie, martyre glorieux, deuil – qui s'accorde au ton caractérisant chaque cérémonie. Un sur-vêtement comparable à la chasuble du prêtre catholique, et portant en broderie le motif du V et la croix de Lorraine, se rejette par-dessus ces habits sacerdotaux. Nganga Emmanuel s'en pare, puis, comme s'il était soudain inspiré, il évoque la beauté des *messes* célébrées chaque dimanche :

– Les gens entrent dans la chapelle sans faire de bruit. Les femmes sont coiffées d'un voile à la façon des religieuses. Nous allumons toutes les bougies... La foule s'agenouille et les prières commencent. Les *bitangui*, qui sont des enfants de chœur, récitent les premières paroles et les fidèles achèvent... Je fais un sermon pour rappeler les règles de conduite. Je demande à nos Sauveurs de nous protéger et de nous donner la force de résister au mal... Je dirige les chants...

Le jeune homme nous rejoint. Il tient à la main une flûte droite grossièrement taillée. Il obtient d'un regard l'acquiescement de Nganga Emmanuel et se met à jouer une mélodie triste, composée sur un thème bref répété sans fin. Il s'arrête et me dit :

– C'est l'hymne de notre église. Voulez-vous entendre les paroles?

Et il reprend cette lamentation qui m'atteint d'une manière toute physique :

« C'est nous qui sommes les enfants orphelins.
Frères, pleurons!
Notre père Matswa est venu mourir pour nous.
Par amour de nous! »

Nganga Emmanuel m'entraîne vers son habitation. C'est une demeure modeste que rien ne différencie des autres. Il me fait entrer dans la pièce centrale : une sorte de parloir, aux murs revêtus des symboles de la nouvelle religion, où se trouvent quelques meubles rudimentaires. Il finit par me révéler les principes régissant l'organisation des groupes de fidèles. Au sommet se trouve le chef des communautés (*mfoumou boundou*) auquel fait pendant, comme dans le système social traditionnel, un chef des femmes assimilé aux anciennes « têtes » des lignées. Chacun des villages soumis à l'influence de l'église possède un responsable, curieusement nommé « secours », qui a la charge de l'éducation religieuse, des cérémonies collectives et de l'assistance aux « frères » se trouvant dans la peine. Il a également un homologue féminin : la « mère-chef » (*mamma mfoumou*), parée d'un titre d'affection respectueuse autrefois très employé, qui dirige les femmes et veille au bien matériel des jeunes initiés. Ces derniers, recevant le nom d'« enfants-gardiens », sont rassemblés dans des groupements qui imitent les associations de scouts en même temps qu'ils rappellent les anciennes fraternités d'initiation. On soumet les jeunes adeptes, rassemblés par équipes de douze, à un enseignement périodique, donné à la « Mission de Galamboma », qui a valeur de formation politique élémentaire autant que de préparation aux activités sacrées.

Ainsi tous les éléments constituant la société kongo tendent-ils à s'intégrer dans ce système conçu de même manière par les divers fondateurs. Les principes traditionnels d'aménagement des rapports sociaux sont utilisés, mais afin d'assurer la prédominance exclusive de l'église au-delà des différenciations de clan, de génération et de statut. Celle-là intervient de façon à faire prévaloir une sorte de « clan unique », fondé par le martyre des deux « Sauveurs » congolais : elle cherche à imposer la cohésion comme le fait le parti unique au sein de certaines sociétés modernes. Dans la littérature élaborée au cours des décennies passées, André

Matswa et Simon Kimbangou sont qualifiés de « Rois du Congo ». Ils deviennent des symboles d'unité. Ils servent de prétextes à l'établissement d'une administration religieuse qui aspire à détenir les fonctions politiques.

Sans le vouloir, le christianisme eut dans une large partie de l'Afrique Centrale, qui comprend de vastes pans des deux ensembles congolais et de l'Angola, un rôle d'émancipation collective. Il a apporté avec le monothéisme un principe d'unification. Il a imposé l'exemple du Messie qui, sacrifié par les pouvoirs publics au même titre infamant que les malfaiteurs, triomphe sur les autorités pour la plus grande Joie des fidèles. Il a introduit toute la puissance révolutionnaire qu'il recelait à l'époque de ses origines, ainsi que l'espérance héritée du messianisme juif.

L'esprit reste stupéfait devant cette répétition de l'histoire après deux millénaires. Des situations sociales de même nature, subies par des peuples que leur niveau de civilisation a apparentés, provoquent malgré une telle distance dans le temps des réactions très semblables. La comparaison s'impose avec force lorqu'on relit l'ouvrage consacré au *Judaïsme antique* par le sociologue allemand Max Weber. On y retrouve cette même insurrection des prophètes contre les pouvoirs établis, cette même volonté unitaire visant à construire la nation et, finalement, cette même espérance messianique dressée en face d'une domination devenue intolérable. On peut davantage pousser l'analogie. Le peuple kongo, à l'occasion d'une expérience aussi exaltante, se voit comme un peuple élu qui bénéficie d'alliances exceptionnelles. Il y trouve une raison de confiance et des forces nouvelles, la volonté d'imposer ses initiatives aux autres ethnies congolaises. Sa passion d'unité déborde ses frontières et suscite une méfiance – qui dégénère parfois en opposition violente comme il advint au cours de plusieurs campagnes électorales – chez quelques-uns de ses voisins.

Après ma visite à Galamboma, je n'ai plus eu l'occasion de rencontrer Nganga Emmanuel. Il ne reparut qu'au moment où, ayant mis un terme à la première phase de mon enquête, je quittai la région. Il portait la même tenue ornée des insignes manifestant sa position éminente dans l'église. Plusieurs jeunes disciples l'accompagnaient, arborant tous le foulard distinctif – rouge et à motifs symboliques brodés – serré autour du cou. Il me fit un geste d'adieu alors que le camion démarrait, puis me chargea d'une mission qui devait plus tard me mettre en difficulté :

– Dites ce que vous avez vu. La vérité suffit. Dites à Brazzaville que nous voudrions obtenir un terrain là-bas afin de bâtir notre cathédrale...

Dans les trois districts proches de Brazzaville, j'ai pu entrer en relations avec les responsables des « foyers » établis par les prophètes. Le phénomène reste partout de même nature bien qu'il s'exprime sous des formes différentes. Dans les régions les plus modernisées, qui coïncident pour une part avec les zones d'influence du protestantisme, le mouvement est mieux organisé, mieux préparé à intervenir sur le plan de l'opposition politique et par là même plus soucieux d'agir dans la clandestinité afin de ne pas se laisser abattre. En d'autres régions, la réaction qu'il canalise conserve un caractère surtout religieux. Elle révèle d'abord une libération vis-à-vis du christianisme. Elle peut, en ce cas, donner lieu à une aventure spirituelle qui s'accomplit à l'occasion de retraites éprouvantes.

J'ai eu la chance de retrouver le récit rédigé par un adepte qui, épuisé, avait renoncé à la foi après avoir « reçu la religion » dans un centre implanté à une soixantaine de kilomètres de la capitale. Voici ce texte tel quel :

« Avant d'avoir eu l'autorisation de participer à la règle, je fus pris et placé entre deux poteaux qui indiquaient le lieu de purification. J'ai été tenu à chaque bras par un catéchumène, un troisième me donnait des coups de bâton sur le dos. Le lieu où se passait cette correction s'appelait le Calvaire. Cette opération achevée, une fois revenu au foyer, le chef du groupe promit de me donner le baptême à la fin de mon séjour... Le baptême se célébrait dans l'étang situé à quelque distance de là. Tous les adeptes avaient renoncé au bain depuis plusieurs mois, par sacrifice. Une énorme couche crasseuse enduisait leur peau et laissait exhaler une odeur suffocante. Leurs cheveux et leurs ongles n'avaient pas été coupés...

« Matin et soir, les prières étaient récitées en commun. Le chef disait chaque jour un sermon en se servant du texte des Evangiles. Puis, les mains tendues vers le ciel, il invoquait les noms d'André Matswa et de Simon Kimbangou. Durant de longues heures, les initiés répétaient les chants religieux. Toutes les bougies étaient allumées. De temps à autre, l'un d'eux s'enfuyait en courant. Il était possédé et guidé par l'Esprit invisible de Dieu et de ses deux Sauveurs. Cette course durait de trente à quarante-cinq minutes; au retour, chacun venait rendre compte au chef de l'élite de tout ce qu'il avait pu capter durant la chasse... »

Cette notation précise sur une véritable « chasse spirituelle », qui apparaît comme une variante de la possession sacrée, révèle la persistance d'un vieux thème d'initiation à côté d'évidents apports chrétiens. Ainsi, toutes les techniques d'emprise psychologique s'additionnent-elles pour renforcer leurs effets – y compris la mortification de la chair. En de nombreux centres, les rituels utilisent à la fois un cérémonial imité des églises missionnaires et des procédés spectaculaires propres aux religions traditionnelles. J'ai décrit le premier de ces aspects. Pour évoquer le second, il suffit de relater une séance organisée par un des groupes de la région de Boko, à laquelle il me fut permis d'assister.

La réunion se tient auprès d'anciens tombeaux dispersés dans la brousse. Seules les bougies, les lampes-tempête éclairent le lieu et l'assemblée des adeptes. Malgré ma présence, l'officiant n'hésite pas à prononcer d'entrée un prône d'une grande violence : il annonce la proche disparition des religions importées; il demande de réciter toutes les prières connues afin d'obtenir l'expulsion des Missions; il prédit la fin de la domination blanche et l'accès au pouvoir des chefs de l'église noire. Il dirige ensuite des chants religieux peu différents de ceux déjà évoqués. Après cette préparation, qui me semble interminable, prend place une pratique communielle destinée à imposer un véritable choc psychologique, une épreuve propre à entraîner la révolte de tout l'organisme. L'officiant s'approche des tombeaux en tenant de longs bâtons d'un bois très tendre; il les enfonce dans la terre humide « jusqu'à toucher les morts »; à la suite de chacun des sondages, il brise et presse les tiges afin d'en extraire un peu de sève et d'eau. A tour de rôle, les fidèles sont appelés à boire quelques gouttes de ce liquide où la boue s'est diluée. Je les vois tendus, crispés dans leur lutte contre le dégoût et la peur que leur inspire ce contact direct avec les ancêtres. La communion chrétienne se change en cette épreuve redoutable – une relation avec les morts et par là même une technique de renforcement, mais aussi un engagement de fidélité pris devant les morts. Les adeptes sont obligés de demeurer dans l'église, tenus par le plus efficace et le plus contraignant des serments.

Après avoir renouvelé cette liaison, et avoir conduit au seuil de l'exaltation l'ensemble des fidèles, l'officiant donne le signal de la danse sacrée. Les hommes et les femmes se disposent en deux rangées qui s'affrontent comme dans l'ancienne chorégraphie. Mais le coït fictif ne détermine plus l'avancée des sexes l'un vers l'autre : chacun des partenaires recherche uniquement cet état de grâce qui est abandon à l'étreinte de l'Esprit. Les danseurs commencent à trembler de tous leurs membres, à se déplacer par saccades, à maintenir un regard fixe. L'ordre de la danse est rompu. Hommes et femmes courent en tous sens, se laissent envahir par cette force étrangère qui les domine et leur enlève la maîtrise de leur gesticulation. Une jeune fille tombe d'un coup, se débat et rampe sur le sol en hurlant. L'officiant l'apaise par une simple imposition des mains. Il fournit, en cette occasion, la preuve de son impressionnant pouvoir.

Une emprise aussi totale ne manque pas de nous déconcerter et de nous inquiéter. L'église nègre a pu réaliser ce que trois quarts de siècle de colonisation n'ont su accomplir. Elle a poursuivi des buts modernes – car elle veut le progrès du pays kongo et le contrôle des moyens qui l'assurent – tout en respectant les manières d'être, de penser et de sentir les plus africaines. Elle s'est exprimée par un langage adapté au niveau culturel des peuples congolais et a innové sans saccager le paysage sociologique familier. Elle a suscité l'enthousiasme en s'opposant surtout à la domination coloniale, en cherchant à reconstruire une société bouleversée par le choc des civilisations et par une histoire devenue chaotique au cours des deux siècles passés. Les fondateurs du mouvement ont contribué à une reprise de confiance et à une certaine mise en ordre de la société kongo.

Le bâton consacré dans les cimetières, dont ne se séparent pas les fidèles au cours de leurs déplacements, est curieusement présenté comme un équivalent de la bombe atomique. On raconte qu'il suffit de le brandir pour entraîner la chute d'un avion assaillant. Voyons en cela autre chose que naïveté « primitive » ou abandon aux illusions de la pensée magique. Personne n'est dupe d'une telle affirmation. Il faut en saisir le sens d'une manière plus indirecte : les adeptes veulent manifester qu'ils ne se laissent plus impressionner autant qu'autrefois par notre puissance matérielle. Ils ont conscience qu'il est possible de faire front contre notre emprise, malgré notre équipement et nos techniques. Les promesses de libération s'accompagnent souvent d'une prédiction annonçant l'avènement prochain de la civilisation industrielle, exaltant la capacité des Congolais à œuvrer dans les ateliers ou les usines afin de fabriquer les objets qu'ils ne possèdent actuellement « que par les yeux ». L'église nègre ne se contente pas de donner aux « élus » les moyens d'accéder au lointain royaume de Dieu; elle veut fonder une société nouvelle où les Noirs disposeraient de plus de richesses et d'indépendance. Pour elle, le royaume de Dieu peut aussi être de ce monde.

On saisira facilement l'ambiguïté qui caractérise un tel mouvement. Les chefs les moins contestables ont une nette conscience des objectifs modernes qui conditionnent le progrès du Congo; ils ne les perdent pas de vue. Seulement, pour obtenir une large adhésion, ils sont contraints à une adaptation qui accorde trop d'importance aux démarches et aux apports traditionnels. Cela leur vaut un succès que ne connaissent pas alors les *leaders* des partis politiques. Cela entraîne aussi une faiblesse certaine. L'exaspération des aspects religieux menace de conduire à une sorte de mysticisme collectif, à une inefficacité contemplative dont quelques responsables commencent à se méfier. Le respect des usages anciens risque de donner l'avantage aux éléments les plus conservateurs, à ceux qui lanceront la surenchère en présentant le retour au passé comme le seul moyen de retrouver le bonheur et la sécurité perdus. A tout instant, l'unanimité s'obtient dans l'équivoque. Elle est favorisée par le fait que chacun des Bakongo vit dans l'attente d'un changement et se montre de plus en plus impatient de rejeter les tutelles étrangères. Les réactions à venir pourraient imposer une violence rudimentaire : celle d'hommes qui finissent par préférer le désordre à un « immobilisme » devenu intolérable en aggravant leur dépossession matérielle et culturelle, d'hommes qui ne trouvent de compensation à l'infériorité que dans la xénophobie.

La veille même du jour où je quittai Brazzaville, ayant classé dans leurs dossiers les résultats de mes enquêtes, je devais ajouter à mes notes un dernier document. C'était une prière, à motif de lamentation, entendue alors que je flânais au bord du Congo et cherchais une dernière image de la splendeur des eaux :

« On attache le Noir, mais le Blanc on ne l'attache pas. Les envahisseurs attachent les Noirs et leur causent d'incessantes souffrances. Ils ont attaché Kimbangou, Matswa, aussi. Mais ils ne peuvent rien contre eux. Oh! Jésus Matswa, notre Sauveur, viens protéger notre pays. »

Je n'ai point choisi de donner la vedette à un cas exceptionnel. Mon séjour au Gabon m'a permis d'étudier des phénomènes comparables à propos du culte *bwiti*, répandu surtout dans les régions méridionales, mais qui s'étend jusqu'aux frontières du Cameroun. A diverses reprises, en évoquant les réactions des Fang, j'ai fait allusion à cette croyance qui a chargé d'apports modernes un ancien rituel gabonais.

Sur un schème emprunté – les créateurs étant les Mitshogo, peuple aux institutions traditionnelles longtemps préservées – les Fang ont conçu une religion composite qui récupère des connaissances et des mythes en cours de disparition. Elle assure ainsi la fonction d'un véritable conservatoire culturel et tente d'apporter une réponse à quelques questions urgentes : d'abord celles que pose le christianisme. Le *Bwiti* tend à s'établir en tant que croyance concurrente, adaptée aux exigences des Noirs dans leurs rapports avec le sacré, et intervenant à l'encontre de la contrainte missionnaire. Il rivalise tout en se modelant pour une part sur le catholicisme ou le protestantisme. Dans le mythe de fondation, le Christ est introduit, puis la Vierge Marie qui devient une équivalence de la Première Femme, génératrice de l'humanité, puis certains des saints ou des anges qui remplacent les anciens protecteurs individuels. L'idée de salut est reprise. Elle apporte, en même temps que l'espoir d'une récompense après la mort, la certitude de participer aux connaissances assurant la maîtrise des richesses matérielles. Ainsi se retrouve la double ambition déjà exprimée par le mouvement congolais : le souci d'échapper aux épreuves et aux aliénations en ce monde comme dans « l'autre ». Mais le christianisme missionnaire présente par surcroît un modèle d'organisation de l'église. Les fondateurs du *Bwiti* s'y réfèrent afin d'établir un réseau de paroisses, une hiérarchie et une dignité sacerdotale qui leur permettent d'affirmer le caractère « civilisé » de leur entreprise, d'avoir une emprise sur des villageois devenus disponibles après le relâchement des anciens liens sociaux. Si bien que, sous cet aspect, le culte montre le souci de faire coïncider le besoin d'innovation religieuse avec les incitations à reconstruire la société et la civilisation fang. Le *Bwiti*, dans la mesure où il est reprise d'initiative, s'oppose à la domination coloniale. Il exprime le droit, pour les Africains, de préparer leur avenir comme ils l'entendent. Il intervient dans le champ des luttes politiques modernes. Lors des élections à l'Assemblée française, l'adversaire du candidat officiel fut un homme qui tenait en partie son prestige de sa situation éminente à l'intérieur de « l'église *bwiti* ».

Cette foi neuve exerce une attraction incontestable dans plusieurs districts. Elle crée des foyers de vie intense et exige ces bouleversements de la personnalité auxquels le Noir souhaite périodiquement se soumettre. Elle régit une réaction complète de l'être, une libération à l'égard d'une existence banalisée et difficile. Elle réintroduit l'ordre et la confiance là où se sont multipliées les causes de désorganisation – donc d'insécurité.

J'ai assisté à une cérémonie exaltante, une nuit durant, dans l'un des plus vastes temples du Sud-Gabon. Le bâtiment, rectangulaire, construit à l'imitation des corps de garde défendant le vieux village fang, s'orne de guirlandes en palmes tressées et d'oriflammes. On a remis à neuf le poteau peint de motifs ésotériques qui supporte l'édifice vers l'entrée et l'autel disposé, à l'arrière, en appui contre une pièce servant de « sacristie ». Le foyer central, chargé de nombreuses bûches, impose son rougeoiement et un spectacle d'ombres. Ces trois éléments constituent les pôles sacrés et c'est autour d'eux que s'agence toute cérémonie. Quelques lampes-tempête pendent aux parois. La foule a envahi le temple : les femmes d'un côté, toutes vêtues de pagnes blancs serrés sur la poitrine, les hommes de l'autre, débarrassés des vêtements européens auxquels ils ont substitué le pagne court plus propice à la danse. Tous attendent avec une étonnante placidité qui ne semble pas exclure le recueillement. Les femmes gardent à la main le hochet leur servant à rythmer les chants et le mouvement de la chorégraphie spécifique. Je suis en proie à une impatience que je parviens mal à contenir. L'inquiétude me gagne, car je crains, cette fois encore, d'avoir à me contraindre pour résister à ce déchaînement contagieux, à cette folie sacrée qui doit brusquement faire irruption.

Le prêtre et ses assistants se sont préparés à l'abri de tout regard. Ils ont bu, en commun, une macération composée avec l'écorce râpée d'une plante nommée *ibo'a (Tabernanthe Iboga)* qui excite jusqu'à l'hallucination et exaspère le désir sexuel. Leur danse interminable renforcera ces effets pour les entraîner tous, disent-ils, jusqu'aux frontières de la vraie connaissance et aux sources de la puissance.

On entend une rumeur confuse au-dehors. Des cris montent, qui dominent tous les bruits venus du village. Le prêtre surgit entouré de ses servants. Je reconnais difficilement ces hommes fréquentés au cours de leur vie quotidienne. Ils portent un vêtement en peaux de chat-tigre et de singe, ceint par-dessus le cache-sexe ou le pagne de raphia. Leur visage, enduit d'un fond de teint surchagé de motifs symboliques, est surmonté d'une coiffure de plumes aux couleurs vives. Ils bondissent, courent en tous sens, tenant à la main des torches enflammées. Ils apportent la purification par le feu avant d'ouvrir la cérémonie.

Puis c'est la danse auprès de chacun des pôles régissant l'architecture du temple. Une suite de sauts, de piétinements, de bonds, de mouvements que l'on dirait « pris en force ». Le torse de ces hommes ruisselle de sueur et leur musculature se dessine davantage sous les jeux des lumières. De temps à autre, l'un d'eux se précipite vers un seau rempli d'eau, y boit à grands coups, et reprend son agitation enivrante. Les adeptes chantent et accompagnent le prêtre par une danse sur place. Les femmes secouent leurs hochets, seuls instruments qui donnent, pour l'instant, un appui musical. Le rythme s'accélère. Cette assemblée n'est plus qu'un seul être tendu pour une conquête impossible. Je me découvre radicalement étranger, insolite, figé dans mon respect humain, encombré d'un corps qui a perdu le souvenir de ses possibilités exaltantes. Je me sens une sorte d'infirme auquel personne ne peut accorder la moindre attention.

Un temps d'apaisement. Deux servants du prêtre se disposent de part et d'autre du foyer; ils s'asseyent sur un tabouret de bois sculpté où la spirale croisée, formant appui pour le siège, a plus qu'une valeur esthétique, une signification sacrée; ils sont tous deux immobiles, massifs. Les fidèles cessent leur gesticulation. Un des initiés va se placer auprès de l'autel. Il tient la harpe à huit cordes, luisante de la patine du sang des sacrifices, qui symbolise la Première Femme.

Seul le maître du culte s'avance vers le centre du temple. Il progresse, par une marche prudente, en récitant une prière d'une voix chuchotée – cependant que les hochets, doucement agités, ne laissent entendre qu'un bruissement. Soudain, devenu audacieux, il s'anime et ses cris s'élèvent. Il invoque *Bwiti*, Créateur de toutes choses, Détenteur de tous les secrets que l'homme peut souhaiter posséder. Il appelle. La harpe joint sa voix grêle à son chant. Il s'épuise à demander la révélation. Ses bras se tendent vers l'être invisible. Il paraît à bout de force. Et puis il cède, comme ivre d'amour. Il ne

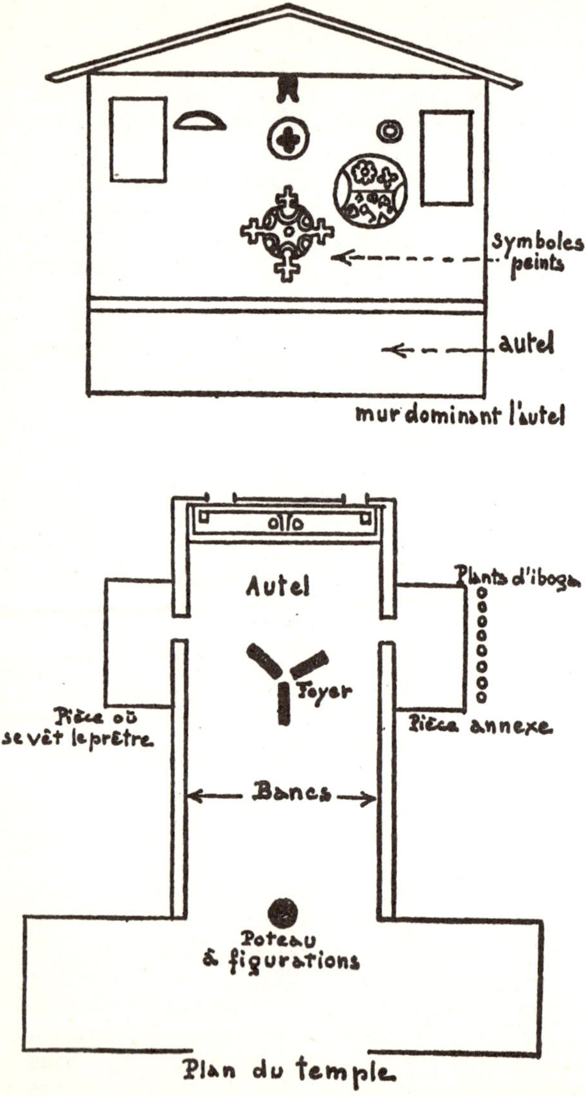

Fig. 49. – *Plan et détail d'un temple bwiti ancien.*

cesse de nommer son dieu, sur un ton plaintif qu'on dirait de jouissance.

« Bwiti... Bwiti... Bwiti... »

Dans un sursaut, il se reprend. La danse recommence, avec la participation de tous les fidèles, déchaînée, violente, lancée à la conquête de nouvelles visions.

Tard dans la nuit, je m'esquive. Les chants et les bruits arrivent jusqu'à ma case. Ils m'envahissent et chassent le sommeil. Ils ne s'arrêtent, brutalement, qu'au moment où les coqs du village annoncent le lever du jour.

Lequel, parmi les apports de notre civilisation, est capable de susciter une pareille ferveur, un engagement qui impose l'aventure pour le corps autant que pour l'esprit? Nos églises font prévaloir la vie intérieure et la règle morale sur l'exaltation qui conduit au seuil de la perte de conscience. Elles paraissent froides, vides de présence surnaturelle, peu propices à la communion passionnée. Dans la pensée des villageois, tous les missionnaires sont des empêcheurs de danser pour la joie complète de l'homme et la gloire des dieux.

Il y a un point que nous avons négligé dans nos rapports avec l'Afrique. Des civilisations qui n'ont recours ni à l'écriture (ou si peu) ni au livre ont provoqué des démarches intellectuelles et des expressions lyriques que nous sommes mal préparés à comprendre. La parole et le geste y prennent une importance que nous sous-estimons, y conservent un caractère de sérieux presque sacré. Quelques écoles et quelques missions n'ont pas changé cet état de choses. Lorsque nous privons le Noir des moyens d'expression qui lui appartiennent en propre, nous lui faisons subir la plus lourde des contraintes. Celle que nous aurions pu connaître si nos « occupants », nous avaient dénié tout droit d'écrire, de chanter et de peindre pour nous transformer en simples machines à produire. Mais cela n'est pas seul en cause. Au moment même où l'Africain se trouvait culturellement dépossédé, on l'introduisait

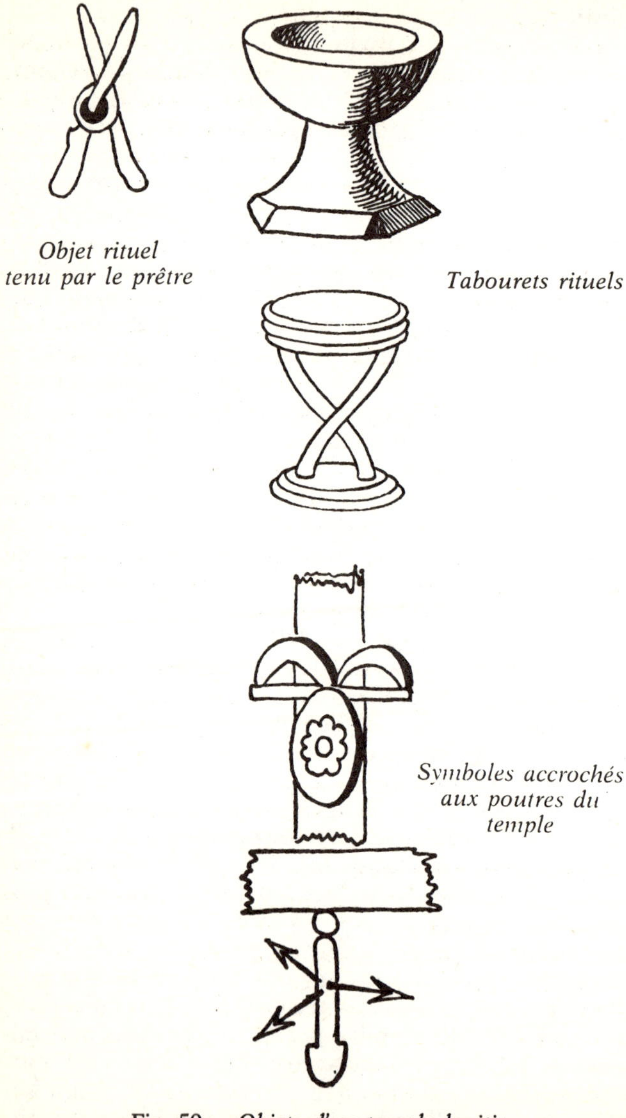

Fig. 50. – *Objets d'un temple bwiti.*

dans le système d'une économie comptable, à laquelle rien ne le préparait; on le projetait dans des entreprises où il devenait une force de travail anonyme. Cet effacement de la marque personnelle, dans les relations de la vie quotidienne et les rapports avec les choses, a renforcé en l'aggravant notre attaque contre les civilisations nègres.

De telles remarques aident à estimer l'intensité des réactions évoquées ici. Je revois un de mes jeunes informateurs fang, et mon initiateur au *Bwiti,* qui m'exprimait sa colère avec une inquiétante passion. Il était la proie d'une agitation extrême. Son regard brillait d'une flamme que rien ne saurait éteindre. La scène se passait au moment de mon départ. Il se demandait soudain si je n'avais pas simplement joué avec cette croyance qui lui donnait la raison de sa vie. Il criait presque :

– Tu dois nous aider à devenir aussi forts que les catholiques. N'oublie pas que *Bwiti* sait se venger... On ne peut pas nous empêcher d'adorer notre Dieu. Nous avons une religion semblable aux autres. Pourquoi sommes-nous persécutés? Les Espagnols tuent nos fidèles en Guinée. Les missionnaires détruisent nos reliques... Qui a le droit de nous priver du bonheur de vivre à notre manière? Il faut faire cesser tout cela...

Mouvements contraires. De terrifiants orages se préparent alors en Afrique. Ils menacent d'avoir la soudaineté et la puissance dévastatrice des tornades qui s'abattent sur le continent. Les Noirs sont encore plus sensibles à la dépossession culturelle qu'à la dépossession matérielle subie depuis un siècle. Les chefs politiques modernes ne peuvent ignorer cette « poussée lente et irrésistible, humble et féroce » vers une vie qui ne soit pas façonnée à notre convenance. Ils s'appuient sur cette force pour donner un dynamisme à leur exigence d'indépendance réelle et à leur besoin de pouvoir. Ils adaptent leurs modes d'action afin de nous déconcerter et de se faire entendre par les plus traditionalistes des Africains. Les *leaders* « évolués », qui captent au Kenya la révolte antibritannique connue sous le nom de mouvement Mau-Mau, ont eu recours à de tels procédés; ils engagent les combattants par un serment de vieux style, mais singulièrement contraignant; ils affirment le droit des peuples à disposer de leur culture comme ils l'entendent; ils jouent avec le feu.

L'écrivain noir américain Richard Wright rapporte, dans son ouvrage consacré au jeune Ghana, des réflexions bien significatives. Le premier responsable du destin de ce pays, le Dr Nkrumah, lui précise que seules trois ou quatre personnes de son entourage ont la capacité de « comprendre ce qui se passe » dans le domaine des transformations économiques et politiques. Quant aux masses, qui donnent au parti gouvernemental sa puissance, elles sont littéralement séduites. Elles scandent avec ivresse le slogan : « Liberté! Liberté! Liberté! » Ce qui signifie pour elles d'une manière immédiate : liberté d'être Africain et sans honte. Elles sont liées par des serments qui ont toute la valeur des anciens engagements. Elles idéalisent leur chef, lui découvrent tous les attributs d'un messie et d'un faiseur de miracles, voyant en lui un « Rédempteur », un « Mahatma africain », une « Porte ouverte sur l'avenir de l'Afrique ». Les intellectuels éduqués dans les universités anglaises font la fine bouche, mais ils ne constituent qu'une opposition à pauvre clientèle.

La vieille Afrique joue de tout son poids malgré les apparentes modernisations, dans les pays marqués de notre influence comme dans les autres. Au Soudan, devenu le Mali, les partis politiques ont dû composer avec la puissante société d'initiation connue sous le nom de *Komo*. En Guinée et en Côte-d'Ivoire, dans le haut pays, le « Rassemblement démocratique africain » a consolidé son emprise en utilisant une association comparable, celle du *Poro*. Des prophètes se lèvent et leur passion peut un jour emporter les élites confectionnées sur mesure, en même temps que les traces d'une civilisation qui a exporté l'idée de tolérance sans savoir se faire tolérer.

VIII

VISAGES

Avec le recul dans le temps, quelles images émergent de ma mémoire, aux moments où un besoin intérieur me fait désirer l'Afrique? Celles de sites que j'ai aimés, où reparaît la magnificence de l'Océan et des fleuves. Celles de visages surtout. Il n'y a pas de monuments et guère d'œuvres d'art qui puissent s'imposer définitivement à un esprit étranger. Les civilisations noires apportent plus une certaine manière d'être qu'une certaine manière de faire. Elles n'ont point édifié pour leur postérité. Elles ont maintenu un perpétuel présent. Il a fallu les bouleversements dus à la colonisation, le besoin de liberté et la découverte des possibilités du modernisme pour qu'elles se décident à se jeter vers l'avenir.

C'est sur les visages que se remarquent avec netteté les signes de leurs richesses, de leurs espérances et de leurs vicissitudes. La foule africaine reste le seul livre où elles sont décrites avec toutes les illustrations désirables.

Si j'utilise la machine à remonter le temps, je retrouve, très lointaine, l'image d'un vieux chef lébou, Masamba Sèk, dont je fus l'hôte dans le village de Grand Mbao. On lui donnerait difficilement un âge, mais lui-même prétend qu'il a près de quatre-vingts ans. Homme menu, toujours enrobé de « boubous » taillés dans des étoffes riches, il s'impose par son port droit et sa dignité sans affectation. Il est étonnamment présent, au point de faire oublier son extrême vieillesse, sa fragilité. Dès qu'il circule dans les ruelles ou qu'il se rend jusqu'à l'abri à palabres (le *pinetye*), les villageois prennent leurs distances et lui expriment une déférence sans réticence. Son visage fin et allongé, où les rides restent discrètes, où les yeux sombres savent à la fois interroger l'interlocuteur avec acuité et dérober la pensée, a une réelle distinction. Un encadrement de barbe blanche tenue courte en adoucit le dessin. Je ne pouvais qu'être impressionné et respectueux.

Masamba me sut gré – du moins l'ai-je pensé – de ne pas prendre vis-à-vis de lui une attitude de petit maître. Il vint souvent me rendre visite à mon campement établi dans l'école du village. Quelques semaines après mon arrivée, il m'exprima le désir de passer une soirée avec moi, en compagnie de quelques notables. J'attendis avec appréhension cette rencontre : j'avais la certitude qu'elle allait se situer dans le cadre des relations artificielles et guindées. J'avais disposé quelques nattes de sol sur lesquelles nous pourrions nous asseoir à la manière traditionnelle. J'avais acheté des noix de cola et fait préparer le café et le thé.

Je revois ces hommes arrivant en file derrière leur chef, tous parés comme pour un événement solennel, silencieux et mal à l'aise. Je prends soin de saluer Masamba avec le geste convenable, pressant sa main droite entre mes deux mains durant tout le temps où nous échangeons les formules de politesse. Je reconnais dans ses yeux une satisfaction à peine contenue : celle de ne plus se trouver dépouillé de son prestige devant un Blanc. Il se risque à circuler dans la pièce, à s'étonner de mon équipement en poussant les exclamations répétées qui m'étaient devenues familières – *o ah, o ah, o ah...* Je m'aperçois soudain que ces villageois, demeurant à une vingtaine de kilomètres de Dakar, semblent pour la première fois accéder à ce qu'on pourrait appeler l'intimité de la vie européenne. Nos maisons n'ont jamais été ouvertes à leurs regards comme les leurs l'ont été à notre curiosité. Ils n'ont guère eu avec nous ces contacts désintéressés, libres de toute exigence professionnelle ou de tout souci de représentation, qui permettent une rencontre cordiale et une compréhension réciproque.

Mes invités s'assoient sur les nattes; ils croquent les noix de cola après les avoir brisées en menus morceaux; nous formons une scène étonnante par son aspect artificiel. Aucun de nous ne retrouve la spontanéité indispensable parce que notre tentative se situe trop en dehors des rapports habituels entre Noirs et Blancs. Je crains d'avoir cette sollicitude affectée qui ne trompe pas; eux redoutent d'être entraînés dans une entreprise propre à les duper. Masamba s'inquiète une nouvelle fois du but de mes études. Il tend à y voir une forme plus subtile, puisqu'elle paraît agir d'une manière indirecte, de l'inquisition administrative. Puis il me questionne sur la France, me demandant comment s'y font les pêches et de quelles espèces sont les poissons capturés, comment s'y comportent les troupeaux. Il révèle les préoccupations quotidiennes du villageois lébou, mais il ne croit guère aux indications que je lui apporte sur une meilleure efficacité. Il réagit par une manifestation d'étonnement poli. Lorsque je lui explique les raisons techniques qui déterminent cette relative réussite, il me répond que les outils et les connaissances ne sont pas suffisants pour assurer le succès; il faut aussi l'accord de Dieu et des génies. Nous voici dans une impasse. Un siècle de relations artificielles, et qui furent telles par crainte de laisser entamer notre prépondérance, n'a guère servi au rapprochement des mentalités.

Au moment du départ, Masamba jette un dernier coup d'œil sur mon installation. Il est intrigué par mon lit de camp, par la couverture soudanaise qui le cache. Il formule aussitôt une demande indirecte qui me surprend :

– C'est très bien tout cela. Ce serait bon pour un chef comme moi.

La remarque ne voile pas l'intention qui l'inspire. Déjà le vieil homme avait, à diverses reprises, sollicité des cadeaux monétaires. Comment concilier son incontestable dignité avec ses réactions de quémandeur en apparence roué? Je ne peux douter, à propos d'un événement aussi banal, que nos perspectives divergent radicalement. Masamba n'a pas la passion des richesses matérielles. Son habitation est modeste, plus démunie que nos intérieurs les plus pauvres. Il a les biens – des têtes de bétail – et les femmes qui sont indispensables au maintien de son prestige. Il satisfait son goût des vêtements qui constituent sa façade sociale. Son exigence de dons correspond-elle, alors, à un caprice de chef habitué à un droit de regard sur les biens de ses dépendants? Est-il victime de cette illusion qui fait voir en tout Européen un homme riche, donc tenu à la générosité envers les personnes entrant dans le champ de ses relations? Conçoit-il l'échange de cadeaux comme le seul garant des rapports cordiaux ou simplement dépourvus d'intentions malveillantes? Je ne sais, mais je ne crois pas bonne, en l'occurrence, l'explication par la cupidité.

Masamba Sèk me déconcerte encore par d'autres aspects ambigus de sa personnalité. Il est, en même temps que chef politique, responsable de la foi islamique. Il apparaît zélé à cet égard, essaie de maintenir la ferveur des fidèles, exhorte les parents à envoyer leurs enfants à l'école coranique. Il a fait dresser une mosquée moderne qui reste un monument témoignant de sa piété. Mais il a négligé d'approfondir sa connaissance de l'Islam, si bien que certains notables purent l'accuser publiquement de ne pas conformer les rituels aux exigences de la Loi. Il tire un bénéfice des palmeraies voisines en contrôlant le trafic du vin de palme, alors qu'il doit proscrire la consommation des boissons fermentées. Il tolère les cultes marginaux dont les femmes sont les conservatrices et n'hésite pas à recourir à celles-ci lorsque les circonstances exigent des mesures d'exception. Ainsi, son rigorisme apparent en matière religieuse se nuance-t-il, en fait, de nombreuses tolérances.

Le vieux chef, découvert durant les premiers temps de ma carrière ethnologique, reste pour moi le symbole des énigmes sans fin posées par l'Afrique à l'étranger qui tente de l'interroger. Derrière des comportements que ce dernier croit simples, se dérobent des motifs et des justifications en dehors des formes de pensée qui lui sont familières. Derrière la nonchalance des hommes du commun, ou la dignité imperturbable des notables, se devinent des incertitudes et des inquiétudes; des tricheries grâce auxquelles de fragiles équilibres parviennent à se maintenir. Toutes choses qui commencent à s'élucider dès que l'on connaît les influences contradictoires subies et les vicissitudes dues à une histoire qui n'eut que tardivement l'honneur de figurer dans les livres.

Je revois Masamba Sèk, venu assister à mon dernier départ, fièrement dressé au bord de la petite place tracée devant la mosquée et les écoles. Il a revêtu un « boubou » en lourde étoffe ornée de broderies. Il porte un fez de drap noir. Il esquisse à peine un geste d'adieu. Près de lui se tient, légèrement en arrière, Diop Maguette, mon ancien informateur, silhouette de la génération nouvelle; il s'est coiffé d'un vieux chapeau de feutre cabossé; il s'est habillé d'un short mal rapiécé et d'un tricot de corps qui pend par-dessus la ceinture. Des chaussures usées, démesurées, pèsent comme deux boulets au bas de ses jambes maigres. Image du pauvre, aussi. Ma mémoire a conservé cette impression contrastée et le souvenir d'une bande d'enfants courant derrière la voiture qui s'éloigne.

Mon adjoint à Conakry, Madéra, me reste présent infiniment plus qu'il ne peut l'imaginer. Il vint m'attendre au port alors qu'arrivant de Dakar, après une difficile convalescence, je débarquais, en 1947, d'un indescriptible bateau de guerre converti en caravansérail flottant. Dès le premier contact, je sus que nos rapports seraient sans détours. Son aisance de jeune Africain moderne me plaisait. J'appréciais son regard droit et sans soumission, sa rapidité à régler les menus problèmes que pose, dès l'arrivée, une administration multiple aux exigences compliquées et déprimantes. Je retrouve avec émotion les traits de son visage finement modelé, ouvert, éclairé d'une intelligence que je pus par la suite apprécier. Je l'ai toujours eu auprès de moi, discret et efficace, cordial, dans les moments où l'obligation d'agir en pionnier de la recherche scientifique coloniale m'amenait à désespérer de réussir.

J'ai déjà dit que nos bureaux occupaient une partie d'un lazaret encore habité par des malades incurables ou dangereusement contagieux. C'était là un musée des déchéances physiques : des fous hurlaient dans leur cachot et d'autres couvraient les murs d'étonnants graffiti; des lépreux se traînaient avec leurs pansements sales et souillés de sang; des varioleux à la peau épaisse et craquelée attendaient de mourir en tremblotant sous le soleil. Peu de jours après mon installation, Madéra vint me signaler qu'il y avait un mort juste sous nos fenêtres. Nous attendîmes l'arrivée de la « corvée » de prisonniers qui enleva le cadavre, le roulant dans une natte, puis s'en alla d'un pas paresseux vers le cimetière proche. C'était simple, trop simple. J'étais à la fois dégoûté et révolté. Madéra semblait indifférent. J'essayai de le questionner. Le caractère tragique et pitoyable de cette scène l'émouvait assez peu; il jugeait d'abord, avec une sévérité contenue, le caractère dérisoire de nos interventions devant les calamités qui frappent l'homme noir.

A ce moment, je ressentis mieux combien nos réactions devant la mort restent démesurées, et affectées, lorsqu'on les compare à celles des peuples jugés moins civilisés. Le christianisme n'a guère contribué à nous faire accepter plus sereinement ce passage vers la destruction sans recours. Madéra perdit sa fille aînée, victime d'une maladie aussi foudroyante que mal déterminée. Je tentai de lui manifester ma sympathie et ma peine. Il me répliqua : « C'est surtout pour la maman que cette disparition est terrible. » Je voulus assister à l'enterrement de la fillette. Je me joignis au cortège, une longue file d'hommes suivant le cadavre enveloppé dans une couverture et une natte, au moment où il approchait du cimetière. En quelques minutes, le corps fut descendu dans une fosse peu profonde et recouvert de terre, cependant que l'assistance psalmodiait les prières coraniques; puis tout le monde se dispersa. Tant de rapidité à traiter la mort et d'apparente incapacité à l'émotion surprend. Ce partage des tâches déconcerte, qui laisse aux femmes la charge des larmes et confie aux hommes le soin de conduire une cérémonie à la fois sommaire et hâtive. Il importe bien sûr de rappeler que l'Islam intervient dans le sens d'un appauvrissement des rituels. Mais cette transformation n'a fait que renforcer l'impression de plus grande impassibilité que nous donne l'Africain affrontant la mort. Il accepte cette dernière, alors que nous luttons contre elle comme nous faisons vis-à-vis de toutes les provocations naturelles. Aussi la manifestation de la douleur n'a-t-elle pas cette spontanéité et cet aspect dévastateur que nous lui connaissons. Elle est codifiée, réglée en fonction des soucis collectifs plus que des cas individuels. Cela ne nous permet pourtant pas d'accuser le Noir d'insensibilité. Les temps forts de l'existence et l'expression des sentiments varient, d'une civilisation à une autre, autant que les contraintes imposées par la morale courante. La constatation est banale, mais nous avons trop tendance à l'oublier.

La même droiture dont Madéra faisait preuve dans son travail et ses relations personnelles, il la manifestait à propos de ses obligations d'homme éduqué – donc plus conscient des nouveaux problèmes africains. Je ne l'ai jamais vu agir de manière arbitraire avec le personnel qu'il contrôlait. Il n'était ni tyrannique ni complice des tricheries. Il avait à un haut degré le sens du devoir et de la justice.

Il n'a pas usé des circonstances pour faire une carrière politique rapide et compromettante. Il s'est rangé dans l'opposition parce qu'il ne voulait pas dissocier ses intérêts de ceux des masses. Sa maison, agréablement tenue par sa femme, une jeune institutrice, était ouverte à tous. J'y ai rencontré quelques-uns des militants guinéens, enthousiastes, généreux, confus, éloquents à la manière des républicains du siècle passé. Je n'ai jamais bénéficié de leur entière confiance – restant malgré tout le Blanc, le *Toubab* –, mais j'ai obtenu le maximum de sympathie que permette une situation peu propice à la cordialité sans calcul. J'ai encore le souvenir de ces pittoresques réunions, tenues devant la demeure de Madéra, où l'on voyait une foule colorée et joyeuse honorer avec des refrains et des danses les *leaders* politiques récemment élus. Le député Mamba Sano commençait alors sa carrière parlementaire. Il était riche de projets, de promesses, d'idéal. Je l'imaginais sous les traits de ces représentants du peuple qui accédèrent au pouvoir dès les premiers jours de nos républiques. Ses admirateurs l'assourdissaient de chants; ils exposaient, agrafée à leur vêtement, la photographie de leur porte-parole.

Madéra ne manquait pas de sévérité vis-à-vis des anciennes aristocraties et des chefs administratifs. J'extrais de mon carnet de notes un passage de son réquisitoire :

« Ces hommes sont souvent plus durs pour les Noirs qu'aucun des Blancs de vieux style. Ils se font obéir parce qu'ils ont la force avec eux. Ils profitent de leur pouvoir pour s'enrichir. On les achète et ils achètent. Ils pervertissent... »

Ces propos ne sont en rien uniques. Je les ai entendus ailleurs. Je les ai retrouvés en étudiant, quelques années plus tard, la subversion populaire organisée en Gold Coast (l'actuel Ghana) par le

Dr Nkrumah, *leader* du Parti de la convention du peuple – puis maître du gouvernement indépendant.

Mais Madéra reste surtout dans mon souvenir par quelques images simples. Un homme, qui se révélait pour la première fois et discrètement un ami, dressé à mon chevet alors qu'on venait de me transporter à l'hôpital après un accident d'automobile. La seule personne qui m'ait accompagné au moment de mon départ : Madéra se tenait sous la pluie, désemparé, alors que je jetais un dernier regard sur cet aéroport de Conakry alors rudimentaire et sinistre. Et puis, j'appris un jour qu'il avait essayé de me retrouver à l'occasion d'un bref séjour à Paris. Il disparut sans y parvenir; plus tard, nos conditions respectives ayant pourtant changé, nous avons rétabli le lien de l'amitié.

La vieille Afrique, c'est un paysan noir qui la symbolise. Voici Foroumo, mon hôte occasionnel dans un petit village kono, en cette région forestière où j'ai montré la rencontre de la Guinée, du Libéria et de la Côte-d'Ivoire. Il est difficile à aborder, en raison de sa méfiance, de sa prudence à l'égard des mots qui risquent toujours d'être des pièges. Il se rétracte devant mes indiscrétions.

C'est un homme d'une quarantaine d'années, petit, ramassé sur lui-même, musclé. Son visage assez grossier, déjà ridé, se modèle sur une ossature puissante qui semble vouloir saillir de toutes parts. Il s'habille, par-dessus les vêtements lui collant au corps, avec le *bawi*, sorte de longue robe constituée de bandes de coton tissées au village et ouverte sur les côtés. Il se coiffe du bonnet de coton ou de velours lorsque la solennité des circonstances l'exige; cette coiffure ressemble au bonnet phrygien. Sa démarche est lente, lourde. Il ne semble jamais pressé parce que le cours de ses journées a été réglé une fois pour toutes. Il se sent en sécurité lorsque le tissu de ses habitudes l'enserre.

Je le surprends dès le lever du jour en soulevant doucement la porte, fabriquée en nervures de palmier-ban, qui ferme sa case. Il grogne, s'agite sur

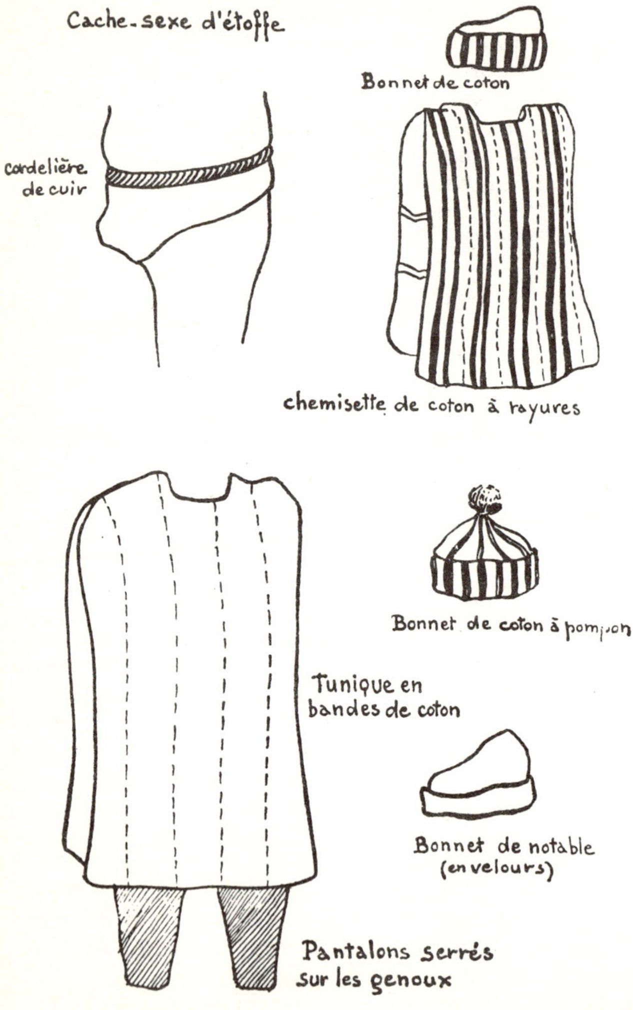

Fig. 51 – *Vêtements d'homme en pays kono.*

son bat-flanc de terre séchée, déroule ses couvertures comme un cocon, se dresse à demi en se frottant les yeux. Il me reconnaît et me fait signe d'entrer. Nous nous saluons par les formules du matin :

– *Bahou nya.*

– *On é i bwa.*

Il s'ébroue un instant. Il s'accroupit auprès du foyer, situé au centre de l'unique pièce, souffle sur les tisons, attend tout en maugréant contre sa première femme. « Même le Blanc se lève avant elle! » Il appelle. Dans toutes les maisons voisines, je devine des conversations reprises, une agitation ayant de la peine à retrouver son rythme. Foroumo s'empare d'une jarre emplie d'eau, y boit à longs coups, puis la replace auprès d'autres poteries sur un socle de terre séchée jouant le rôle de desserte.

Le lent défilé des membres de la famille commence. C'est une litanie de salutations. Foroumo répond de mauvaise grâce. Il a faim. Sa plus jeune femme veut lui raconter son rêve de la nuit. Ce bavardage ne l'intéresse pas. Nous nous installons autour d'une petite cuvette émaillée contenant les restes réchauffés du repas de la veille. La sauce aux arachides est encore excellente; mon hôte l'apprécie en claquant de la langue.

Il bourre une pipe avec le tabac de sa récolte. Il peste contre lui-même : en sortant de la maison, il vient de heurter l'amulette qui protège le seuil. Est-ce un signe? Chacun des siens s'empresse. Veut-il de l'eau chaude pour la toilette? Non, il se baignera dans la rivière, au passage. Il décide de surveiller la distribution des provisions. Certains produits de petit volume s'alignent sur une étagère suspendue au plafond de la case. Les grains et les légumes se trouvent dans un grenier auquel les femmes accèdent par une grosse branche à entailles qui tient lieu d'escalier.

Les enfants jouent dans la « cour »; ils s'amusent, dressés sur des échasses de fortune, à imiter les gesticulations du « masque long ». Des jeunes gens arrivent, porteurs d'une houe. Foroumo a loué leurs services pour préparer, à temps, ses champs assez étendus. Il fait chercher son outil. Tous s'éloignent en parlant bruyamment. Je vais les rejoindre au moment du repas de la mi-journée. Une vaste pièce de terre est déjà retournée. Des filles viennent d'apporter la nourriture. Un des jeunes hommes fait

Fig. 52. – *Décoration de case en pays kono : le masque.*

rôtir des ignames sous la cendre. Foroumo reste silencieux; il mange avec lenteur, prenant le temps de bien former une boulette de chacune des portions qu'il prélève. Quelqu'un se risque à raconter un fait divers. Le village de Kéoulenta recherche des joueurs de tambour pour la fête annonçant l'excision. C'est le moment de récolter des cadeaux. Tant mieux si les filles retrouvent le chemin de l'ancienne école. Elles en reviendront moins arrogantes et plus sérieuses... Foroumo demande que l'on reprenne le travail. Il fait un temps très lourd. Les torses ruissellent de sueur.

Au retour, vers la fin de l'après-midi, Foroumo se plaint de la fatigue. « Je deviens vieux », dit-il. Mais il pense que l'âge apporte la considération tout en limitant les peines. Sitôt que nous sommes arrivés, il fait installer deux chaises longues en raphia tressé. Il s'étend, puis demande le vin de palme. Foroumo est un homme généreux : il a servi un *bangui* fort, très apprécié dans le pays. Chacun

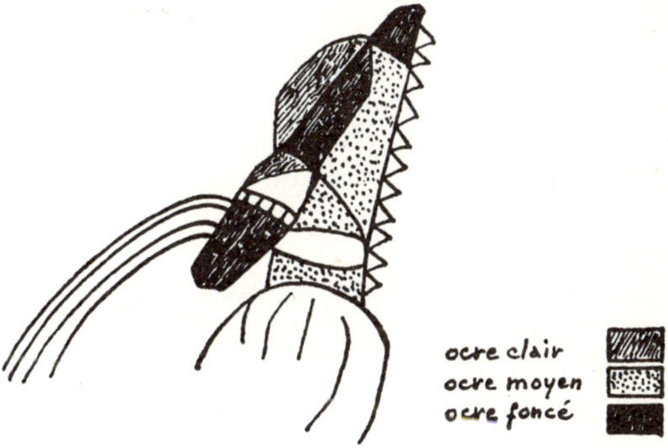

Fig. 53. – *Détail de la tête.*

goûte en silence ce moment d'abandon. Un des jeunes travailleurs, assis en tailleur sur le sol, rafistole sa chemise arrachée dans les broussailles. Il allume une cigarette, puis la fait circuler après avoir tiré une bouffée. A l'abri d'une case, deux filles pilent du grain dans un mortier. Elles savent que nous les observons; elles se livrent à un jeu de coquetterie, tout en se moquant des hommes et poussant de longs cris aigus : *yi-i, yi-i...*

La nuit tombée, toutes les femmes s'affairent

pour hâter la préparation du repas. Foroumo leur a demandé de prévoir « large » – et de ne pas ménager la viande – car le travail des champs donne faim, autant qu'aux deux goinfres du conte bien connu. Il mange sans dire un mot.

De petits groupes se constituent. Les voix se font plus douces. Les bruits s'étouffent. J'essaie de questionner Foroumo sur le clan constituant un village voisin. Il se dérobe :

– Je ne peux pas te répondre. Ça n'est pas convenable. Il y a un chef et sa suite là-bas. Tu dois aller leur parler...

Je tente de reprendre une enquête abandonnée quelques jours plus tôt. Il s'agit des génies, difficilement contrôlables, qui interviennent dans les affaires humaines, avec une intention toujours malveillante. Les *manllio hinega* savent changer de taille; ils sont à la fois chauves et étonnamment velus; ils s'emparent des passants attardés, les frappent et leur crachent au visage après les avoir dévalisés. Mais cette fois encore, Foroumo refuse :

– Il y a des choses dont il ne faut pas discuter pendant la nuit.

Cette dernière nous pénètre. Elle est en nous, apaisante et inquiétante. La jeune femme de Foroumo s'approche; elle veut lui parler du rêve qu'il a refusé d'entendre ce matin; elle n'a pas eu de tranquillité durant le jour. Tous deux disparaissent dans la case; la porte retombe avec un petit bruit mat. Ainsi, au-delà de cette routine quotidienne, de cette monotonie paysanne, de ce calme apparent accordé à la nature, se devinent des frayeurs et des angoisses dont le Noir se libère avec peine.

Je ne m'amuse pas à ce jeu facile qui consisterait à choisir un visage pour chacun des pays où j'ai eu l'occasion de poursuivre mes recherches. Mais le Gabon, avec ses problèmes démesurés et ses incertitudes, c'est par les traits de M. que je me plais à le symboliser. A dire vrai, je n'ai guère eu de rencontres avec celui-là. L'administration locale tolérait mal la fréquentation du principal *leader* de l'opposition. Je l'ai connu surtout par ses études ethnographiques concernant l'ethnie fang à laquelle il appartient, par l'influence qu'il exerce sur une large partie du territoire.

J'allai lui rendre visite, à Libreville, dans les bureaux d'une compagnie commerciale où il était employé. Il m'apparaît au premier regard sous les aspects habituels du commis : vêtements européens, gestes étudiés, langage apprêté. Une calvitie accusée, rare chez les Noirs, renforce cette impression en lui donnant une allure d'intellectuel pauvre et noble. Puis l'accablement et l'inquiétude qui semblent le dominer me frappent bientôt. Légèrement voûté, il regarde de tous côtés comme s'il devinait un danger. Il élude toute question précise. Nous décidons de nous retrouver le lendemain dans un des bars de la ville.

L'endroit laid, douteux, envahi par les mouches, a l'avantage d'abriter peu de clientèle en ce moment de l'après-midi. M. reste aussi tendu, méfiant, que la veille. Il m'observe en feignant de déguster sa consommation avec lenteur.

Voilà donc l'homme qui a longtemps provoqué les inquiétudes officielles. Je dresse le bilan des informations glanées en diverses occasions. Son éducation, sa fine connaissance des coutumes l'ont fait choisir comme chef d'un canton du Sud, alors qu'il n'avait qu'une vingtaine d'années. Mais il ne se satisfait guère de cette puissance tenue du dehors, concédée par des mains étrangères. Il participe à l'implantation du culte nouveau, le *Bwiti*; il acquiert une position éminente dans « l'église » en essayant de l'adapter aux besoins actuels. L'administration le révoque à l'occasion d'une affaire de meurtre rituel; c'est l'ouverture d'un conflit inégal qui se poursuit sans fin. Une idée insolite surgit de mes réflexions : j'essaie de me représenter cet homme inquiet, effacé, précautionneux, paré de peaux et la face fardée, prêt à bondir pour animer la danse sacrée. Quel est son vrai visage? La complexité du personnage s'accentua encore au cours des années d'après-guerre. Il y a un M., animateur moderniste du « Congrès Fang » organisé en 1947 par les autorités locales. Il y a un M., fondateur de parti politique, dressé en face du candidat bénéficiant des appuis officiels. Les deux rivaux s'affrontent moins par des controverses et des joutes orales que par le jeu des magies et des « religions » antagonistes – ce qui reste plus dangereux. Je retrouve cette phrase étonnante relevée dans un procès-verbal relatif à une ancienne campagne électorale : « La réunion de propagande a été annulée; les amis de M. avaient multiplié les obstacles magiques sur la route de son rival. »

Le bar où nous sommes installés me paraît soudain moins sordide qu'insolite. Nous n'avons guère progressé. La discussion s'attarde sur des problèmes de droit coutumier que mon interlocuteur a abordés dans deux articles de bonne tenue scientifique. Je désire attaquer plus franchement :

– Pouvons-nous discuter d'autre chose?

– C'est difficile! Je me méfie des rapports faits à la police; il y a toujours quelqu'un pour prêter l'oreille... Vous connaissez ma renommée. Elle s'est édifiée pour beaucoup sur des commérages.

– J'aimerais au moins savoir pourquoi vous êtes entré directement dans la vie politique.

– Vous avez circulé à travers le Gabon, alors vous avez vu ce qui me désespère. La détresse des Fang de la région de Njolé, on ne peut pas l'ignorer. Et sur Coco-Beach? Après cette détresse, vient l'abrutissement qui conduit à se laisser mourir...

J'hésite avant de poser une question à laquelle je souhaiterais une réponse nette.

– Pourquoi votre action est-elle si ambiguë? On vous retrouve derrière le *Bwiti*, derrière le mouvement clanique, derrière le « Comité mixte gabonais »...

M. se met à rire. Pour la première fois, je le vois perdre sa solennité. Mais je connais ce rire africain, cette manière de se tirer d'embarras; il fait partie de la stratégie de la dérobade. J'ai la certitude d'être frustré.

– Disons qu'il faut employer le langage qui convient le mieux... Je préférerais vous parler du *Bwiti* sous son aspect ethnologique. Cela se rapproche plus de vos soucis professionnels.

Je me laisse entraîner, déçu, dans une controverse savante. Cependant, la justification donnée quant à l'utilité du culte m'apporte un élément de réponse.

– C'est sur le terrain des croyances que nos civilisations doivent résister pour l'instant. Le christianisme nous dépouille de notre originalité... Aux anciens cultes des ancêtres, qui ne nous unissaient pas, nous avons substitué ce mouvement, depuis Libreville jusqu'à la frontière du Cameroun. Nous avons besoin de nous regrouper; de là viendra notre progrès. Les religions familiales d'autrefois nous divisaient. Elles ont été saccagées par les missionnaires, inutile de les restaurer...

J'ai regardé mon interlocuteur s'éloigner. Sa démarche cassée prenait un sens nouveau. Je le voyais comme écrasé par la tâche qu'il avait entreprise, solitaire et révolté, abattu par les tricheries auxquelles elle le contraignait. Devinait-il qu'il jouait, en exaltant la « race », en exaspérant les passions religieuses et la faim de révélations illusoires, en admettant le retour aux contraintes sacrées, avec des forces dangereuses? N'était-il pas troublé par les personnages qu'il portait en lui et qui témoignaient ensemble des divers âges de l'Afrique? De telles difficultés auraient dû l'anéantir. Par contraste, il me semblait que notre armature psychologique reste infiniment plus vulnérable, tant nous sommes habitués à penser et agir sur un seul registre. A l'occasion de mes enquêtes dans l'intérieur du Gabon, j'ai pu apprécier de quel prestige bénéficie cet homme auprès des vieilles comme des nouvelles générations. Son ambiguïté même lui apporte ce double et contradictoire succès.

De telles tensions de la personnalité ne vont pas

sans risques. L'exemple de Victor-Blaise me le révéla lors de mon séjour à Brazzaville. Lewis Carroll aurait pu imaginer ce « commis fou » qui mêle d'étonnantes vérités aux plus extraordinaires délires verbaux. Je l'ai aperçu pour la première fois alors qu'il venait d'apporter son « message » au bureau d'un haut fonctionnaire, récemment arrivé dans la capitale. Il était calme, obstiné; il voulait justifier l'importance de son intervention. Il se disait choisi pour accomplir une grande œuvre car, le 11 novembre 1947, une pluie d'étoiles lui avait composé une auréole. Il méprisait le planton qui jamais, selon toutes les apparences, n'aurait l'hon-

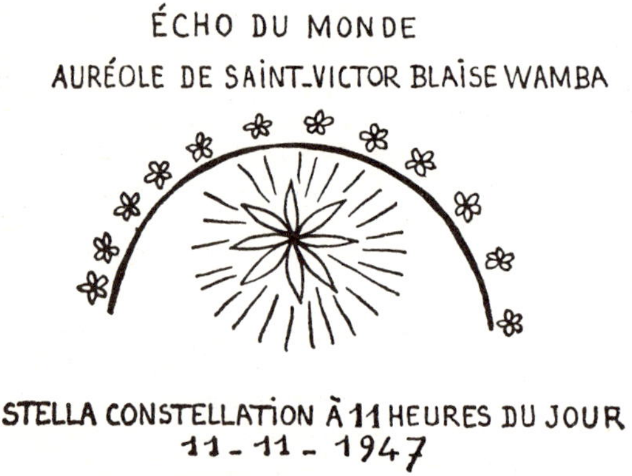

Fig. 54. – *En-tête des écrits de Victor-Blaise.*

neur d'un tel couronnement. Il dessinait au crayon, sur un coin de vieux journal, la constellation qui lui avait permis de se considérer comme « Saint Victor-Blaise ». Il insistait pour se faire recevoir, en déclinant ses titres : « Emissaire du peuple opprimé » et « Saint fieffé du pays »...

Né dans un district voisin de Brazzaville, il subit bientôt les influences les plus diverses. Il reçut un enseignement irrégulier qu'il compléta ensuite à l'aide de lectures disparates. Il se convertit au christianisme, conserva de ses rapports avec les catholiques le goût d'une église puissante capable de s'imposer comme modèle d'organisation sociale, retint de ses relations avec les protestants la possibilité de s'inspirer librement du livre sacré. Tous ses écrits utopiques contiennent des références à la Bible. Il parvint à s'employer en qualité de commis. Il résida alors dans le centre urbain de Bacongo, rue Chaptal. Il participa au mouvement de revendication organisé par le *leader* André Matswa. Après la mort de celui-ci, il devint le propagandiste d'une action qui se situa de plus en plus sur le plan religieux. Il se voulut prophète, annonçant *urbi et orbi* ses révélations. Il modela son comportement sur celui des prêtres. Il renonça à toute activité profane, remettant la charge de son existence entre les mains de Dieu... et des adeptes.

L'administration locale le considère moins comme un élément « subversif » que comme un « illuminé ». Elle est pourtant harcelée de lettres et de proclamations. Dans l'une de ces dernières, Victor-Blaise oppose les « élus », qui ont compris l'enseignement de Matswa, aux « damnés », qui, dit-il, « ont voté contre Dieu et mettent en péril le pays, y compris les colons européens, capitalistes pessimistes ». D'une manière surprenante, et en contradiction avec certaines de ses suggestions, il demande que le rôle accordé aux « évolués » reste réduit. Ces derniers, soit par leur scepticisme, soit par leur adhésion sincère au christianisme, lui semblent compromettre la tâche de rénovation sacrée qu'il veut entreprendre.

Je souhaitais discuter avec ce prophète, délirant de pensée, mais sobre de gestes, qui a encore conservé ses allures de petit employé. Il s'esquiva à chaque fois, avec un extraordinaire talent d'escamoteur. Il ne me laissa en fin de compte qu'un texte manuscrit présentant une sorte de doctrine politique et religieuse. L'écriture est soignée, aisée, une véritable calligraphie de commis aux écritures formé à l'ancienne méthode. Mais les mots portent souvent à faux, font un effet de redondance ou de pur jeu qui rappelle l'automatisme recherché par les écrivains surréalistes. Des questions inattendues surgissent au détour de développements cohérents : « Qu'est-ce qu'un corps mystique? Qu'est-ce qu'un monitoire? » ou des aphorismes également insolites par rapport au contexte : « Pour la paix, la monarchie » et « le communisme = les hommes du commun... » A un moment, un seul mot – dualisme – entraîne une véritable chaîne à la manière des associations auxquelles s'amusent les écoliers :

« Il y a les élus, les damnés, Dieu et le Diable, le Bien et le Mal, la compréhension, l'incompréhension, disons la préhension, la métaphysique et métempsychose, la vision, cognition, monition, prémonition, induction, intuition, etc. »

Malgré cet abandon au fleuve des mots, cette difficulté à maîtriser la pensée, les « messages » de Victor-Blaise possèdent des significations que nous ne pouvons pas négliger. Celles-ci sont d'ailleurs assez convaincantes pour que des adeptes entourent le prophète. Le document, auquel je viens de faire allusion, constitue une synthèse des idées les plus fréquemment exprimées, de manière chaotique en français, avec un certain talent oratoire en langue vernaculaire.

Dans une première partie, Victor-Blaise s'attache à définir le patriotisme : « Amour exalté du sol natal et volonté de le défendre contre l'ennemi. » Il s'attaque aux « arrivistes » qui perdent de vue un tel idéal pour « obtenir ce qu'ils regardent comme une bonne place ». Il demande l'arrivée au pouvoir de « spécialistes documentés et consciencieux ». Particulièrement sensible à la dégradation sociale et à l'inégalité, il imagine un système politique calqué sur nos institutions et exige le respect de la Déclaration des droits de l'homme. Il conçoit une « assemblée législative » gouvernant aux côtés d'un « souverain » : il s'efforce ainsi d'associer les principes de la démocratie moderne aux principes ayant fondé le royaume de Kongo, à l'époque historique, et l'église congolaise dissidente, à l'époque actuelle. Il réagit avec force vis-à-vis de « l'oppression qui engendre la révolte et le désordre » : « Qu'arrivera-t-il si quelques-uns accaparent tous les moyens de bonheur et ne laissent aux autres que la misère et le désespoir?... Nous aurons d'autant plus de chances d'être heureux que les autres seront autour de nous plus heureux. » Par une sorte d'effet de boomerang, c'est notre propre enseignement qu'il reprend pour nous mettre en accusation. Ce dernier se complique, en outre, de la nostalgie d'une ancienne société « congolaise », idéalisée, où les relations sociales n'avaient pas le caractère inégalitaire qu'elles ont progressivement acquis

Dans la seconde partie du texte, Victor-Blaise s'attache surtout aux problèmes religieux qu'a posés l'implantation du christianisme missionnaire. Au départ, une affirmation : « Dieu est notre vie. » Elle est suivie d'un rappel capable de susciter l'esprit de sacrifice : « Les biens temporels sont faux, le vrai bien est d'être uni à Dieu. » C'est sur un tel thème que la Congrégation *Watch Tower* a organisé la subversion, dans le Sud et l'Est africains, qu'elle a élaboré des mythes à signification apocalyptique. Victor-Blaise n'a pu ignorer cette littérature qui a circulé, durant un temps, dans les centres africains de Brazzaville et dans les villages des districts proches. Il affirme que « Dieu fera une nouvelle alliance ». Il écrit : « Je réclame, et nous réclamons, la vérité qui a été annoncée par le Christ, la présence réelle. » Il dénonce une « certaine » religion qui est « l'âme de la coalition contre la patrie ». Il réclame le droit, pour chacun, de « pratiquer le culte que sa conscience lui inspire ». La protestation s'inscrit sur le plan religieux et c'est à ce niveau que l'« autonomie » demeure désirée.

On voit que ce texte insolite, d'expression confuse en de nombreux passages, n'en contient pas moins une argumentation qui va dans le sens des réactions populaires. Elle annonce des Temps nouveaux et le retour du Messie qui fondera le règne de la justice. Victor-Blaise exprime son désarroi et ne doit son crédit qu'à l'inquiétude d'une large partie de la population congolaise. Il associe, non sans risques, l'antique révolte des prophètes à des revendications démocratiques dont le modernisme détonne.

C'est sous le signe de l'incertitude que je choisis de placer le dernier de ces portraits. J'ai rencontré A. au Service d'information du gouvernement général, à Brazzaville. Nos relations eurent une cause officielle. Mais, très vite, j'ai été séduit par la dignité naturelle, les préoccupations intellectuelles et morales de cet homme à l'aspect robuste, ennemi des outrances de geste et de langage. Il est né au Gabon et a, des hommes de ce pays, l'allure trapue et la face largement ouverte. Il appartient à une ethnie qui tissa avec les Européens des relations fort anciennes; il y a acquis la curiosité de ce qui est étranger, mais aussi le sentiment de la fragilité des petites sociétés nègres qui couvrent tout un pan du Gabon. A. reçut, à Libreville, une éducation poussée; il fut l'un des meilleurs élèves au cours de philosophie du grand séminaire. Je n'ai pu élucider les raisons qui l'ont incité à renoncer à la prêtrise; mais, resté d'un catholicisme exigeant, il exerce une influence réelle à la Mission de Brazzaville. Il occupe alors un poste administratif important qui l'a conduit à être citadin depuis une quinzaine d'années, et il paraît parfaitement adapté. Il a bénéficié d'un long séjour en France dont il sut tirer le maximum de profits – recherchant les leçons que comporte la découverte d'un monde différent.

Tous ces commentaires préalables sont nécessaires. Ils montrent un homme acquis à nos croyances, à nos mœurs et peut-être à nos intérêts. N'est-ce pas là un cas de totale réussite, une preuve que nos méthodes de colonisation ne conduisent pas de manière inéluctable à l'échec personnel? Dès notre première entrevue, j'ai été étonné par l'extrême soin que A. apporte à son vêtement. Il ne s'agit point en l'occurrence d'une imitation maladroite de nos modes, mais de cette élégance rare autant que discrète qui révèle une longue habitude et un goût raffiné. Dans une étude publiée une dizaine d'années plus tôt, et que je retrouvai par hasard, A. s'explique à cet égard. Il écrit sur le mode admiratif : « La tenue de l'Européen est considérée comme représentant la plus parfaite forme de beauté à laquelle soit parvenu le sens esthétique de l'homme. » Une telle conformité va bien au-delà; quelques lignes plus loin, l'auteur exprime un choix non équivoque : « Nous sommes pour l'extension intégrale en Afrique de la civilisation occidentale. »

Cette adhésion sans restriction cache une première et surprenante inquiétude. Elle manifeste un doute absolu quant à la valeur propre des civilisations africaines. A. évalue celles-ci sur le plan des institutions, des croyances, des langues, des arts; il n'y trouve « rien que des virtualités »; il demande au colonisateur de « créer de toutes pièces les institutions qui caractérisent les pays civilisés ». L'intolérance est totale envers les sociétés traditionnelles qui lui apparaissent, à la fois, infirmes et engluées dans leurs incapacités par la contrainte qu'y exerce un « fétichisme naïf ». Un reniement aussi catégorique ne va pas sans dangers. Il montre un refus de s'accepter en tant que Noir avec ses caractères particuliers et irréductibles, ses richesses culturelles à défendre. Il révèle la peur d'être confondu avec ceux qui symbolisent l'état de « sauvagerie ». Il impose la fuite à corps perdu vers une civilisation étrangère.

Cela ne signifie pas que A. n'ait eu conscience de ses responsabilités et de ses devoirs. Il fut l'animateur du mouvement *Education africaine* par lequel il s'efforçait d'entraîner à sa suite d'autres Congolais. Il s'est dévoué, mais sans succès considérable :

– Nous ne pouvions agir sur les gens qu'il aurait fallu atteindre. L'entreprise restait suspecte. On nous accusait d'être soumis aux Européens, de n'avoir en vue que nos intérêts... Certains adversaires me reprochaient mon origine gabonaise ou mes relations avec la Mission. J'ai été découragé par la médiocrité des résultats. Et puis, la politique est venue compliquer ma tâche!

Une telle tentative rappelle les essais de promotion ouvrière par le moyen des cours du soir. A. ne pouvait qu'y mesurer son isolement. Mais trouvait-il refuge auprès de cette société « blanche » qui l'a fasciné? Il y accédait en restant toujours sur les marges. J'ai le souvenir de cérémonies officielles où nous nous sommes rencontrés. Il assurait en ces occasions la représentation africaine – ce qui, malgré son aisance apparente, lui donnait le sentiment de participer à une sorte de jeu dans lequel il n'était qu'un partenaire « de paille ».

Il a le sentiment très vif des problèmes qu'impose la modernisation des sociétés nègres. Mais il sup porte mal le désarroi que crée la nouvelle période de transition; il y voit une incitation à la facilité et à l'immoralité. Dans l'étude à l'instant évoquée, il met en cause l'action religieuse du colonisateur. Cette dernière, par son manque d'unité, puisqu'elle admet la présence d'églises rivales, a privé le Noir d'un « rudiment de religion » et l'a transformé en un « désaxé ». A. n'hésite pas à demander une intervention autoritaire propice au triomphe d'une foi exclusive. Il rêve d'un christianisme unitaire, capable de rendre tous « les hommes semblables par l'esprit » et de mettre en place un système social rigoureux grâce auquel la vieille Afrique se délivrerait des divisions qui l'affaiblissent et des mythes qui l'illusionnent.

Plus rationalisé, et en conséquence plus accessible à notre compréhension, cet espoir n'est-il pas plus chimérique que celui des prophètes annonciateurs de l'Age d'or?

Cet homme généreux est largement déçu: il mesure mieux les obstacles qui s'opposent au progrès, à l'avènement d'une société à la fois moins déchirée et plus moderne. Il est désabusé. J'ai encore présente à l'esprit la remarque qu'il fit peu de temps avant mon retour en France:

– Je me suis trop occupé des autres. Pour rien! Maintenant, je dois d'abord songer à moi.

Cette phrase contient une constatation de solitude, un aveu d'échec. A. y trouve prétexte à enrichir sa vie intérieure. Il est tenté par la paix qu'apporte une piété détachée de tout souci quotidien. Il ne sait plus, de toutes les voies ouvertes, laquelle conduit le plus sûrement à un avenir africain propre à lui restituer l'enthousiasme perdu.

IX

VERS OÙ?

L'ambiguïté trouvée dans l'Afrique d'aujourd'hui n'est-elle pas d'abord celle que nous portons en nous? Nous y voyons, avec un extraordinaire effet de grossissement, l'image de nos incertitudes. Cette inquiétude devant la marche d'un progrès qui doit d'abord saccager avant d'établir un ordre supérieur. Cet effacement de civilisations rendues vétustes qui accompagne le remaniement complet de sociétés jusqu'alors bien encloses dans leurs limites étroites. Cette disponibilité angoissée d'hommes qui, devant un tel raz de marée, ne savent plus guère « à quel saint se vouer ». Tout est remis en cause, en Afrique comme dans la vieille Europe, avec une égale violence. Leurs destins semblent à cet égard solidaires, non parce que la colonisation les aurait liées, mais parce qu'elles doivent abandonner des cadres de pensée et des manières d'être non accordés au monde qui se construit. Elles sont toutes deux trop vieilles, dans leur part la plus « civilisée », bien que leur vieillesse remonte à des âges fort différents.

Chez l'une et l'autre se reconnaissent des symptômes, des mirages et des espoirs de même nature. On y décèle l'affaiblissement tout semblable de religions autrefois porteuses de civilisations créatrices; l'arrachement de l'individu à une sécurité qui pouvait seulement se maintenir dans un monde cloisonné; la discordance entre un ordre social qui veut se perpétuer et une transformation matérielle parvenue au seuil après lequel une mutation s'impose. A des niveaux différents, les phénomènes restent comparables, comme les réponses. Les jeux du conservatisme paraissent partout les mêmes. Le besoin d'un « Sauveur », d'un « Conducteur », a une expression africaine s'il a eu une expression européenne. Et les esprits les plus réalistes se tournent, ici et là, vers les exemples américains et russes qui enseignent les techniques de fabrication des sociétés modernes. L'Afrique, après l'Europe, un temps a ressenti cet effet de fascination.

Il ne convient pas de prolonger une comparaison qui deviendrait d'autant plus fausse qu'elle serait plus appuyée. Mais nous ne saurions douter que l'Afrique moderne, en partie façonnée par nos mains, nous renvoie comme le reflet démesuré de nos propres incapacités. Les échecs que nous y avons connus ont les mêmes causes que notre difficulté à remodeler la société et la civilisation où nous vivons. Certaines réussites matérielles ne peuvent justifier l'oubli de notre impuissance à établir en Afrique des relations sociales et une activité créatrice, sur le plan de la culture, supérieures à celles détruites par notre domination. Nous avions pourtant voulu faire prévaloir cette tâche sous le nom de « mission civilisatrice ». Il ne suffit pas d'avoir conduit l'Afrique, depuis la date où l'histoire l'avait comme oubliée, jusqu'aux premières décennies de notre XIXe siècle. Beaucoup de jeunes Nègres ne jugent plus assez rapide une telle marche. La Russie soviétique a réalisé une « mise à jour » plus apparente et moins lente en Asie; cela, en dépit de l'exemple chinois, explique son prestige durant une période et a incité à faire considérer le socialisme marxiste comme une technique efficace de développement des pays « attardés ».

Mais l'ambiguïté que nous décelons en Afrique, c'est aussi celle que nous impose la qualité de colonisateurs. Notre fierté et nos intérêts nous ont empêché d'avoir un regard critique qui nous permette d'évaluer la portée de notre emprise, ni ses effets. Nous évitons de faire le compte de nos tricheries et de nos désillusions, par crainte de fournir des arguments qu'on nous retournerait. Nous refusons de prendre conscience de nos faiblesses et des changements profonds qui ont permis une représentation africaine, même si cette dernière se trouvait au dernier rang, à la conférence anticolonialiste de Bandoeng. Nous continuons à charger le Noir du poids de nos carences ou de nos mécomptes. Il faut un responsable : nous disons que l'élève a déçu le maître et ne sait payer qu'avec l'ingratitude. L'astuce, grossière, se retourne contre nous. Le Noir l'utilise à son tour pour oublier les insuffisances des sociétés qu'il a édifiées et accuser notre domination d'avoir seule contrarié le progrès du monde africain. La mauvaise foi induit la mauvaise foi, comme le racisme induit un racisme de défense, puis de combat.

Est-il possible d'apprécier objectivement la situation complexe des peuples nègres? Qui saura le faire sans recevoir les coups qui tombent à la fois des deux camps? Le Dr Nkrumah, dans une brochure polémique publiée à l'époque où il animait l'opposition, récusait les divers témoins blancs plus ou moins engagés dans le jeu colonial. Il les mettait tous dans la même charrette. En première place l'administrateur et l'homme d'affaires, auteurs de la domination politique et économique; mais après eux le missionnaire, coupable d'avoir apporté un christianisme intolérant à l'égard du Noir et trop tolérant vis-à-vis du système colonial, et l'ethnologue, jugé responsable d'une emprise qui, en se conformant parfois aux conclusions scientifiques, devenait plus contraignante. Mais des réactions de même nature sont le fait des Blancs qui veulent maintenir une certaine forme de la présence européenne. Refuser le conformisme et les idées reçues (depuis combien de temps?) entraîne immédiatement l'accusation de subversion. Il semble, dans un tel contexte, que le simple fait de penser avec indépendance apporte une contribution à l'indépendance vraie des peuples africains et constitue, au-delà une activité « antinationale ».

On ne s'engage pas en Afrique sans perdre la possibilité de rester neutre ou simplement réceptif, en raison des influences contradictoires que je viens d'énumérer à l'instant, et parce que la fréquentation des civilisations nègres a la valeur d'une épreuve qui entraîne loin des frontières familières. Lorsque j'arrivai à Dakar, en 1946, j'étais surtout animé par une volonté de fuite et de dépaysement. L'expérience ethnologique que je souhaitais avait la valeur d'une retraite au sens originel du mot : je désirais disposer d'un recul suffisant pour mieux me reprendre en main après une époque ne m'ayant guère laissé le temps de la réflexion; j'éprouvais le besoin d'accéder à une forme d'existence radicalement nouvelle. J'abordais l'Afrique moins pour elle qu'en fonction de moi-même.

Je devais vite m'apercevoir de la naïveté d'une telle croyance. Les sociétés nègres, dans le cours de la vie quotidienne, imposent une monotonie paysanne qui a tôt fait de tuer l'exotisme. Je n'avais pas perdu le goût de l'activité, ou de l'agitation, au point de m'accorder aisément à ces rythmes. Les aventures que le paysan noir accepte de courir sont celles de l'esprit, mais par des voies que je me trouvais incapable d'emprunter. La passion des connaissances révélées, à l'occasion d'épreuves exigeant une abdication totale du corps et de la pensée, ne pouvait se substituer en moi à la passion de la rigueur et de la lucidité. Cette distance toujours maintenue, et non par calcul, accusait ma situation d'observateur professionnel alors que j'avais nourri, au départ, l'espoir d'une véritable conversion.

D'un autre côté, il m'apparaissait que les formes de civilisation auxquelles j'avais eu l'illusion de pouvoir adhérer avaient pris, tout au moins certaines d'entre elles, un aspect d'anachronisme. Allais-je apprendre la vieille Afrique au moment où les nouvelles générations nègres se donnaient pour tâche de désapprendre une partie de leur passé? Il y a toujours quelque ridicule à vouloir se montrer plus royaliste que le roi. Et, tout compte fait, je découvrais que l'enseignement essentiel à recevoir se trouvait dans cet effort que font les peuples noirs pour recouvrer leur dignité, devenir des partenaires moins inégaux et exiger de leur culture une certaine universalité. On devine combien une telle situation donnait à ma démarche un caractère ambigu. J'avais désiré l'Afrique pour prendre quelque distance vis-à-vis de notre civilisation, et je me trouvais déporté vers l'étude de ces transformations par lesquelles les sociétés noires « s'occidentalisent ». Je me suis efforcé de tenir la balance égale entre ces deux tendances; j'y ai trouvé, à l'expérience, une condition favorable à une rigoureuse objectivité.

Après quelques années d'éloignement, et à l'occasion de retours plus brefs en Afrique, j'ai tenté de faire un bilan de mes impressions, en évitant de me perdre dans le détail pour mieux considérer l'ensemble des caractères communs. Emmanuel Mounier, une fois accompli son voyage à travers le monde noir, avait conclu à un « éveil » de ce dernier. C'était trop peu dire et d'une manière qui nous concède un rôle que nous perdons de plus en plus vite. Il faut bien davantage parler d'une attente, d'un besoin passionné de changement. Les Congolais, tendus depuis trente ans vers le moment où s'accomplira la « bonne nouvelle », prennent à cet égard valeur de symbole. Nul ne sait précisément ce que peut apporter une telle victoire, sinon un bouleversement dans les conditions actuelles d'existence.

La colonisation a rendu insupportable, pour un nombre toujours croissant de paysans noirs, l'Afrique traditionnelle autant que l'Europe expansionniste qui s'est édifiée au cours du XIXe siècle. Elles se sont détruites l'une l'autre, en tant qu'idéal, à l'occasion de combats insidieux. Ce double refus, Nganga Emmanuel, fondateur de l'une des « églises nègres » du Congo, ne le manifeste-t-il pas de la manière la plus évidente ? Devant sa chapelle fragile et insolite, il brûle les derniers « fétiches » témoins des vieilles fidélités africaines, mais il exhorte aussi ses adeptes à croire en un messie qui n'est plus solidaire du monde blanc réprouvé. Tous les prophètes, qui ont imposé ce rejet absolu des dieux anciens et du Dieu « importé », entretiennent l'espoir de bâtir une société meilleure avec les pièces ramassées parmi les débris des deux civilisations affrontées. Ne soyons pas tentés de ne voir là qu'utopie grossière. L'expérience la plus commentée celle du Ghana, conduite par le premier gouvernement africain, révèle de manière moins schématique ce combat sur deux fronts. Le Parti de la convention du peuple, sur lequel elle s'appuie alors, atteint sans ménagement les soutiens de l'ordre traditionnel et se donne pour but d'avenir la construction d'un Etat socialiste; ce qui montre le détachement au moins théorique à l'égard de l'exemple « occidental ».

Voilà quelques décennies, Gertudre Stein écrivait à propos des nègres en général : « Ils ne souffraient pas d'être persécutés, ils souffraient de n'être rien. » L'affirmation n'est vraie que dans sa seconde partie. Après avoir subi un contrôle qui niait la valeur de ses cultures, en même temps que sa capacité d'initiative, le Noir ressent un puissant besoin d'affirmation. Il veut s'imposer à notre attention et à celle d'un monde devenu plus curieux de son destin; il éprouve les limites de nos faiblesses; il cherche à se faire reconnaître en tant que sujet de l'histoire après avoir été longtemps un objet de troc ou un instrument tenu par des mains étrangères.

Les initiatives dont il s'est révélé soudain capable prouvent son souci de nous contraindre à compter avec lui autant que sa persévérance à construire une société adaptée aux exigences modernes. Il en va ainsi de l'étonnante passion théoricienne dont sont enfiévrés les nouveaux intellectuels nègres. J'ai le souvenir des premières tentatives qui remontent au début de l'année 1946. Quelques réunions publiques avaient été organisées à Paris, à la Maison des lettres et en d'autres lieux, sur l'initiative de l'essayiste Alioune Diop. J.-P. Sartre, A. Camus, Michel Leiris, L. Senghor et Jacques Rabémananjara, le poète malgache emprisonné lors de la révolte de Madagascar, participèrent à ces débats. Il n'était guère question, à cette époque, que de faire connaître, et reconnaître par un auditoire cultivé, l'importance de l'apport nègre à l'édifice monté par les diverses civilisations. Après avoir exalté l'art noir, qui devint le symbole d'un combat contre la routine de nos esthétiques et la paresse de notre sensibilité, ce furent les expressions littéraires et dramatiques, les formes de la pensée que les jeunes défenseurs de la culture nègre proposèrent à notre besoin de renouvellement. Ils venaient nous offrir leurs richesses, espérant ouvrir un circuit d'échanges grâce auquel les relations s'établiraient à un niveau plus égal. Leur prosélytisme ardent bouleversait un conservatisme douillettement replié sur lui-même, et peu soucieux de recevoir les dons d'hommes qu'il s'était donné pour mission d'éduquer.

La théorie de la négritude représente à la fois une exaspération et une transformation de cette générosité. Elle la suit de très près, mais modifie son sens en y incorporant une intention combative. En cette occasion, le Noir ne nous demande plus de *considérer* les valeurs cultivées par les civilisations dont il est l'auteur. Il nous impose ces dernières et les oppose aux nôtres. Il en fait les instruments de sa fierté et échappe aux malédictions auxquelles sa race semblait le vouer. Il nourrit ainsi une réaction contre un sentiment d'incapacité sans appel; sentiment qui s'exprime, dans les littératures orales, dès les débuts de la colonisation. Mes enquêtes auprès des Fang gabonais m'ont amené à recueillir un écho de ce désespoir absolu. Dans l'une des légendes modernes, le Créateur est mis en scène au moment où il assure le partage des biens de ce monde : il accorde « richesse, autorité et savoir » au Blanc; il ne laisse que la misère et le soin de « peupler la terre » au Noir.

L'exaltation de la négritude lutte d'abord contre l'acceptation de cette infériorité. Elle manifeste l'orgueil et la dignité retrouvés en face de la prétention européenne « à faire la loi ». Mais elle est davantage et par là redevient générosité. Elle veut apporter un enseignement dont les sociétés modernes, mécanisées et encombrées de leurs artifices, ont perdu le souvenir. Les œuvres qu'elle inspire glorifient l'accord presque sexuel avec la nature. Elle est une invitation à voir au-delà des murs de nos villes et de nos usines, une incitation à être, selon la formule de J.-P. Sartre, « en amour avec toutes les formes de la vie ». La spontanéité nègre, dont j'ai parlé à diverses reprises, reste l'expression quotidienne de cette jouissance. En même temps, et par contraste, les écrivains noirs inventeurs de la négritude en font un long cri de souffrance. Leurs chants, évoquant les malheurs de peuples jusqu'alors victimes, effraient comme une explosion raciale. Pourtant, ils ne sont que les témoignages d'une race ayant pâti plus qu'une autre et, à ce titre, devenue responsable d'une révolte qui ne la concerne pas seule, mais avec elle tous les opprimés. Sartre a écrit : « On pourrait nommer la négritude une Passion. » Elle apporte une réplique littéraire à cette espérance messianique et populaire qui anime l'Afrique christianisée. Dans l'un et l'autre cas se retrouvent le même refus de soumission et la même attente d'un renouveau des rapports existant entre les civilisations et entre les hommes. Toutes deux reprennent à leur compte l'espérance révolutionnaire : le monde va changer de face. Mais représentent-elles plus qu'un mythe ajouté au capital mythique dont les civilisations nègres sont riches? Elles idéalisent la race ou supposent une unité illusoire de l'univers noir. Elles rejettent le passé, dans la mesure où il est chargé de souvenirs d'esclavage et d'aliénation, mais elles font appel à lui pour dresser le Noir révolté en face du maître blanc. Elles comportent des contradictions. Elles contribuent à une sorte de révolte à l'état pur, mais n'aident guère à définir des moyens d'action. Elles s'affaiblissent par cet irréalisme dont Malek Bennabi a dit qu'il rendait vaine une certaine renaissance musulmane.

Plus tardivement, les jeunes intellectuels noirs sont allés au-delà de ces affirmations. Ils ne se contentent plus de montrer le Nègre en tant que créateur de civilisations incontestables, ils le transforment en héros civilisateur. Ils critiquent notre science et font de nos érudits des falsificateurs inconscients. Cheikh Anta Diop, dans un livre touffu comme la forêt équatoriale et qui devint le guide à penser des étudiants africains, impose les origines nègres de l'Egypte – et par là même de toute civilisation. Ne va-t-il pas jusqu'à transformer les « Parisiens » en descendants des premiers occupants du temple d'Isis? Et Cheikh Anta Diop a des disciples qui poursuivent sa démonstration.

Il n'y a guère de grandes créations humaines qui puissent échapper à leur dévorante revendication de paternité. Dika Akwa, dans une étude intitulée : *Itinéraire de la pensée nègre,* le montre de façon d'autant plus apparente que sa démarche demeure schématique. Son mouvement accroche tout au passage : Moïse et Bouddha, tous deux nègres égyptiens; le christianisme qui « semble » être bâti sur ce corps de croyances dont les Dogon, au Soudan, restent les actuels conservateurs; Nietzsche, Bergson, Marx et les philosophes existentialistes qui ont élucidé des systèmes de pensée impliqués par la philosophie vécue des peuples bantou. Ainsi le processus touche-t-il alors à son achèvement. Après avoir hissé la culture nègre au niveau des plus grandes civilisations, les jeunes essayistes africains lui donnent la priorité et la manifestent comme portant en son sein toutes les autres. Leur savoir se veut un savoir de combat racial, comme la science soviétique se voulut, en un temps, l'outil idéologique mis au service de tous les prolétariats.

Mais il faut voir davantage en ces entreprises déconcertantes pour un esprit occidental. Elles expriment des vérités saisies bien plus à la faveur d'une intuition passionnée, d'une révélation, que d'une analyse objective et précautionneuse. Alors que nous nous efforçons de conquérir les vérités une à une, le Noir souhaite les embrasser toutes d'un coup par le truchement d'illuminations capitales. Les procédés de la connaissance restent très divergents, quelle que soit la capacité de l'intellectuel africain à pénétrer dans nos systèmes de pensée. Il ne saurait effacer les empreintes imposées par sa culture d'origine. Il ne le peut pas et ne le souhaite pas – à juste raison.

Or cette civilisation, où les préoccupations sacrées continuent à dominer ou affecter toutes les activités humaines, n'a guère laissé de traces durables de ses vicissitudes passées. Elle se maintient par le jeu de la tradition, c'est-à-dire d'un enseignement oral. Elle repose d'abord sur la parole, et les croyances qu'elle transmet donnent au « verbe » un pouvoir créateur. Ces conditions toutes matérielles, dont la réflexion africaine a disposé pour s'exprimer et s'enrichir, ont une influence déterminante. Elles contrarient la capitalisation du savoir; elles n'imposent pas cette contrainte à laquelle soumet le recours à l'écriture; elles gênent cette attention critique, cette possibilité de prendre ses distances par rapport aux œuvres de la pensée, qui permettent d'échapper au conformisme et de renouveler les connaissances. Celles-ci avaient d'autant plus tendance à rester semblables à elles-mêmes qu'il était plus difficile de les fixer, de les enregistrer.

Des habitudes intellectuelles maintenues pendant un millénaire, ou plus, continuent à exercer une emprise inéluctable, même sur les esprits les plus ouverts aux apports extérieurs. Que ce passé ait un pouvoir déformant, nous en avons la preuve avec les réactions des étudiants africains à l'égard du marxisme. Ce dernier dispose d'un prestige considérable, en tant que moyen d'opposition et symbole d'une certaine réussite soviétique en Asie, mais il est inconsciemment remanié en tant que philosophie sociale. Son assimilation ne peut s'effectuer sans qu'intervienne cet effet de gauchissement imposé par les orientations de la pensée traditionnelle. Le phénomène paraît connu des « initiateurs » comme des « initiés ». Le marxisme africain a déjà sans nul doute ses formes propres, un aspect certain d'hérésie.

Ces remarques ne doivent pas s'interpréter au désavantage des peuples noirs. Elles n'offrent que le résultat d'une réflexion sincère qui se refuse aux habiletés polémiques. Elles manifestent, au contraire, la vitalité des manières d'être incontestablement nègres. Ouvrir la discussion avec les représentants authentiques du monde noir, c'est les reconnaître en tant que partenaires. Ce qui exige de ne les traiter ni en élèves ayant des leçons à recevoir ni en interlocuteurs trop fragiles pour pouvoir supporter toutes les vérités. En ce sens, l'ethnologue a le devoir d'exprimer sa pensée sans réserve; il ne fait pas profession d'être flatteur ou censeur à gages.

La plupart des sociétés africaines ne supportent plus l'emprise européenne. Elles veulent recouvrer une autonomie créatrice. Elles souhaitent se moderniser sans rien perdre de leur originalité. Mais il s'avère plus facile de mobiliser les sentiments pour la première que pour la seconde de ces tâches. Le Dr Nkrumah en a fait l'expérience au Ghana, dès la prise du pouvoir; et les difficultés ont été telles que l'écrivain noir Richard Wright ne lui a suggéré rien de moins qu'une « militarisation » totale de la population. Faut-il donc saisir la liberté pour la perdre aussitôt? Avec cette différence, capitale aux yeux des Africains, que la contrainte alors n'a plus d'origine étrangère.

L'ouvrage qui attend les jeunes générations nègres est propre à décourager les plus impatients d'action constructive. Tout reste à faire. Il faut édifier, au-delà des particularismes ethniques, des nations ou confédérations ayant quelque cohésion.

Il faut donner à ces ensembles une assise matérielle et économique. Il faut contribuer à l'émergence de nouvelles civilisations. En regard de ces obligations écrasantes, nous avons à dresser un double passif. Celui de la colonisation. Cette dernière a toujours agi dans le sens d'une évolution empêchée d'atteindre son terme. Elle a suscité le développement de l'éducation et le progrès économique, mais en les limitant. Elle a favorisé les transformations sociales, mais en les contrôlant. En toutes circonstances, le colonisateur s'efforçait de rester seul maître du jeu. Aussi, la plupart des territoires africains apparaissent-ils comme des embryons « fixés » avant d'avoir pu parvenir à la fin de leur cycle, ils n'ont pas acquis la structure qui les rendait viables. D'un autre côté, dans la mesure même où les Africains n'ont guère eu d'emprise sur les divers secteurs de l'activité moderne, ils sont mal préparés à cette reprise en main des responsabilités pour laquelle ils combattent ou ont combattu. On pourrait appliquer aux anciennes élites nègres ce que le sociologue Franklin Frazier dit de la bourgeoisie de couleur aux U.S.A. : par impossibilité d'employer leur talent, elles ont souvent été conduites à vivre dans un monde factice.

Cependant, les sociétés noires ont un passif qui les met seules en cause. Les cultures qu'elles ont créées présentent d'incontestables faiblesses. Elles sont surtout efficaces au niveau des groupements humains de modeste extension et vivant dans un relatif isolement; à cette échelle, elles excellent. Elles ont manqué des techniques d'aménagement de l'espace propices aux tendances unificatrices. Elles n'ont pas disposé de l'équipement « littéraire » indispensable à l'administration des grandes concentrations humaines. Les tentatives étatiques d'importance, révélées par l'histoire africaine, ont généralement échoué en raison de cette double incapacité; elles ne laissèrent pas en place ces armatures qui ont, en Asie, survécu à toutes les vicissitudes.

L'échec des entreprises unitaires a entraîné le renforcement du « tribalisme » et cette extrême diversité qui dessine, sur la carte d'Afrique, une mosaïque de zones culturelles ou linguistiques. Il n'a pas favorisé la fusion de peuples qui, en certaines parties du continent, représentent des âges très différents de la civilisation et maintiennent entre eux un écart contraire à la construction d'une nation moderne. Le repli sur soi des sociétés traditionnelles implique aussi des conséquences importantes. Il a enserré les groupes sociaux dans les limites d'une micro-histoire et n'a guère permis la préparation historique propice aux expériences actuelles. Il a aiguisé le sentiment d'appartenance clanique ou tribale; et ce dernier continue à déterminer l'action des chefs ou responsables de type moderne, alors que l'esprit de « service public » devrait prédominer. Je n'ai pas l'intention de poursuivre un procès où je pèserais le pour et le contre, mais il me semble nécessaire d'ajouter encore une remarque. S'il existe un accord pour agir contre la domination blanche, cette unanimité recouvre de multiples divergences quant aux buts à atteindre, et des rivalités d'intérêt. Les uns veulent une progression accélérée transformant la face du monde noir, les autres rêvent d'une Afrique retrouvant son ancien visage. Les uns entreprennent de construire des nations nègres au sein desquelles s'aboliraient les particularismes, les autres imaginent une prépondérance ethnique rétablissant des privilèges effacés. Les uns entrevoient une action collective apportant à tous plus de prospérité, les autres conçoivent une prise du pouvoir limité à une bourgeoisie qui récolterait les profits avec les responsabilités.

Les nouveaux responsables de l'avenir africain surmonteront les obstacles en recourant aux mesures d'exception. Mais avec ces dernières les risques paraissent les plus grands; ils sont à la mesure de l'enjeu. Le cas du jeune Ghana offre à ce titre un riche enseignement. A l'inverse du nationalisme bourgeois, prudent et soucieux de conserver ses relations étrangères, le Dr Nkrumah a mobilisé les forces populaires. Afin de maintenir cette large adhésion, il a adapté le langage politique, en le simplifiant, en lui donnant une qualité émotive; il a attaqué les pouvoirs traditionnels, mais a été contraint de faire appel au dynamisme que recèle encore la tradition; il a entrepris d'agir comme un homme d'Etat moderne, mais il dut consentir à apparaître sous l'aspect d'un personnage sacré, capable d'accomplir des miracles, et d'un messie faisant des gens du Ghana un peuple élu. Avec quelle probabilité se succès?

Dans les limites de la société noire typique, l'individu est soumis à une sorte de « dirigisme » qui régit ses sentiments et ses amours, ses croyances et ses peurs, ses loisirs en même temps que ses diverses activités. Il s'intègre à un système social où tout se tient. Aussi Nkrumah a-t-il compris que le parti politique ne pouvait conserver les caractères qui sont les siens dans les démocraties libérales. Il en a fait un cadre moderne enserrant les sociétés tribales afin de les unifier. Il l'a conçu comme un système social complet qui intervient non seulement au niveau des divisions administratives, mais aussi à l'intérieur des groupements spécialisés – depuis les syndicats, les coopératives jusqu'aux associations de femmes ou de jeunes – et qui règle le détail de la vie quotidienne. Le paysan noir a été préparé à cet engagement total qui peut se substituer à son ancienne allégeance clanique. Il ne conçoit d'adhésion efficace qu'exclusive et capable d'affecter l'ensemble de son comportement. Toute la force de Nkwamé Nkrumah fut d'avoir obtenu une telle conversion; mais avec la menace, désormais évidente, d'une farouche et fatale intolérance.

On distingue clairement les risques. Les peuples africains soucieux de retrouver leur autonomie, en particulier sous la forme culturelle, s'opposant à l'Europe impérialiste par des mouvements où la xénophobie et le racisme de combat interviennent.

Ce ne sont pas là des armes qui se manient sans danger : elles ravagent souvent plus qu'il n'était envisagé au départ. Dans le même temps, la reconstruction des sociétés nègres exige une intervention à caractère global, sans laquelle elle ne saurait être qu'illusoire. Qu'adviendra-t-il, pour les Noirs eux-mêmes, si ces deux forces s'associent de manière durable ? Un nouvel avatar du totalitarisme ?

L'Afrique se met en mouvement. Vers quels buts ? Elle peut offrir le spectacle d'une renaissance manquée ou, au contraire, donner l'exemple de cette grandeur exaltante qui caractérise toujours des hommes s'astreignant à de nouveaux commencements. On est, sans fin, tenté de l'interroger. Elle continue à déconcerter. Sa face sombre reste énigmatique : elle ne livre guère plus de révélations sur l'avenir que les statues funéraires fang sur les mystères de l'au-delà.

X

REPÈRES

Ces sociétés nègres que notre confort intellectuel postulait comme hors du temps, les voilà donc projetées dans l'actualité. D'un coup, l'événement s'est africanisé. Il provoque les passions; lorsque la Guinée, après 1958, affirme son option socialiste à l'intérieur et son neutralisme actif vis-à-vis de l'extérieur, elle suscite la ferveur des uns et la fureur des autres; puis elle déconcerte ou désespère quand elle fait le compte de ses incertitudes au tournant de 1962. Chacun construit son image de l'Afrique, selon ses préférences ou ses illusions plus que selon les réalités.

On la croit disponible et à prendre, ou « mal partie », ou incompréhensible pour l'éternité. Et, en bonne logique, accourent en nombre les séducteurs dont les bras sont chargés de beaux cadeaux techniques, les redresseurs d'erreur et les interprètes de civilisations en tout genre. Les conseillers aussi, très proches parents de ces conseilleurs dont la sagesse populaire dit qu'ils ne sont pas les payeurs.

Mais l'Afrique, aujourd'hui, c'est aussi la face noire de la commune inquiétude. L'ancien Congo belge s'est disloqué d'un coup, comme sous une explosion de mines, durant l'été 1960. La violence y a dressé ses camps. Les compétitions internationales y ont joué par personnes et « provinces » interposées. Depuis, l'insolite y a prospéré. Dans Léopoldville, les armes et les techniciens de plusieurs nations maintiennent alors l'ordre, s'emploient à faire fonctionner la machine sociale et économique et soutiennent un gouvernement en péril. Aux abords de la ville, des Congolais ont bâti des campements de fortune et retrouvent la sécurité de la vieille économie de subsistance; à quelques kilomètres de là, l'université Lovanium surgit avec ses immeubles neufs, ses installations scientifiques qu'une force de police internationale protège, et impose l'image d'une cité future. C'est le printemps 1961, je me trouve au Congo pour quelques semaines et l'on me rapporte la plus significative des anecdotes. Un jeune garçon kongo s'adresse à l'un des soldats tunisiens en faction auprès des bâtiments universitaires et ouvre un bref dialogue : « Tu es indépendant, toi? – Oui. – Depuis combien de temps? – Depuis cinq ans. – Seulement cinq ans et tu es déjà blanc? » Toute la mesure des désillusions est ainsi prise, toute l'inquiétude devant la conversion à accomplir s'y exprime par la symbolique des couleurs.

Ce n'est pourtant que la première partie d'un drame dont les actes à venir occuperont d'autres scènes. En Angola, l'insurrection populaire conteste la plus vieille implantation européenne : celle que Diégo Câo permit en atteignant avec son escadre, en 1482, l'embouchure du Zaïre-Congo. Malgré les rivalités des chefs nationalistes et les incidences des particularismes tribaux, cette pression constante a mis le Portugal en état d'alerte; la fureur de liberté couve sous la cendre des plantations détruites et des villages brûlés. Au voisinage, voici les Rhodésies, la riche Rhodésie du cuivre surtout, soumises aux mêmes assauts. Un double affrontement s'y prépare, celui des races, celui des civilisations qu'elles portent. En 1961, lors de manifestations massives, des Bantou ont renoncé à leurs vêtements européens, à leurs lunettes et à leurs montres – « symboles de l'oppression ». Ils ont exprimé leur volonté de détruire les industries, si l'industrie est un obstacle à leur nationalisme. Ils ont retrouvé la passion des prophètes noirs qui, pendant des décennies, ont annoncé l'apocalypse et le renversement de situation mettant un terme à leur dépendance. Du Congo jusqu'à la pointe du Cap, une même secousse ébranle des sociétés que l'on disait multiraciales, par euphémisme. Contraste : le premier prix Nobel décerné à un Africain l'est au titre de la paix. Le chef Albert Luthuli, responsable de l'« African National Congress », souvent harcelé par les autorités sud-africaines, reçoit cet hommage qui honore sa ferveur nationale autant que sa tactique non violente.

En deçà du Congo, l'Afrique de l'Ouest détient les « laboratoires » de décolonisation. Les changements y sont rapides et les expériences s'y diversifient. Pour le voyageur qui accède au monde noir par ses portes occidentales, le modernisme paraît avoir expulsé le folklore. Dakar reste une escale, mais est devenue une capitale hors mesure : ses immeubles administratifs, son université semblent enserrés dans un habit trop étroit; ses places et ses avenues nouvelles, ses expansions en périphérie composent le dessin d'une ville qui espère un destin à sa taille. Et les hommes s'efforcent de le provoquer, car nul pays africain n'est plus riche de cadres politiques – au pouvoir ou opposants –, d'idées et d'initiatives. Les chantiers du nouvel humanisme nègre y sont proches de ceux où se construit un certain socialisme. Où mon ami Cheikh Kane poursuit son « aventure ambiguë », assumant des responsabilités techniques tout en redoutant que le chaos mécanique se substitue à l'architecture des vraies civilisations.

De Dakar à Conakry, il y a la distance d'une discordance. De Conakry à Abidjan, l'écart entre la pauvreté fière et le confort bourgeois. C'était déjà mon impression lorsque je sautai de l'une à l'autre de ces villes au cours de l'année 1958. Les évolutions séparées n'ont guère modifié l'ordre des choses. Abidjan obéit aux rivalités de prestige, son palais en témoigne. La passion moderniste, qui s'exprime par l'œuvre des architectes, s'y marie à la passion des affaires : les temps de la bourgeoisie conquérante sont venus. Par îlots de progrès, où poussent des entreprises et des bâtiments neufs, où les routes sont « revêtues », un nouveau pays se façonne lentement; mais dans les intervalles, la vieille Côte-d'Ivoire survit tout en évaluant son cacao et son café ou en rêvant de transactions payantes. J'en avais eu la certitude en conduisant à pied d'œuvre une mission scientifique dans la région de Bouaflé, en pays gouro. Le planteur et le militant, l'administrateur et l'instituteur y sont les agents de transformation, mais les villages y abritent toujours les « doyens » redoutés et les masques défenseurs de l'ordre social ou des intérêts acquis. Partout il en est ainsi, la nouvelle classe cherche les lois de sa cohabitation avec les notables d'ancien style. Elle a pour elle l'avantage de détenir la maîtrise de la vie politique et des affaires, mais elle n'a pas toujours réussi son insertion dans le pays réel. Elle s'efforce de mettre les techniques modernes au service d'une expansion nationale qui est la condition de sa propre expansion. Elle apprend le métier des dirigeants, conviant à l'occasion les professeurs de science politique et d'économie à ouvrir une école provisoire pour ministres, députés et hauts fonctionnaires. Un défi a été lancé et pris au sérieux : montrer que le libéralisme économique peut s'africaniser et réussir.

En progressant au long du golfe de Guinée, vers le sud, les incertitudes s'accentuent. J'ai fait une brève escale à Douala au printemps 1961, alors que la ville est écrasée par la chaleur et l'humidité. Le climat m'y parut plus pesant qu'au moment de mes premiers séjours et les hommes plus accablés. Comme si la grisaille du ciel s'était définitivement installée en eux. Les révoltes du Midi camerounais ont presque cessé, mais la mutation de la violence en enthousiasme constructeur n'a pas encore opéré. C'est le temps de la pause et de l'attente. Bien qu'un double choc salutaire ait été provoqué : celui de la passion unitaire lors de la réunification avec une partie du Cameroun de formation britannique; celui de la promotion des compétences avec l'entrée au gouvernement des jeunes ministres de formation universitaire. Intuition plus que jugement, et peut-être faussée par mon impatience d'atteindre Brazzaville que je n'avais pas revue depuis dix années.

Dès l'abord, la capitable congolaise ne me déroute pas, je la reconnais; une avenue nouvelle a été ouverte pour symboliser au moment opportun la voie de l'indépendance, le quartier des entreprises et des bureaux porte des constructions neuves, mais la structure n'a pas varié. Les drapeaux du Congo et des ambassades, la transformation des anciens services en ministères, un Parlement campé à l'écart, ce sont les signes matériels manifestant immédiatement la transformation du régime politique. Brazzaville prend une certaine revanche sur Léopoldville : l'ordre y règne après quelques secousses. Les gens du Nord et les gens du Sud ne s'y affrontent plus à mort. Les prophètes ne mobilisent plus les esprits et les magies contre le pouvoir : ils ont église sur rue, ou cathédrale comme dans les environs de Boko. Seuls quelques milliers d'irréductibles continuent à nourrir un rêve qui se dissipe sous les coups de la police, pour se reformer aussitôt et entretenir la vieille espérance messianique. Mais le risque est que l'ordre ne devienne le seul but, et se transforme en une sorte de religion de remplacement. Des « conseillers » insidieux, qui se sont fait la main en Europe et en des périodes sinistres, inciteraient volontiers à cette conversion. En oubliant ce danger d'explosion, qui serait une réplique à celle de l'autre Congo, que la plupart des étrangers fixés ici par leurs biens ou leur fonction n'ignorent pas.

Une jeunesse toujours plus nombreuse exerce une pression croissante, sans parler de ceux que les études ont éloignés et qui choisissent l'exil une fois les études achevées. Elle m'a questionné à l'occasion d'un enseignement sociologique et économique que je donnai durant quelques semaines, révélant sa fierté et son amour du pays, ses inquiétudes aussi. Elle souhaite que des réalisations à l'échelle du Congo lui assurent du travail, lui évitent de rejoindre le camp du chômage et du découragement; elle voit le projet industriel du Kouilou comme une entreprise de salut public; elle le transforme en un véritable mythe. Une minorité, ferment d'une éventuelle opposition, a suivi avec passion l'aventure de Patrice Lumumba, a grondé lors de son assassinat, puis a porté la barbe à la manière de « Patrice » en signe de fidélité. Les jeunes femmes, de leur côté, ont pris l'initiative et veulent contribuer au façonnage d'un Congo neuf; à quelques-unes, elles peuvent provoquer la mise en mouvement d'une population féminine qui est, depuis des siècles, une révoltée virtuelle.

Pour l'instant, l'indépendance est encore fraîche et le pays d'« en face » incite à la prudence en raison de ses désordres. L'équilibre paraît tenir. Il serait pourtant dangereux que la dégustation des fruits et des liqueurs du pouvoir fasse oublier les tâches énormes et immédiates. La classe dirigeante, de formation bourgeoise accélérée, ne se maintiendra que si elle acquiert les qualités pionnières de la bourgeoisie européenne du XIXe siècle. C'est d'ailleurs des images de l'ancienne Belle Epoque que suscite la fréquentation des demeures où réside l'élite; les mêmes meubles, les mêmes décors et les mêmes étoffes ou broderies s'y retrouvent. Et dans ce cadre, surgi de notre passé, les bonnes manières conservent un caractère apprêté. Les artifices s'estompent cependant dès l'instant où la confiance permet la liberté de propos et dépouille chacun de son rôle de composition. J'ai conservé le souvenir des soirées chaleureuses dues à l'hospitalité de quelques amis congolais; mes hôtes laissaient aller leur ironie et leur humour spontané; les affaires et les hommes du jour étaient alors soumis à l'épreuve d'incomparables parodies critiques. Je pouvais, en ces moments privilégiés, redonner aux événements leurs justes proportions.

Une rapide incursion dans les campagnes proches

de Brazzaville suffit à révéler le décalage établi entre la capitale et les villages où les paysans restent liés à leurs tâches et à leurs peines séculaires. L'indépendance n'a encore rien changé à cet ordre de choses. Elle l'a plutôt rendu moins supportable en africanisant les maîtres; l'inégalité apparaissait comme une donnée de la situation coloniale et les Européens étaient reconnus comme les bénéficiaires privilégiés des techniques introduites et des entreprises fondées; l'inégalité manifeste est totalement récusée dès l'instant où ce sont des « frères » congolais qui régissent la vie de la nation. Au cours d'un voyage d'étude effectué au Congo en mai 1961, l'agronome R. Dumont a recueilli les plaintes des paysans, observé leur désabusement vis-à-vis des responsables résidant à Brazzaville. On lui dit : « L'indépendance est pour eux, elle n'est pas pour nous »; et le doute naît quant à la valeur d'une liberté qui ne modifie pas les conditions matérielles de l'existence. Le problème n'est pas seulement congolais. Dans la plupart des pays d'Afrique, la minorité devenue gestionnaire – et les fonctionnaires ou employés qui constituent sa clientèle jusque dans les partis politiques – se transforme en une classe supérieure et, à certains égards, séparée. L'effacement du colonisateur a supprimé la barrière qui bloquait la large différenciation des niveaux de vie; l'écart s'est accentué entre l'homme responsable et d'abord bénéficiaire des progrès et l'homme quelconque, au point de dépasser le seuil de sécurité. Une rupture s'amorce. Elle est d'autant plus grave que s'expriment, par ailleurs, des tensions entre générations et que s'accroît l'impatience des jeunes « radicaux » sortis des universités étrangères. Le débat entre les gouvernements et les étudiants est ouvert. Pour les premiers, la trahison des clercs paraît permanente.

Cette libre réflexion sur les difficultés, nourrie d'impressions et de souvenirs encore proches, n'est pas le produit d'un amour déçu. Elle vise plutôt à faire sentir la force du mouvement qui anime le corps des sociétés nègres. Elle veut suggérer l'immensité du chantier. Arrachée à son histoire vers la fin du XIXe siècle, tenue en marge des grandes révolutions techniques, l'Afrique recouvre son autonomie au moment où toutes les nations sont soumises aux bouleversements. Elle doit trouver les lois de sa reconstruction, se stabiliser dans un monde instable et élargir sa place dans la société internationale. Quels sont les symboles et les repères qui aident à interpréter l'œuvre commencée, à prendre quelque distance vis-à-vis de l'événement qui accapare abusivement l'attention?

L'Afrique indépendante renoue avec son passé lointain, elle y recherche l'enracinement de sa personnalité moderne et parfois la suggestion de ses frontières futures; à moins qu'à l'inverse, elle n'apprenne à mieux le connaître pour mieux le contester. C'est une question de stratégie politique et la part de la stratégie devient d'autant plus grande que celle de l'ignorance reste plus étendue.

Un Atlas historique africain, bien que publié par des spécialistes, étonne par les « blancs » que portent ses cartes – rappelant celles qui esquissaient la géographie du continent jusqu'au cours du XIXe siècle – et par les incertitudes qu'il mentionne. Une nouvelle période d'exploration est ainsi ouverte, visant cette fois à la découverte d'une histoire perdue en grande partie parce qu'elle n'a guère laissé de traces. Cette marche arrière dans le temps est passionnément désirée par les élites noires : elle permet de renouer avec une Afrique authentique et libre; elle donne un arrière-plan, autre que colonial, aux initiatives modernes. Sa leçon nous concerne aussi. Elle révèle l'existence de formations étatiques étendues, conquérantes et dynamiques, créatrices d'œuvres de civilisation au sens plein de l'expression. Edifices politiques aux vicissitudes diverses, souvent fragiles, mais dont certains ont survécu depuis une date de fondation lointaine jusqu'à nos jours : ainsi l'empire Mossi établi en Haute-Volta, dans ses frontières actuelles, dès le XIVe siècle. Cependant, nombre des

Etats africains anciens avaient disparu, ou s'étaient rétractés jusqu'à n'être plus que des petites provinces royales au moment où les puissances s'établirent sur le continent.

Quelles sont à présent les séquelles de ce vieil ordre des choses? Les royaumes ou empires abolis ont néanmoins laissé leur marque. Parfois, des institutions relictes couvrent encore de vastes régions; héritée de l'empire du Mali, créée au XIIe siècle, une organisation politique et religieuse continue à concerner de larges pans des paysanneries ouest-africaines. Le plus souvent, il subsiste la nostalgie du passé et le désir d'une renaissance. Au Soudan occidental, certains des gardiens de la tradition des Keita ont voulu ressusciter le Mali, lui rendre la vie non pas dans l'enceinte des parlements, mais au sein des centres sacrés et en recourant aux rituels appropriés. Dans le cas des Etats encore vivants, la situation est par contre inversée. Il n'est plus possible d'idéaliser le passé et les problèmes résultant des évolutions modernes sont inéluctables : ils tiennent à la poussée démocratique que subirent les grands souverains – comme le *mwami* du Ruanda – et les chefs plus modestes – comme ceux du pays Bamiléké qui durent affronter, au Cameroun, des jacqueries épisodiques. Néanmoins, ces royaumes restent pour la plupart des centres de force et les futurs découpages politiques ne pourront pas les ignorer; leurs aristocraties traditionnelles n'accepteront pas toutes, comme les Peul du Fouta-Djalon en Guinée, la mort institutionnelle imposée par les premiers gouvernements indépendants afin de favoriser l'unité nationale.

Partout, l'histoire précoloniale et ses héros suggèrent les symboles et les thèmes susceptibles de libérer les émotions. D'une manière systématique, Cheikh Anta Diop, le professeur et essayiste sénégalais déjà cité, contribua au renouveau culturel en situant les Noirs africains à l'origine des grandes civilisations apparues en Egypte et issues de celle-là. Il a construit ainsi une doctrine militante et affirmé l'unité de l'humanité noire. Plus récemment, les chefs politiques ont multiplié les références aux époques prestigieuses. Le président Sékou Touré opposait, dans une de ses interventions, la « civilisation harmonieuse » de l'empire du Ghana aux faiblesses de la France capétienne. L'histoire devient un instrument d'exaltation nationale; mais elle doit s'effacer lorsqu'elle dresse des obstacles. Dans une déclaration faite au journal allemand *Der Spiegel* en 1959, Sékou Touré envisageait les immenses possibilités de création politique qu'offre l'Afrique coupée de son passé. Il opposait à cette liberté, exaltante pour l'homme d'Etat, les difficultés qu'éprouve l'Europe à se refaçonner en raison des servitudes nationales héritées d'une longue histoire. Cependant, et sans vouloir risquer un mauvais jeu de mots, l'Afrique Noire n'est pas une page blanche.

Les incidences du passé, les évolutions divergentes se lisent sur les cartes qui expriment la répartition des groupes ethniques, des types sociaux et des cultures. Plus que l'Inde, le monde nègre est celui de la diversité. Il n'a pas été coulé dans le moule d'organisations étatiques de longue durée. Il n'a pas été suffisamment lié par le ciment des religions universalistes. Et les politiques coloniales ont, par la suite, accentué les divisions et les oppositions.

Cette situation apparaît avec netteté. Une carte des populations de l'Ouest africain, incorporant l'ancienne A.E.F. et le Congo, fait figurer plus de 1 500 ethnies conscientes de leurs particularités, jalouses de leur identité. Les langues africaines dépassent le nombre de 600, sans tenir compte des variantes qui interviennent souvent sur de courtes distances. Et les systèmes sociaux, bien que présentant des affinités, restent multiples. Les particularismes et les difficultés de communication intellectuelle contrarient les entreprises unitaires. Le fait s'accuse d'autant plus que la vie de relations et d'échange opère encore au ralenti dans nombre de régions.

Donnons un exemple : celui de la Guinée, où la volonté de construction nationale s'est renforcée par la ferveur des responsables politiques. Sans consentir à une sorte de microsociologie facile et complaisante, il est aisé d'y repérer quatre grands ensembles ethniques qui se sont opposés (s'opposent encore?) deux à deux. Les populations côtières et les Peul qui refoulèrent celles-là et diffusèrent l'Islam au cours du XVIIIe siècle, des incidents à Conakry, jusqu'à la veille de l'indépendance, furent les séquelles du vieil antagonisme. D'autre part, opposition partielle entre la Guinée soudanaise, foyer historique des entreprises conquérantes dont la dernière en date est celle de Samory Touré, ancêtre supposé du président, et la Guinée forestière longtemps soumise à la pression des peuples de la savane. Certains des obstacles rencontrés par le Parti démocratique de Guinée, lors de son implantation dans cette région marginale, s'expliquent par un tel contexte. L'armature du parti unique, la « mobilisation du peuple » proclamée dès octobre 1958, deviennent alors les instruments d'une action unitaire, affirmée nécessaire à la consolidation de la nation et au progrès économique.

Ce n'est point là un cas perfidement choisi. Au long du golfe de Guinée, l'antagonisme entre populations côtières – depuis longtemps en situation économique privilégiée parce qu'elles contrôlaient les « comptoirs » – et les populations de l'intérieur est encore remarquable en plusieurs pays. Le massif Nigeria connut des oppositions plus impressionnantes en raison même de leur échelle : Ibo de l'Est et Yorouba de l'Ouest, sultanats du Nord par rapport à ces deux grands ensembles méridionaux, peuples « païens » en face des groupes musulmans qui les ont investis. La vie politique moderne et ses drames, les variations du nationalisme nigérian restent conditionnées par ce système de relations antagonistes entre ethnies et cultures diverses.

Soyons net, l'activité de traite a pu jouer un rôle déterminant en avivant les compétitions. Ce fut apparent dans la zone congolaise. Gens du Haut et du Bas-Congo, en dehors de leurs différences culturelles, eurent à s'affronter en tant que bénéficiaires et victimes de la traite, en tant que rivaux pour la maîtrise des points d'échange. Cet affrontement a eu longtemps plus d'incidences sur l'activité politique de la République du Congo, que les confrontations de doctrine et de méthode. Les graves émeutes de Brazzaville du début de l'année 1959 l'ont tragiquement manifesté; ainsi que les péripéties du pouvoir par la suite.

De tels aspects du problème politique africain ne doivent être ni surestimés ni sous-estimés. Il existe des ensembles culturels étendus présentant une relative homogénéité : l'Afrique occidentale est un seul monde – si l'on se reporte aux contextes archaïques; la région correspondant au bassin du Congo porte des sociétés construites sur le même « modèle »; l'Afrique orientale, du Haut-Nil au Zambèze, coïncide avec une seule grande aire de civilisation. De même, on ne saurait nier sans tricherie la parenté existant entre les systèmes religieux, les conceptions esthétiques, les styles de comportement. Mais l'isolement, matériel et intellectuel, fait que ces conceptions communes ne sont guère reconnues comme telles par ceux qui les partagent. Sans parler des transformations profondes qui, au cours du dernier demi-siècle, ont déchiré le tissu commun.

D'un autre côté, il est incontestable que les rivalités anciennes, dont les traditions orales gardent le souvenir, ainsi que le repli à l'intérieur des frontières tribales expliquent la vigueur des particularismes. La nation et l'abstraite notion de citoyenneté ne parviennent pas toujours à dominer le jeu des « fraternités » qui donnent aux clans leur cohésion, mais opposent entre eux tribus et groupes ethniques. Aussi certaines unités politiques traditionnelles s'efforcent-elles de conserver leur autonomie, parfois en faisant appel à l'intervention de l'ancien colonisateur. En Côte-d'Ivoire, le souverain du petit royame Sanwi, réduit à moins de cinquante mille sujets, refuse de laisser dépersonnaliser ce dernier dans le cadre d'un Etat unitaire; il a revendiqué l'établissement de liens directs entre Paris et sa capitale. Le problème est plus sérieux au Ghana, où les Ashanti, par ailleurs maîtres d'un large secteur de l'économie nationale avec leurs cacaoyères, tolèrent mal l'intégration de leur pays.

Ces lignes de force que l'histoire a tracées affectent les tentatives visant à dessiner une nouvelle carte politique de l'Afrique, tout autant que les découpages coloniaux et les récents rapprochements par affinités. C'est une certitude, mais la seule. Les mouvements nationaux ont une forme incomparablement plus précise que les nations qu'ils appellent à l'existence. Les *leaders* ont d'ailleurs exalté la liberté et l'indépendance, les tendances unitaires, les exigences de la dignité et de la personnalité africaines, beaucoup plus que les valeurs nationales. Celles-là peuvent mal se matérialiser par rapport à des territoires dont les contours restent provisoires. La liberté recouvrée en tel pays est d'abord présentée comme un bien commun à tous les peuples africains. Ce processus d'élargissement est révélateur; il montre la difficulté éprouvée à définir une action s'insérant dans le cadre d'une nation incontestable, homogène sous l'aspect de l'économie, de la culture et de la langue. En Afrique Noire, les nations sont en cours de formation et demeurent vulnérables dans leurs expressions actuelles. Cela ne signifie pas que le mouvement ne doive s'accélérer; mais cela explique – et non seulement les prétentions rivales – que certains responsables africains soient tentés de faire l'économie de la période nationale pour procéder immédiatement à la construction d'ensembles régionaux.

C'est en Afrique occidentale que les évolutions politiques sont le plus avancées, mais les processus de transformation n'ont pas atteint leur terme. Les regroupements demeurent instables et concurrents. La Fédération du Mali s'est brisée. Les unions à caractère technique – ainsi celle résultant des liens établis entre certains Etats africains et Madagascar – paraissent moins fragiles que les rapprochements fondés seulement sur une idéologie commune. On ne peut méconnaître les étapes nécessaires : comment passer des unités politiques traditionnelles (souvent organisées au plan de la tribu ou du clan) aux fédérations étendues, sans consolider ces unités intermédiaires que sont les nations? L'accélération de l'histoire provoque des télescopages si elle ignore les enchaînements logiques.

Pour le monde extérieur, longtemps informé par chroniques exotiques et idées toutes faites, l'Afrique appartient encore à l'univers de l'imprécis ou à la géographie légendaire. Elle a fait irruption dans la vie quotidienne, mais sa carte reste mal connue et ses civilisations commencent seulement à s'insinuer dans les manuels scolaires, presque en fraude. Ses chefs politiques renommés s'ajoutent, cependant, à la théorie des personnalités que les caméras et les magazines harcèlent. C'est par eux que les pays noirs retiennent l'attention étrangère. C'est grâce à eux, souvent, qu'il est possible de saisir le sens des mouvements qui entraînent des peuples à la fois très vieux et très jeunes.

Lors d'une manifestation officielle à l'Université de Dakar, L. S. Senghor me dit : « Je pourrais faire un cours sur votre œuvre et commenter vos positions théoriques. » Il apparaissait ainsi sous l'un de ses visages : celui du professeur et du théoricien; tout autant que sous l'aspect de l'hôte attentif qui symbolise, en sa haute fonction, la courtoisie sénégalaise. Je devais le revoir peu après, au moment de sa réception officielle par l'UNESCO, à Paris. Il semblait trouver là un milieu propice à la reprise d'une réflexion ancienne et exigeante : « Une civilisation doit être culture, c'est-à-dire dépassement du déterminisme... »

Tel est l'homme qui ne redoute pas de s'adresser aux militants de son parti en parlant, disent les censeurs, « au-dessus de leurs têtes ». Sa pensée propose des repères à qui s'efforce de comprendre les idéologies et les doctrines politiques qui émeuvent l'Afrique moderne. Elle affirme une exigence socialiste, mais l'apport de Marx s'est transformé en étant subordonné aux valeurs religieuses et en s'africanisant. Elle exalte les révolutions coloniales, qui sont d'abord nationales, plus que la mission historique du prolétariat : aussi fait-elle passer la « vocation nationale » avant la « vocation prolétaire ». Et si l'internationalisme est évoqué, c'est plus celui qui doit unir les peuples démunis que celui qui allie les classes dépossédées. Ces indications suffisent à suggérer la distance prise à l'égard des socialismes aujourd'hui réalisés et des « modèles » qu'ils évoquent; et les critiques radicales laissent entendre que la voie africaine du socialisme risque de conduire à la perte du socialisme en cours de chemin. Mais n'est-ce pas l'un des plus brillants opposants de gauche au chef politique sénégalais, Abdoulaye Ly, qui exaltait « les capacités dialecticiennes indomptables » que recèlent les peuples longtemps tenus en dépendance? En l'occurrence, la dialectique est employée pour sauver les valeurs africaines en les dépassant, pour faire l'économie de la violence en sautant du « communautarisme » traditionnel au socialisme. Cet usage n'est sans doute pas conforme, il a ses raisons que nous ne pouvons pas ignorer.

L'Afrique craint par-dessus tout de se trouver une seconde fois en situation d'écolière. Elle ne rejette pas toutes les leçons du dehors, mais elle entend les assimiler à sa manière et en tirer les conséquences qui lui conviennent. Après une longue période de passivité forcée, elle n'est pas résignée à la passivité consentie. Elle a subi avec plus de souffrances son aliénation politique et culturelle que son aliénation économique. Elle est aussi impatiente de retrouver sa vigueur créatrice que de développer sa force de production. L.S. Senghor l'a rappelé sans détour. Et son propos doit être écouté : « Ce que veulent les esprits distingués, qu'ils soient de l'Ouest ou de l'Est, c'est nous imposer une civilisation européenne, nous en imprégner sous la couleur de l'universel. Les peuples exotiques, dont nous sommes, seraient condamnés pour l'éternité à être non pas des producteurs, mais des consommateurs de civilisations. » Les exigences sont hautes. Mais les réalités ont une inertie qui impose une action et un dévouement de tous les instants. Poids des intérêts traditionnels dont les chefs religieux et les griots – efficaces louangeurs ou censeurs selon les circonstances – assurent la sauvegarde. Poids des intérêts récemment acquis, au détriment du bien commun, dont la corruption renforce la puissance en multipliant hiérarchiquement les complicités. Le combat entre les incorruptibles et les privilégiés pressés de le nouvelle classe – ceux-là même que F. Fanon a frappés des coups de sa polémique avant de mourir – n'épargne pas le Sénégal. Il est le même, bien que son style change, dans tous les pays en cours de décolonisation et de développement.

Silly so, Silly solé, l'Eléphant est là, l'Eléphant est arrivé, la foule inlassable répète ce chant d'accueil en hommage à Sékou Touré; une foule où les femmes de Conakry font acte d'amour autant que de manifestation politique. Le président guinéen est un tribun qui sait parler de la pauvreté, du travail, du peuple et de sa dignité avec les phrases qui provoquent les émotions collectives. Il agit en prise directe. Il se méfie des mots et des notions qui n'ont pas, en Afrique, « la même signification qu'ailleurs »; bien qu'il en joue avec éclat. Il a le vocabulaire du militant marxiste, la connaissance des ouvrages révolutionnaires, mais il refuse de « s'enfermer dans une philosophie abstraite ». En fait, en ce début des années 60, la Guinée réelle – où coexistent entreprises de style capitaliste et initiatives d'esprit socialiste, où rivalisent les techniques d'Est et d'Ouest – est de structure aussi syncrétique que la pensée politique des responsables.

La doctrine s'efface derrière un réalisme qui a ses

audaces et ses reculs. Elle s'affirme révolutionnaire, à condition que les principes qui la régissent ne soient pas des principes importés. Elle repousse le matérialisme en raison de l'empreinte que la religion imposa à toutes les sociétés africaines. Elle rejette la lutte des classes pour lui substituer le dynamisme du peuple devenu conscient des tâches résultant de l'indépendance. Elle exalte, en contrepartie, les valeurs « communaucratiques » des paysanneries traditionnelles, le devoir de reconstruire la personnalité africaine et l'obligation de solidarité à l'égard de toutes les Afrique. Ce qui est l'expression d'une fidélité que Sékou Touré suggère par son habit d'apparat : l'ample *boubou* qui donne un port de majesté et les sandales; le symbolisme devient encore plus apparent si l'on observe que l'africanisation du cérémonial fut associée, hors de Guinée, à des options radicales – celles de Modibo Keita au Mali ou de Kwamé Nkrumah au Ghana. Le monde noir traduit volontiers ses doctrines dans le langage des symboles, ce qui fut dit à l'instant rappelle cette exigence fondamentale.

Le président guinéen n'a guère fardé la réalité. Sitôt après la prise de l'indépendance, il annonçait : « Nous serons le premier gouvernement africain à instaurer le travail obligatoire ». Et il s'attachait à présenter cette mobilisation des efforts comme une exigence de l'« honneur », plus que comme la pénible condition du mieux-être à venir. Aux militants qui souffrent du complexe de culpabilité, en raison de la « démocratie totale » qu'instaure le parti, il répondit en revendiquant la dictature : « Nous sommes et nous ne pouvons être autre chose que des instruments de dictature. » Là encore, la justification n'est pas de l'ordre vulgaire et il convient de la rapporter : « Ne voulant pas être neutres entre la liberté et l'esclavage, entre le vrai et le faux, nous renonçons à tout système d'équilibre chargé de déterminer le moyen terme entre ce qui sert le peuple et ce qui le dessert ». L'arbitrage reste exclu au bénéfice de l'engagement passionné. Le peuple est l'argument suprême : le parti devient alors le dépositaire de sa pensée et le gardien de sa volonté. Ce parti partout présent, dans les quartiers et les villages, dans les ministères et les bureaux, au sein des syndicats et des mouvements de jeunes ou de femmes, constitue la seule armature nationale. Il est le support de la société moderne qui se fait au-dessus de multiples sociétés traditionnelles. Il veut forcer l'unanimité, entretenir sans faiblesse l'élan commun retrouvé avec la liberté. Mais cette tension, exprimant la plus haute ambition pour la Guinée, rencontre des obstacles; car les intérêts divergents subsistent, les ambitions conspirent et la transformation du pays elle-même porte ses propres contradictions. Episodiquement, des « complots » manifestent la vigueur des résistances. Ils sont suivis de procès éclatants, à l'occasion desquels les réticents se brûlent à la flamme de la pureté révolutionnaire. Des procès qui ont leur rituel et qui sont une transposition des pratiques solennelles ayant permis aux vieilles communautés de défendre la coutume et de se remettre à neuf. Mais au prix le plus élevé.

Sur tous les fronts, Sékou Touré et le parti combattent – si l'on peut dire, en respectant la lettre de leur langage et leur intention. Il est une impatience du faire qui a une incontestable grandeur, à condition de mesurer ses risques. Le premier plan de développement économique, élaboré hâtivement, convertissant grâce à une arithmétique optimiste le travail gratuit en capitaux trop lourds, faisant trop confiance aux générosités externes, a subi des épreuves. La conversion solitaire de la monnaie, acte symbolique plus que décision économique opportune, a conduit à l'insularité monétaire. L'organisation étatique du commerce intérieur, qui reposait sur une multitude d'intermédiaires, n'a pas résisté à la rareté des produits et à la clandestinité des transactions. On a souvent, et avec une part variable de sincérité critique, fait le compte de ces erreurs. Elles pèsent peu tant que le dévouement total reste la première règle de l'éthique politique et que l'austérité paraît la loi commune. En 1959, la main de justice était rude : l'exécution sur la place publique, à Conakry et à Kindia, des condamnés pour vol, avait une valeur exemplaire. Mais le puritanisme civique se relâche avec le temps; et l'on découvre que le capitalisme d'Etat peut donner à certains de ceux qui le gèrent le goût du capital personnel. Alors le doute commence à se diffuser. L'écart entre le niveau d'existence du responsable et celui du citoyen commun semble, d'un coup, insupportable ou provocant... Et les jeunes étudiants, devenus des protestataires, exigent « moins de Mercédès et plus de riz ».

Une légende de la Guinée soudanienne assure que, de la descendance de Samory Touré, sortira un nouveau *mahdi*, combattant de la foi et de la justice, qui triomphera dans sa quarantième année. En 1962, Sékou Touré a quarante ans. Est-ce le moment du rendez-vous que l'histoire a donné à celui qui fut qualifié de « conventionnel marxiste »? Cet homme maintient toujours en lui la passion de l'Afrique. La force de son discours, et son lyrisme combatif, ont pu cacher les intentions profondes; et les risques de dérive d'un pouvoir se voulant total et sans faiblesse. Ses buts – un socialisme accordé à la personnalité africaine, une certaine unité des Afrique, une liberté et une dignité incontestables et incontestées pour le monde noir – sont pourtant ceux que reconnaissent et visent aussi plusieurs des *leaders* africains dont la voix porte.

Celui qui paraît le plus dissident, le président Houphouët-Boigny, est moins éloigné que les apparences ne le laissent croire. La richesse relative de la Côte-d'Ivoire lui a accordé le temps du détour par le régime de la libre entreprise, la possibilité de mettre en compétition un certain capitalisme d'Etat et un capitalisme privé certain. Il n'a jamais caché son option derrière l'écran des grands mots, convaincu que ces derniers ne sont jamais des grands remèdes. Il a dit sans éclat de langage et sans ambiguïté : « L'organisation du pays, compte tenu de nos réalités, doit se faire par voie d'évolution et non de révolution. » Ici donc, la divergence s'impose avec une sorte d'évidence; le socialisme n'est plus le moteur de l'enthousiasme et du progrès matériel. La voie africaine du libéralisme économique n'exclut cependant pas les retournements. Au cours de l'année 1961, certaines mesures radicales furent prises et le parti a renforcé ses moyens de contrôle. Le paternalisme éclairé régit la vie politique et le modèle du « planteur » entreprenant pourrait symboliser l'orientation économique actuelle.

Je pense qu'il faut avoir circulé en pays baoulé pour comprendre cette manière de faire. On y connaît l'autorité et on y aime l'épargne : les poteries dites « canaris » sont enterrées pour cacher de petites fortunes – lorsque le village Kététiokro brûla en 1953, plus de sept millions de francs africains furent tirés des décombres. Et les habitants de Yamoussoukro ont contribué au financement de la modernisation de leur « ville »; F. Houphouët-Boigny ayant fait le reste car c'est ici le lieu de son enracinement, de sa retraite hors des Conseils et des servitudes politiques. Lorsque j'y passai, des guides fervents me montrèrent sa demeure, son hôtel et ses cacaoyères étirées sur des kilomètres. Le président est vu sous son visage de chef traditionnel, dont l'autorité se fonde sur le sang et les ancêtres, dont les plantations garantissent la puissance et la générosité. Cette vieille école africaine de l'exercice politique a façonné son style et explique son refus de bouleverser d'un coup l'ordre des choses; la révolution fut congédiée dès que l'indépendance fut en vue.

F. Houphouët-Boigny rejoint ses anciens partenaires lorsqu'il s'agit de la « réhabilitation » du continent noir. Il recourt alors à leur vocabulaire, tout en dénonçant les oppositions fondées sur des expériences nationales différentes que les résultats ne peuvent encore départager. Il affirme que la liberté africaine restera conditionnelle tant qu'un seul peuple sera maintenu sous une domination étrangère. Il reconnaît le but commun : la mise à égalité de l'Afrique, progressivement unifiée, avec les autres ensembles nationaux. Mais, par prudence, il se dirige vers ce but à petits pas.

Mon projet ne m'incitait pas à ouvrir une nouvelle galerie de portraits, mais à suggérer la manière des artisans de l'Afrique moderne. Partout où l'indépendance libère l'initiative, à l'Est comme à l'Ouest, les mêmes débats se retrouvent. Des tâches semblables les provoquent. Et les mêmes formules importées les évoquent : unité, socialisme, neutralisme, etc. Partout aussi s'exprime la volonté de fidélité à ce qui subsiste de l'héritage africain. Le doyen des chefs nationalistes, Jomo Kenyatta, « le javelot flamboyant du Kenya », a porté comme une obsession le souci de rester sensible aux forces, aux pensées et aux symboles de l'Afrique paysanne. Vieille et toujours actuelle inquiétude; la question reste ouverte : comment agir pour que la modernisation du monde noir ne se paie pas d'une infidélité monstrueuse? C'est avec ses propres richesses qu'il remettra à neuf ses civilisations, qu'il constituera son apport à l'humanisme comme le montre le drapeau du Mali portant en son centre l'idéogramme de l'Homme.

1956.
1962.

BIBLIOGRAPHIE SOMMAIRE

A. Arcin, *Histoire de la Guinée française.* Challamel, Paris 1911.

G. Balandier, *Sociologie actuelle de l'Afrique Noire. Dynamique des changements sociaux en Afrique Centrale.* Presses Universitaires de France, Paris 1955.

– *Sociologie des Brazzavilles noires.* Armand Colin, Paris 1955.

– et P. Mercier, *Particularisme et évolution : Les pêcheurs Lébou.* Institut français d'Afrique Noire, Dakar 1952.

H. Baumann et D. Westermann, *Les Peuples et les civilisations de l'Afrique.* Payot, Paris 1948.

Cheikh Anta Diop, *Nations nègres et culture.* Editions *Présence africaine,* Paris 1955.

A. Cureau, *les Populations primitives de l'Afrique Equatoriale* Armand Colin, Paris 1912.

E. F. Gautier, *l'Afrique Noire occidentale.* Larose, Paris 1935.

M. Griaule, *Arts de l'Afrique Noire.* Editions du Chêne, Paris 1947.

B. Holas, *l'Homme noir d'Afrique.* Institut français d'Afrique Noire, Dakar 1951.

– *Les Masques kono.* Librairie orientaliste Paul Geuthner, Paris 1952.

R. Lecoq, *les Bamiléké. Une civilisation africaine.* Editions *Présence africaine,* Paris 1952.

M. H. Lelong, *le Libéria intime.* Editions Baconnier, Paris 1946.

– *Monrovia, capitale pour rire.* Editions Baconnier, Paris 1946.

Abdoulaye Ly, *les Masses africaines et l'actuelle condition humaine.* Editions *Présence africaine,* Paris 1956.

D. PAULME, *les Civilisations africaines.* Presses Universitaires de France, Paris 1953.
– *les gens du riz (Kissi de la guinée française).* Plon, Paris 1953.
– *l'Art nègre,* Présence africaine. Numéros 10-11, Paris 1951.
J. RICHARD-MOLARD, *Afrique Occidentale française.* Berger-Levrault, Paris 1949.
B. G. M. SUNDKLER, *Bantu Prophets in South Africa.* Lutterworth Press, Londres, 1948.
K. SCHLOSSER, *Propheten in Afrika.* Braunschweig, 1949.
H. TRILLES, « Proverbes, légendes et contes Fang. » *Bulletin de la Société neuchâteloise de Géographie,* 1905.
J. VAN WING, *Etudes Bakongo. Histoire et sociologie.* Bruxelles, 1921.
– *Etudes Bakongo. Religion et Magie.* Bruxelles, 1938.

TABLE DES ILLUSTRATIONS IN-TEXTE

TABLE DES MATIÈRES

AUTOPORTRAIT

Avant mes vingt ans, c'était la cassure. Celle de la défaite française, de l'humiliation ou du lâche soulagement. Ce n'était pas le plus bel âge de ma vie, mais, en un certain sens, son signe puisqu'elle devait s'accomplir au rythme des ruptures. En quelques années je choisis de rompre : avec le cours des études classiques en optant pour le détour par l'initiation ethnologique, avec l'ordre soumis en devenant réfractaire et dissident, avec moi-même en provoquant ma libération après l'autre — renonçant d'un coup à une carrière littéraire naissante, à Paris retrouvé et à l'Europe ruinée de ses propres violences. Je faisais le choix de partir, tous liens rompus. Pour l'Afrique noire, atteinte au terme d'un voyage lent et presque initiatique : Oran, Tindouf, Atar et Dakar. Je laissais derrière moi un livre à publier en mon absence, une autobiographie romancée — *Tous comptes faits.* Un titre qui désigne un bilan.

J'entreprenais de changer ma vie. Ce ne fut pas le voyage et le dépaysement qui m'y aidèrent, mais les autres, les Africains. Une sorte de contrat d'existence, inconscient et indéchirable, allait me lier à eux. L'Afrique fut à la fois mon révélateur et mon instituteur. Elle m'imposa une coupure culturelle absolue, elle m'apprit à apprendre — comme ferait un enfant — le codage des sociétés et des civilisations, elle m'enseigna les différences et le refus des hiérarchies de races ou de cultures. C'est par elle que j'acquis la certitude que toute richesse humaine se dit toujours au pluriel, et que le singulier nourrit le dogmatisme qui porte en lui la violence totalitaire.

Dans *Afrique ambiguë,* journal ethnologique et philosophique selon l'ancien usage, j'ai rapporté cette expérience conduite durant les six premières années de ma carrière africaniste. Sénégal, Guinée,

Côte-d'Ivoire, Cameroun, Gabon et Congo ont marqué les étapes de ce cheminement qui, vu de l'extérieur, semblait conduire « au cœur des ténèbres ». En fait, il suivait des chemins qu'éclaire la lumière de la diversité; il m'apprenait toujours plus en me faisant davantage solidaire.

C'est que j'accédais à une Afrique en mouvement, qui commençait à briser l'enfermement colonial. Je choisis d'en être l'associé et non le voyeur, devenant ainsi le compagnon de ceux qui allaient faire les indépendances et fonder les nouveaux Etats. Après avoir vécu la dissidence du dedans — en France occupée —, je vivais la dissidence du dehors qui dissociait un empire et distendait sa domination. Ma culture socialiste m'y poussait; surtout, mes amitiés et mes solidarités africaines m'avaient fait passer de l'autre côté du pouvoir, du côté de ceux qui le subissaient. Le titre donné en 1956 à un ouvrage collectif dont j'assurai la direction — *Le Tiers-Monde* — marque cet engagement; j'annonçais la montée des tiers pays, la révolution des tiers exclus de la scène des pouvoirs, et je contribuais alors sans le savoir à donner un nom à cet événement.

Je faisais des découvertes qui n'étaient plus celles des terres inconnues, mais celles des changements et des mutations bouleversant le vieil ordre du monde. L'image se multipliait à la mesure de mes autres séjours d'étude et d'enseignement, ceux que j'ajoutais à mes missions africaines : le Maghreb, l'Orient Proche, l'Orient Extrême, les Amériques. C'est de cette expérience éclatée que j'ai reçu l'exigence de mieux définir le mouvement des sociétés et des civilisations, de mieux déterminer comment les hommes les produisent sans que leur travail puisse jamais trouver le répit.

Mais l'Afrique est restée ma terre d'élection et ma référence. A la faveur d'un commerce entretenu au cours des décennies, elle a continué à m'instruire. Elle m'a appris la force des cultures et la forme que les religions donnent à leurs métamorphoses; dans tous les lieux du monde noir, elles n'ont cessé d'être actives afin de nourrir les résistances, les affirmations nationalistes, les reconstructions refusant les importations culturelles aliénantes. Elles sont toujours, dans leur diversité, un facteur de transformation et un réducteur du nivelage résultant des changements technologiques et économiques. L'Afrique m'a aussi donné un autre regard à porter sur le politique, et non seulement pour la raison que sa libération la faisait génératrice de nations et d'Etats modernes. Je crois, bien que la méconnaissance puisse donner à mon propos l'aspect du paradoxe, que les peuples noirs africains ont été en longue durée historique de prodigieux technologues du pouvoir. De l'anarchie ordonnée, aux démocraties villageoises, aux royautés sacrées et aux empires militaires, ils ont tout expérimenté.

C'est en ce savoir que j'ai trouvé l'impulsion m'incitant à une interprétation nouvelle des phénomènes politiques. Elle m'a fait souligner la parenté étroite du pouvoir et du sacré, la place du symbolisme et de la dramatisation dans tout gouvernement des hommes, le jeu sans fin de l'ordre et du désordre dans toute société qui ne se trouve pas tenue sous arrêt de mort. L'Afrique que je découvrais ambiguë me montrait l'ambiguïté toujours présente sur les scènes sociales. Par un mouvement en retour, elle commençait à me contraindre à voir autrement ma propre société; elle devenait sa révélatrice. C'est là le début d'une autre histoire.

G. B.

Georges BALANDIER

Georges Balandier est professeur à la Sorbonne, directeur d'études à l'Ecole des Hautes Etudes en Sciences Sociales, directeur du Laboratoire de sociologie et géographie africaines (C.N.R.S.). Il dirige deux collections de sociologie et anthropologie. Il est président d'honneur de l'Association internationale des sociologues de langue française et membre de plusieurs académies et sociétés savantes étrangères.

Son activité de recherche a été et reste principalement localisée en Afrique occidentale et en Afrique centrale; mais il a enseigné et effectué une part de son travail scientifique aux Amériques et en Asie. Ses études ont d'abord porté sur les problèmes du changement social et culturel, du développement et de ses crises. Elles se sont ensuite centrées sur l'élucidation des phénomènes politiques et l'interprétation du pouvoir; elles ont ainsi assuré les fondements empiriques et théoriques de l'anthropologie politique.

Depuis plusieurs années, Georges Balandier applique sa démarche anthropologique au décryptage de nos sociétés et de leur modernité. Une partie de son œuvre a un caractère littéraire; il apporte sa collaboration à plusieurs revues et journaux.

IMPRIMÉ EN FRANCE PAR BRODARD ET TAUPIN
Usine de La Flèche (Sarthe), le 10-08-1988.
1034-5 - N° d'Éditeur 1985, mai 1983.

PRESSES POCKET - 8, rue Garancière - 75006 Paris
Tél. 46.34.12.80